共通の土台を求めて

多元化社会の公教育

デイヴィッド・タイヤック 著
黒崎 勲　清田夏代 訳

SEEKING COMMON GROUND

Public Schools in a Diverse Society

DAVID TYACK

日日《にちにち》教育文庫

同時代社

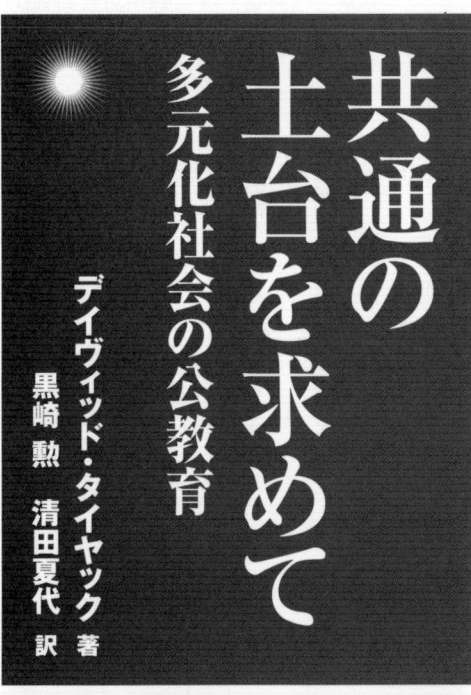

SEEKING COMMON GROUND
Public Schools in a Diverse Society
by David Tyack

This Japanese edition is published in 2005
by Dojidaisya, Publishers, Tokyo
by arrangement with the President and Fellows of Harvard College
through Tuttle-Mori Agency, Inc., Tokyo

最良の仲間、エリザベスのために

日本語版への序文

多くの国々と同じように、アメリカ合衆国は市民の教育を学校に依存してきた。しかし、アメリカは、さまざまな点において政治的社会化における特別の挑戦に直面し、また自らの独自の解決策を模索してきた。本書は、多様性のなかの統一の追求および学校と民主主義の間の弁証法的関係の歴史を明らかにしようとするものである。それは熱望と達成、困惑と変則の物語である。

政治的価値についての共通の土台(common ground)の探求はアメリカ社会の特有の諸性質によって複雑なものとなった。それらのうち最大のものは、アメリカ人が民族、宗教、階級、地域性、政治的党派、そして「人種」という点において極めて大きな多様性をもっているということであった。アメリカ合衆国は移民の国である。そこには自らの意志でやってきた者と、奴隷のように意志に反してつれてこられた者とがいた。人口は広大な大陸に分散していた。アメリカ市民は政府に対して深い不信感をもち、特にワシントンや州都といった遠くにある政府に対しては、そうであった。学校の管理は地方教育委員会に委ねられ、アメリカにおける教育の統治は世界でもっとも分権化されたものとなった。一九世紀にはアメリカの田舎の学区では教師の数よりも多い学校理事者（school trustee）（訳者注1）が存在したのである。

アメリカ社会のこれらの諸特徴は、このような国家が果たして市民的な結合を創造することができるのであろうかというような問題を投げかけるものであった。ある者は、それはまぎれもなく、教育を通して世代から世代へと政治的共通文化を形成することを不可避的なものとするような多様性と論争と社会の断片化が存在すると論じた。アメリカ独立革命以後、指導者達はこの民族国家の自立性は効果的な市民教育にかかっていると議論してきた。多くの指導者が移民を「アメリカ人化」することを主張した。一部の人々はさらに進んで、昨日の敵を民主的な市民に教育するという形で、政治教育を戦争の後始末として利用しようとした。

それほどに多くの市民が地域の学校の統治に直接政治的に参加するということと教育の政治的必要性についての深く根ざした信念がアメリカの公立学校を特別な市民的空間とし、共通の土台を探求するための場とすることに寄与している。このような多様化した社会においては多くの不一致がある。それはもちろん比較的均質なコミュニティにおいても存在するであろう。市民の間では、学校における宗教的実践について、誰を教師として雇用するかについて、どの教科書を使用すべきについて、誰を名誉ある英雄とし、誰を叱責すべき悪者とするかについて、人種と性によって生徒を分離すべきかどうかについて、意見が分かれた。指導者達はこの国の起源と運命の物語に共有される価値と知識の共通遺産を教えることを試みたが、どのグループがその物語のなかで名誉ある地位を得るべきかについて、各グループの間には意見の対立があった。しかし、適切に扱うならば、教育政策についてのこのような不一致は力強い民主教育の一部となりうるものであった。

トマス・ジェファーソンは繰り返し、学校はただ子どもを教えるだけのものではないと説いていた。学校統治の公共的空間では、大人もまた有権者を代表し、公的なコミュニティの事柄に参加し、なにが共通善であるかを熟慮するスキルを学ぶのであった。不一致を和らげ、それらの相違を理解する方法を学ぶことは大人にも子どもにも、相違を理解することを助け、面と向かって妥協しあうことに役立つ。教育の目的と実践について討議することは、市民に、この国の将来について話し合う機会を与えるのである。

二〇〇五年六月

デイヴィッド・タイヤック

目次

第二部　多様性

第三部　民主主義

過去を見る窓

教育に関する政策論議は、常に、人騒がせなレトリックと一時しのぎの解決策の間を行ったり来たりしてきた。学校に関する思想の市場には、根深い問題に対する確信ありげな解決策が満ち溢れている。しかし、私は、異なった立場を提案する。というのも私は、公教育における最も重要な論争に対して確かな答えが存在するなどとは信じていないからである。これらの争点は潮のように満ちたり引いたりしており、何世代にもわたって繰り返し議論される必要がある。時代を異にする社会におけるコモンスクールの発展を長い目で見てみると、一定の基本的な主題と難問が繰り返されていることがわかる。本書はこうした統一性と多様性と民主主義についての、反復するそして相互的な主題に関するものである。

民主的な制度という生態環境（エコロジー）において、公立学校というものは演ずべき有意な役割を持っている。「無償のコモンスクール制度は、アメリカの中でももっともアメリカらしいものである」とアドレー・スティーブンソンはかつて述べている。この国の創設者たちは、共和制はその市民が適切に教育されているときにのみ、存続することができるということを確信していた。公立学校は、単に個人的な利得や特定の利益団体の利益のためにではなく、多元化社会の集合的な目的のためのものであった。ホレス・マンのような公立学校の活動家は、学校教育が、上水道や空気や公園のように、すべての者に開かれ、すべての者を利する共通善であるべきであると信じていた。コモンスクールは統制と資金の面で公的なものなのである。とりわけ、それは、若い市民と成人した市民の両方にとって、共通の市民的土台を発見する場だったのであり、もし彼らが合意できない場合には、理に適った妥協案を発見する場であった。アメリカの歴史において、地域が統制している学区というものは、政府の第四部門であった。そこは市民が次世代の教育を方向づけることによって、共和制の未来に影響を与えることのできる場であった。

ときどき、それはまったくそのようには機能しなかった。しばしばアメリカ人は学校の入り口で政治的なあるいは宗教的な差異について自制しなかった。移民はしばしば「アメリカ化」に抵抗した。民族的、宗教的、人種的、階級的な集団間でのあからさまな対立が、学校政治のなかで生じた。合意を求めることが要請されたが、学校のような主要な市民的制度が紛争の場であったということは、今考えてみると、決して驚くべきことではない。教育的理想と実際の実践の間のギャップが、黒人の場合においてほど明白で苦痛に満ちていることはなかった。政治が急速に変化し、複数の社会的価値が競合していた時代には、公立学校の政治と実践は大きな変化の影響を被った。緊張は避けがたいものだった。

このような政治的競争と社会的変容の特筆すべき時代の一つの例は、二〇世紀の後半である。一九五〇年代に私が教師として出発したとき、社会的差異に対するリベラルのお定まりの立場は、それらを否定するかあるいは無視するというものであった。教育の専門家は肌の色や階級やジェンダーを意識しないことを奨励された。結局、すべてのアメリカ人は個人であり、すべてのものが平等だった。たとえすべての人びとが必ずしも実際には平等に生まれついてはいないとしても、少なくとも教育者はあたかも彼らが平等であるかのように振舞わなければならなかった。よい学校教育は、ひとつの同じ道徳的、市民的パターンに従ってよい市民を形成する。学者は独特のアメリカ的人格を定義しようとし、この国家を統一する仮想の政治的経済的合意を探求した。

冷戦という国家的合意のレトリックは、社会的差別を全体として覆い隠した。一九五〇年代、南部では法律が人種的分離を求め、北部でも黒人に対する偏見が広範囲にわたっていた。少女や女性に対する教育的機会、あるいは職業的機会が甚だしく不平等であることに、殆ど誰も注目していなかった。アメリカの歴史や文学の教科書は、イギリス系でない、あるいは男性でない人びとには、わずかにしか注意を払っていなかった(それゆえそれらは大部分の市民を無視していたのである)。公立学校に対する連邦政府の一般的な補助金というものは、かすかな希みに過ぎなかった。礼拝と聖書読解は、公立学校の教室の中では共通の実践であったし、ときどきは法律によってそのように定められていた。殆どの移民は依然としてラテンアメリカやアジアではなく、ヨーロッパから来ていた。

しかしながら、その後の数年の間に、もっとも露骨な人種差別あるいは性差別は違法になり(殆ど廃止されることはなかったけれども)、連邦からの補助金は急激に膨れあがり、教科書はより文化的に多元的なものになり、合衆国最高裁判所は聖書読解と礼拝を違憲とした。新たな移民のほとんどは白人ではなかった。運動家は、確立した権力と特権に対してだけではなく、定着した信条に対する異議申し立てをする社会運動を組織した。人種、ジェンダー、民族性、階級の伝統的な概念を批判しながら、彼らは学校を精神的により多元化させようとし、実践的にはより平等化することを目指していた。しかしまた、レーガン時代に保守派の対抗的な改革が登場するのは間も無くのことであった。今度は運動家たちはリベラル派の改革の多くを、そして「公立の学校」一般を非難した。彼らはヴァウチャーと学校での礼拝を要求した。このように際限なく教育についての主張が繰り返されてきているのである。

本書は大きな話題に関する小さな本である。それは社会的多様性と論争的な民主主義のなかで、いかにしてアメリカ人が教育を通して市民的結合をつくり出そうとしたかを探究するものである。私は、私たちの公立学校制度がいかにして現在の時点にたどりついたかに興味がある人びとに、過去を見るいくつかの窓を提供し、その政策に考察を加える。私は幅広い社会的勢力に注目しようとしただけではなく、名もない個人あるいは著名な人々の日常生活にも目を向けている。

この本の最初の第一部で、私は公立学校における統一性の探求に関するいくつかの難問について熟考する。国の内外において、アメリカ人が政府を信用していないことは有名なのに、なぜアメリカ人が彼らの子どもの市民教育を公立学校にまかせるのかを問う。そして、政党の中で互いに票を競い合ったり、教会で信者や魂を奪い合ったり、商業界で富を争ったりする市民たちが、学校には不和のない場所であることを期待するのはなぜかということを問う。建国の父たちのある者は、「均質な」市民を公立学校教育の理想的な産物であるとすることに賛意を表していた。彼らは、市民たちが政治的原則と市民的徳を分かち合っている程度に応じてアメリカ人は自由であると信じていた。例えば歴史教科書の著者は、優れた物語を教えることによって愛国心を涵養したいと思っていたが、それはまさに論争を呼ぶものであった。というのも、初めから市民たちは教科書のなかに誰が含まれるべきか、そして誰の価値が主流になるべきかということについて意見が分かれていたのである。

第二部で、私は教育者が社会的多様性を扱ってきたいくつかのやり方について検証する。私は、本質的な差異としてではなく、社会的構成要素として人種、民族性、そしてジェンダーなどのカテゴリーを扱う学校政策をそれぞれ比較する。これらの政策をめぐる論議の根底にあったのは、以下の基本的な問いであった。生徒たちは基本的に同じなのか、それとも異なっているのか?人種はとりわけ難しい課題を提起する。科学的には、黒人と白人という「人種」

の概念は無意味であるが、人種の違いを意識しない政策は、制度化された人種主義の強烈な影響に目を塞ぐ危険性を持っていた。憲法は、人種と宗教に関していくつかの政策指針を持っているが、民族性と国家の分離という原則は存在しなかった。ヨーロッパ系の民族集団に対する処置は、「アメリカ化の促進者」による非常にはっきりとした同化から文化的な尊重という立場まで、様々であった。通常、教育者が好む目標は、同化されたアメリカ的個人を形成することであり、文化的多様性を維持することではなかった。しかしながら、第一次世界大戦後、批判者たちは次第に、完全に同化した市民などというものは、忠誠警察がでっち上げた虚構であると信じるようになっていった。

「一人の子どもも置き去りにしない」というのは現代の政策主題である。しかし、成績の悪い子供は大昔からいた。アメリカの公立学校においては、教育者は当初から、学問的に失敗した生徒の窮状と取り組んできた。学級の教師にとっては、これが多様性というもののもっとも重要な姿の一つであった。教育者はこのような生徒たちに対する多くの診断書と処方箋をもっており、落ちこぼれになった子どもに手を差しのべる方法については意見が一致しなかった。生徒たちは主として同じなのか、あるいは主として違っていたのか？「ぐずな生徒」は分けられて違ったカリキュラムを与えられるべきなのか、あるいはすべての生徒が同じ科目を学ぶように援助されるべきなのか？

本書の第三部で、私は教育ガバナンスにおける民主主義を考察する。トマス・ジェファーソンが述べたように、地方の教育委員会の委員になることは、普通の市民に民主主義を実践する方法を与えるものであった。合衆国の公教育の決定的な、そして独特の特徴とは、地域で選出される教育委員会による非常に地方分権的な統制システムであった。「民主主義的な地方主義」の人気にもかかわらず、教育の専門家とエリート層からなる彼らの教育の非専門家協力者たちは、地域の支配を弱め学区を統廃合することによって、「学校を政治の外に出す」ことに最善をつくしていた。彼らは、専門家による統制という代替的な「民主主義」の概念を発展させ、民主主義理論ではなく実業的な効率性のモデルに基づいた精巧な官僚機構を生みだした。

近年、公教育においては、地方の代議政治に対するもう一つの異議申し立てがある。今回のそれは、親の学校選択と公的に支援されるヴァウチャーの支持者からのものである。これらの改革者たちは、民主主義が過多になっていると言う。それは教育を破壊するものである。教育を改善する方法は、学校を私立学校と公立学校の巨大な市場に変え、親に彼らの子どもの教育のためのヴァウチャーを与え、市場を機能させることによってガバナンスと質の問題を解決することである。親は彼らの子どもの役に立つ学校を賢明に選択するというのである。

ヴァウチャーを財源とする学校選択は、問題を解消することによって、ある意味で民主的ガバナンス問題を解決する。人びとはもはや統合された目的の意味を協議したり、差異を調整する道を探す必要はない。親は選択することができる。あるいは彼らの価値やねらいに適する学校をつくることを助けることができるのである。これに対する批判者は、この計画から無視されているものは、親であろうとなかろうと公選制の教育委員会の委員（school board representatives）となって次世代の教育についての〈集合的な〉決定を行うという、市民の能力であると指摘している。

私は、この多様化した社会の中で、アメリカ人が、建国の父たちが共和制と称したもの、そして私たちが民主主義と称するものを築き維持するために、いかにして公教育を活用しようとしてきたかということについての長い歴史に読者を招待する。この課題は今日も継続しているのであり、決して容易なものにはなりはしないし、緊張からも解放されるものではない。

なぜ時を超えて長い歴史を概観するのか？歴史が行進の道筋を示すことはない。それは的確な教訓をいつも与えたりはしない。歴史は問題を解決するが、それと同じくらい問題を解決しない。過去を学ぶことは、私たちが受け入れている遺産が私たちが考えるほどには明確なものでも安定したものでもないということを理解する助けになることができるということである。学校教育について熟考したい市民と教育者のために歴史がなしうることは、過去から受け継いだ善きものを保持し、現在を解明し、既存のものに代わる新しい未来を期待するためのより広く深い文脈を与えることである。人びとが彼らの世界を理解しようとするときはいつでも、それを変えるのか保持するのかということを、やがては考えざるを得ない。それは記憶を呼び起こす。そして私たちがどのようにして今日の場所に存在しているのかという意識を欠くならば、容易に前進の道を失ってしまうのである。

第一部

統一性

第一章

市民のための学校：共和制の維持

アメリカ独立戦争このかた、政治的、教育的指導者は、共和国の存続と安定が個々の市民の知恵と道徳性にかかっていると論じてきた。トマス・ジェファーソンは一八二〇年に「私は人々それ自身のほかには社会の究極の権力の安全な受託者はいないと確信する」と書いている。「もし人々が健全な自由裁量をもって支配権を制御できるほど啓蒙されていないと考えるならば、これに対する救済策は人々からそれを取り上げることではなく、教育によって人々に自由な裁量をもつということについて教えることである」。一八二二年、ニューヨーク州知事デヴィット・クリントンは、「州の第一の義務は、知育と徳育によって、彼らの精神を啓蒙し、心を清め、彼らに権利と義務を教えることによって、市民を有徳にすることである」と宣言している。「共和国を作ることは簡単だとしても、しかし、共和主義者を作ることは非常に骨の折れることである」と、教育改革者ホレス・マンは一八四八年に述べている(1)。

共和国の市民を教育することによって市民的統一を達成することは、困難な仕事である。アメリカ社会は社会的に多様であり、大陸のなかに散在しており、政治的に論争的であり、宗教的に分裂しており、政府を嫌っている。しかし、合衆国の市民教育の基盤を整えた政治的、教育的指導者は、このような統一が可能であると信じていた。ジェファーソン、クリントン、そしてマンは、個人の性格を教育し精神を訓練することが公徳の最も安全な基盤であり、完全な警察組織よりも優れた、適切な市民的信条と行動の保証であると、人々を説得した。教育を受けていない個人は、権利と自由の管理者としては信用できないが、適切な学校教育を受けた個人は、社会を安定し自由を保持する義務と原則の紐帯を認識するだろう。改革者は、原則と行動様式において「均質的な」市民としての自由な共和主義者について肯定的に語っていた(2)。

共和主義的教育の政治哲学は、政治家や学校の指導者の演説の中に、州憲法論議の中に、生徒が学校で読む歴史教科書の中に溢れていた。党派的な政治闘争、露骨な経済競争、教会の信者をめぐる激しい派閥競争によってかき乱されている国のなかで、教育の指導者は依然として、政治的、道徳的真理の公分母を教えることについて市民が同意できると考えていた。彼らは、政党、民族集団、宗教的なセクトは、その争いを学校の入り口の前で保留すべきだと考えていた(3)。

市民教育の擁護者はしばしば、彼らの内部では多様であった。ある者は無政府状態を恐れ、ある者は政府を人びとから守らねばならないと心配し、またある者は専制主義を懸念して人びとを政府から守ろうとしていた。ホレス・マンに反対する宗教家は、道徳教育における彼の立場はユニタリアン派の焼き直しに過ぎないと主張し、マンに反対する政治家は、市民教育についての彼の計画がホイッグ党員の合言葉の羅列に過ぎないと信じていた。しかし、市民教育の形成者は、多少の変化を伴いながらも、二〇世紀まで存続する一連の原則や実践を作ったり、実質的に協働したりするのに十分な共通性が存在すると信じていた(4)。

州レベルでのコモンスクール運動の指導者は、類似した社会的経済的背景を持っていた。彼らは白人で男性で、裕福なプロテスタントで、合衆国で生まれた者たちであった。彼らは共和主義的実験についての千年王国的な宗教的希望と政治的な恐れを表明していた。彼らは道徳性についての宗教的ではあるが非宗派的な土台を欲し、親族や民族の原始的な絆に訴えるのではなく、個人の性格を強化することを目指した。彼らは若者たちが狂信的な政治的党派にとらわれないように、彼らが政治的に非党派的になるように訓練しようとした。そして彼らは、有徳で健全な学校の卒業生に対しては経済的な機会が開かれていると信じていた(5)。

これらのコモンスクールの活動家は、ややもすれば自分たち自身を、尊重すべき市民性の模範であると仮定していた。その土地生まれの者、田舎の自作農、プロテスタント、貧しくはない市民たちは、彼らの市民的義務を心に留めさえすればよかった。移民排斥主義者たちは、本質的にアイルランド人を異なった人びとと見、自分たちとは四つの点で対照的な人びとと見なしていた。というのも、彼らの多くは外国で生まれ、貧しく、都市に住んでおり、カトリックだったからである。合衆国の人びとが宗教、出生国、文化においてますます異質的になるにしたがって、生徒に適切な信条と行動様式を教えこもうとする教育的指導者の口調は、いっそう厳しいものとなっていった。このような露骨な民族的、宗教的偏見に直面したとき、アイルランド系のカトリックの指導者が、公立学校は自分たちのためにあるのではないと結論したとしても、驚くべきことではなかった。そして、黒人の場合は、たいていは選択権も与えられず、「コモン」スクールからまとめて排除されたのである(6)。

人種主義、宗教的偏見、自民族中心主義、私利私欲は、市民教育の公分母を探求することを妨げるものである。しかし、こうしたことはこの物語の一部分に過ぎない。アメリカの歴史の中で、コモンスクールと同じくらい急速に普及した、平等主義的な理論的根拠を持ち、全国的に殆ど意見の相違を生じなかったという改革を見いだすことはできないのである。アメリカ人は社会の中で他に公共サービスを殆ど提供していないにもかかわらず、世界的にももっとも統一的な公立学校制度を作り上げた。少なくとも一九世紀の間、市民教育は公立学校の最重要目的であった(7)。

批判者が「政府の学校」を官僚主義的で、非効率で、強制的なものとして非難する今日、また社会的多元主義が共通の市民教育の可能性を妨げていると言われる今日、そして政治的な代表者の会議や学術界の中で「文化闘争」が溢れている今日、さらには経済的生存競争が教育目的のレトリックを支配している今日からみれば、市民教育の一九世紀的概念は遠く奇妙なもののように見える。市民教育における先駆者の発想と彼らの市民的徳の教育学を解体することは、この市民教育を多くの市民にとって再び有望なもの、本当に不可欠のものと見えるものとするような世界観を再構築することよりも簡単である。

共和制が脅かされているように見えるような、ある種の緊張の時代には、アメリカ人は学校が教えるべき市民的価値についてとりわけ自覚的になった。例えば、人口動態的な変化や戦争、民族—宗教的葛藤、経済的困難の時代には、市民教育の基礎的な原理は、それが自明のものとはならなくなったために、いっそう尖鋭な信条となった。本章で私は、教育的指導者の考えと行動に主たる焦点を当てながら、このようなエピソードをいくつか検証する。

例えば、アメリカ独立戦争の後の半世紀においては、政治的指導者や教育的指導者はいかにして自由と秩序のバランスを取るかということを気にかけていた。彼らは学校教育を通して単一の共和主義的価値を教えこむことを目指していた。彼らをもっとも悩ませていた多様性とは、民族的なものや宗教的なものではなく、政治的なものであった。彼らは　譬え彼らが支持する公立学校制度を現実に確立するのにしばしば数十年かかることがあったとしても、共和主義的教育の強固な一連の原理を発展させようとした。

公教育が急速に全国に普及しつつあった一九世紀中頃、コモンスクールの支持者たちは、未来の市民を訓練するための政治的宗教的な公分母を探求した。ときどき、宗教をめぐる競争――とりわけ新参のカトリックと土着のプロテスタントの間のそれ——は、共同体を分裂させた。しかし市民はまた、ベンジャミン・ジャスティスが示してきたように、多数の文化的な課題を地方の教育委員会の中で穏便に解決した。聖書の読解をめぐる都会の闘争は多くの関心をひきつけたが、これに関与したのは比較的少数の人びとに過ぎなかった。強い政府に対する一般的な恐れと、ローカルコントロールへの選好は、殆どの論争を地域的に解決させるということを意味していた(8)。

一九世紀の終り頃に、南東ヨーロッパからの「新しい」移民が急増するにしたがって、教育者はいかにしてよそ者を英国版のアメリカの政治制度に同化させられるか、懸念するようになった。エリートの改革者は、市民教育を再形成し、政治的道徳的正統性という彼らの考えを実施することについて、州を頼みにしていた。彼らは、「学校を政治の外に出すこと」(通常は移民グループの政治家の手から学校を奪うということ意味していた)、生徒を政治的にしないために無党派的、遵法的な市民性を教えこむことという、二つのねらいをもっていた。「アメリカ化」は不安を抱いている改革者たちの戦いのスローガンとなったのである。

人びとを変えるための市民教育の力に対するアメリカ人の信頼はあまりにも切実なものであり、連邦政府自身、学校教育を戦争と帝国主義の後始末の手段、すなわち一種の教育的掃討作戦として利用した。かつての敵だった者に対する合衆国の教育は、敗北した土着の人びとを「市民化」する試みから始まった。米西戦争の後、連邦政府の役人はこの国の植民地区域、例えばフィリピンなどを「アメリカ化」する計画を作った。第二次世界大戦の後は、市民教育の専門家たちは日本を「民主化」することを目指した。

それぞれの事例は異なった環境におけるものではあったが、これらの教育運動には根本的なイデオロギーが共有されている。これらの努力は、しばしば移民を対象としたアメリカ化計画よりも過酷であったが、彼らは価値のある市民を生み出すという市民的社会化の力に対する一般的な信頼を共有していた。合衆国における市民教育の歴史は、競合する価値の間の決着のつかない緊張の存在を示している。政府を信用しない市民たちがなぜ、彼らの子どもの市民的道徳的訓練を公立学校に委ねるのであろうか。共和主義的教育の支持者はいかにして、個人主義と均質性を調和させたのであろうか。無宗派的な道徳的訓練や無党派的政治教育をすることは可能なのであろうか。教育者はいかにして、州や国家に対する忠誠と政府に対する批判の間の潜在的な葛藤を扱ってきたのか。

こうした問いに関する争いは、アメリカ教育の政治哲学についての言説の中に溢れている。彼らは政治的同一性と多様性、個人主義と集団アイデンティティ、自由と秩序、国家からの自由と若者を社会化するための権力を行使する国家の自由について論争してきた。今日、私たちの文化的多様性を鮮明に反映し、また同じように愛国心と共通の価値を教えるということについての鮮明な関心を反映するカリキュラムをめぐる議論がある。

しかし、意見の相違のみに焦点を当てるのは間違いだろう。過去において、アメリカ人たちはしばしば、公立学校で若者に教えられるべき共通の道徳的価値と政治的原理について同意してきた。そして今日でさえ、市民教育の基本的な目的については、一般に信じられているよりも、依然として多くの合意がなされているといってよいだろう。

共和主義の教育憲章

均一な市民による自由な共和主義という考えは、新しい国の中で自由と秩序のバランスをとることが危険と困難を伴う努力であったということを想起するならば、それほど不可解なものではない。専制政治から無政府状態に至る範囲のどこで、アメリカ人は秩序ある自由という適切な総合を見い出すのであろうか。当初の共和制において多くの指導者は、共和制が歴史的に夏のホタルのようにはかないもので、君主制であるヨーロッパが、アメリカを破滅させるために共謀し、アメリカを果てしない戦争に引き込もうとしており、内的な無秩序と紛争が社会分裂の危機をもたらし、多くの州から構成されている大陸国家では長く共和制を維持することができなくなると信じていた(9)。

未来についての深い予兆は、新たな国家の運命についての同じく深い千年王国的な信仰を伴っていた。一八一一年、トーマス・ジェファーソンは、「世界中の徳の高い人びとの目が、自由の聖なる火の受託者たるわれわれに心配そうに向けられている。そして（略）われわれが無政府状態に陥ったならば、それは人類の運命を永久に決定してしまい、人間には自己を規律することはできないという政治的な見解の刻印を押すだろう」と書いている。この実験を脅かすものは、民族的、あるいは宗教的な多様性以上に政治的な多様性であるとジェファーソンは考えていた――一七九〇年の人口はイギリス出身が五分の四を占めており、プロテスタントが圧倒的に多かった。ジェファーソンは、市民性の必要条件としての読み書き能力の重要性を確信していたが、それは英語の能力だけには限らなかった。市民は「母国語かあるいは新たに学んだものかには関係なく、何らかの言語で容易に読むことができなくてはならない」とジェファーソンは書いている。ジェファーソンを真に悩ませたものは、政治原理における誤りであった。誤った考えに基づいた政府は、自由と平等にとって致命的なものだったのである(10)。

戦争に勝ち、新しい政府を建設することは始まりに過ぎなかった、と独立宣言の署名者で医師、また教育理論家であったベンジャミン・ラッシュは述べている。「私たちは私たちの政府の形を変えてきた。しかし、私たちが採用した政府の形に、私たちの原理、意見、作法を順応させるような一つの革命を遂行することがまだ残されている。これは、愛国者たちや私たちの国の立法者の仕事の、もっとも難しい部分である」。校長であり辞書編集者であったノア・ウェブスターは、「〈国民的性格〉を形成することを目的とした〈アメリカ愛国者協会(11)〉」に賛同し、提案を行った。

この新しい国家の始まりから、政治家と教育者は学校教育を共和制の維持と結びつけていた。新しい州を連邦が認めていく過程は、学校教育と共和主義的価値の間の一つのつながりに光を当てるものである。はじめから、議会は、コモンスクールを支援するために国家的領域を使った。一七八五年の条例は、「上述のタウンシップにおいて、公立学校を維持するために、いかなるタウンシップも第一六区画を留保すべきである」と宣言している。また、新しい領土と州を創り出す条件を定めた一七八七年の北西部条例においては、議会は、「宗教、道徳性、知識が、良い政府、そして人類の幸福のために必要であり、学校と教育の諸手段は絶えず奨励されなければならない(12)」とされた。

こうして、公有地を供与され、地域によって統制されるコモンスクールが出発した。これらはほとんど一教室しかない農村部の学校であった。一九世紀にわたって、議会はさらに三回にわたりコモンスクールに土地を割り当てている。それは、よく知られているような、大学に対してなされた公有地の供与よりも多いものであった。財政だけではなくイデオロギーにおいても、議会はコモンスクールが大陸中に行き渡ることを助けたのである(13)。

合衆国憲法は、新しい州が「共和主義的統治」を行うことを保障することを連邦議会に義務づけた。建国の父たちは、広大な公けの領地から彫りだされた多様な州から構成される一つの大陸横断的な国家の一貫性と安定性について懸念していた。これらの州の市民が共和主義的自由に対する責務だけではなく、これらの原理に基づいた国家に対する忠誠を分かち合うために、いかなる保証がなされえたのか。時が経つにつれて、議会と、新しい州の州憲法を策定した地域的な指導者は、公教育が人びとの意志に基づいた共和制政府の基本的な特性であるということに、同意するようになった(14)。

建国の父たちは、若者たちに正しい政治的な考えにふれさせ、彼らを間違った考えから遠ざけることが不可欠であると信じていた。美徳は習慣となるべきである。ヨーロッパは伝染病のイデオロギー的な温床であり、病原菌の源として立ち現われていた。ジョージ・ワシントンはアメリカ人を外国で教育することに反対していた。彼らは「共和主義政府にとって好ましくない原理に染まる」危険性があったからである。彼は、原理、意見、作法において「われわれの市民が同質的になればなるほど」、「永続的な統一性の見込みは大きくなる」と信じていた。政治的な均質性は、悪徳ではなく美徳であった。ジェファーソンは、「外国での教育の結果は、アメリカ人として、私を不安にさせる」ということに同意している。ジョージア州では、一六才以下の年齢のとき、外国で受けた教育の期間と同じ年数の間、市民は公職に就くことができないということすら決められている(15)。

「同質的な」アメリカ人は、アメリカの教科書を読まなければならないと、ノア・ウェブスターは書いている。旧世界の教科書は、「若者に老衰の皺をきざみ、活気に満ちた政体に崩壊の種を植えつける」。ウェブスターの市民的共和主義の教育学は、知的であるのと同じくらい道徳的であり、着想において政治的であるのと同じくらい宗教的であった。若者は代議的で制限された政府の原理を学ぶべきであり、また共和主義的な徳を実践すべきであると、彼は考えていた。多作であったウェブスターは、その著作は一八二九年までに二千万部を売り上げていたが、これらの適切な共和主義的原理を子どもに教えるために、「連邦の教義問答集」を考案した。彼は子どもたちに、君主政治、貴族制、直接民主主義の弊害について警告し、その一方でこの国や個々の州の制度の中に埋め込まれている議会制民主主義の美徳を称賛した。彼はまた、従順、節度、誠実、倹約、勤勉のような美徳を強調する「道徳の教義問答集」を盛り込んでいる(16)。

教科書の著者たちは、共和制的人格の模範として、ジョージ・ワシントンのような政治家を典型に使った。アメリカ人の子どもたちは「話せるようになる」や否や「舌たらずな話し方で、自由と輝かしい英雄たちをほめたたえなければならない」とウェブスターは述べた。ラッシュは、アメリカの政治家を神格化された英雄に変えようとするウェブスターの政策に同意していた。彼は戦争中のワシントンの指導力を賛美してはいなかったけれども、建国の父について真実のすべてを語らないことは思慮深いことであると考えていた。「世界中にわれわれの愛国者と英雄を称賛させよう。彼らの想像上の才能と美徳（略）は、愛国心と、私たちの国の大義の役にたつだろう(17)」。

ジェファーソンはもちろん宗教的、知的自由の情熱的な使徒であった。彼はヴァージニア大学に、同大学が「人間精神の果てしない自由に基づく」ものであるということを宣言するチャーターを与えた。彼はまた、政治的前進の道具として、「知識が人びとの間に普及すること」を目指した運動を行った。彼はヴァージニアのすべての白人の子どもに三年間の公教育を与えることを主張し、読み書き能力をもつ市民だけが投票を許されるということを提案した。しかし、彼が市民教育の中に認めた自由には制約があった。いかなる知識の普及か。市民教育を成り行きまかせにするには、あまりにも多くの間違った危険な原理が流行していた(18)。

ジェファーソンは、とりわけヴァージニア大学における未来の指導者たちの正しい教育について関心を抱いていた。彼は、この大学で使用されるスコットランドの歴史家デヴィッド・ヒュームによる歴史書から保守主義的な一節を削除すること、および政府において使用される教科書を作成することを欲していた。「［政治的な］異説を教えることができるような［知識の］一つの部門があるということは、教えられるべき原理を策定することをわれわれの義務とするということに関して、私たち自身の州にとって、そして合衆国にとって、非常に興味深い特質である。それは政府の特質である」と、彼は入国委員会のメンバーに書き送っている。彼のねらいは、ヴァージニア大学を州自治の原則の「神学校」にし、集権化された政府の敵とすることであった(19)。

ジェファーソンは、子どもや若者は共同体のなかで大人が市民としての義務を果たしている姿を見ることによって市民性について学ぶことができると信じていた。彼は、ニューイングランドのタウンミーティングの直接民主主義を称賛し、ヴァージニアにおいて同様の「区」制度を提案した。地域が学校や他の市民的な仕事を統制することは、中央集権的な政府によるよりも効果的であっただけではなく、人びとの自由の防波堤でもあった。「これらの小さな共和政体は、大きな共和政体（アメリカ合衆国）の中心的な強みとなろう」と、ジェファーソンは述べている。何が地域や州や国家的な共和政体の複雑なネットワークをまとめあげることができるのか。共和主義と呼ばれる一連の共通した原理と実践である(20)。

ベンジャミン・ラッシュの市民教育の概念は、ジェファーソンのものよりも厳しいもののようである。ラッシュは、「大衆をより同質的にならしめ、それによって彼らをより容易に均質で平穏な政府に適合させる」ための最良の方法は、共和主義的な原理と性格特性を教えこむ学校を作ることであると論じていた。「私は、人びとを共和主義の勢力に改造することが可能だと考える。もし、この国の政府の偉大な機構の中で、人びとが自らの役割を適切に果たすことを期待するのならば、これはなされなければならない(21)」。

ラッシュ、ウェブスター、ジェファーソン、さらに幾人かの他の教育理論家は、財政や統制において公的で、下位と上位からなる単一の制度に組織され、とりわけ共和主義的市民を育成することに専念する学校を作りたいと思っていた。アメリカ独立戦争から一八二六年のジェファーソンの死まで、均一で体系的というよりは異種混合的なままだったほとんどのアメリカの学校は、公的というよりは私的なものであり、普遍的な共和主義を教えこむよりは社会階級、宗派、宗教の差異を永続させる傾向をもつものであった。しかし、均一の公教育がこの政体を統合できるという望みは消えなかった。一九世紀中頃、コモンスクール運動の期間中、共和主義的な考えは、新たな熱望と古い主張によって補強され、力づよく回帰した。

コモンスクールと政治的公分母

「共和主義の偉大な実験――人間の自己統治の能力に関する実験――は改めて試されなければならない」――ホレス・マンは一八四二年七月四日に弁じている。「自由を濫用することなしにそれを享受することについての人間の無能さによって」、それは以前は常に失敗していた。マサチューセッツ州教育委員会の長官であったマンは、ボストンや国全体を見回った。彼は騒々しい群集や自分勝手な成金、投票権の買収や無知な投票、ろくな教育を受けていない市民が陪審員をやったり民兵になったり、貧しい子どもが工場で働いていたり、「夜中の火事場騒ぎ」のような喧騒を伴った奴隷制についての議論などを見ていた(22)。

同じとき、シンシナティでは、マンの仲間のコモンスクール改革者であるカルヴィン・ストウが、彼の同僚に「我々が移民を教育しないならば、彼らは我々の害悪になるだろう」、というのも「私たち自身の広大な共和国を維持するためには、〈国民的な〉感情、国家的な同化がなければならないからだ」と指摘している。移民は「親となる木の枝の接ぎ木」となり得るのであり、「……寄生的な宿り木のようなものではない」。しかし、一八三〇年から一八六〇年の期間、それは、外国で生まれた人びとが比率的にアメリカ史上もっとも急増した時期であるが、移民排斥主義者は、移民に対してストウがそうであったよりもずっと強い敵意を抱いていた(23)。

害悪についての話に言及しながら、マンのような教育活動家は、解決のために彼らのプロテスタントの共和主義を説いた。人間が自己統治の能力をもっているということを証明するために、神はそれを果たす国家としてアメリカを選んだのである、と。個人の教育された人格は、公けの徳の土台であった。この善き社会はこのような市民の集合体であった。ありとあらゆる階層出身の生徒を混合する公的機関であるコモンスクールは、非党派的、非宗派的な政治的、道徳的真実の公分母を教えなければならないものであった。政党と宗派は、学校の入り口において喧嘩と競争を止めなければならない。そして、市民教育に魔法の力を発揮させよう(24)。

このことのすべては、言うは易く行うは難しであった。州のコモンスクールの支持者や地域の学校の理事たちは、いかにして宗教的に、そして政治的に中立的な共通部分を見いだすことができたのか。ホレス・マンは、自分が答えを持っていると考えていた。聖書に基づいて基本的な道徳を教えること、しかし、聖書についていかなる宗派的注釈も行わないこと。人々は、勤勉、倹約、仁愛、慈善、節制、愛国心、正義、禁酒、中庸など、一七八〇年マサチューセッツ州憲法に埋め込まれている基本的な個人的な美徳を既に信じてはいなかったのだろうか。もし同州がこのような特質を若者に教え込もうとしたならば、誰がこれに反対できただろうか。ノア・ウェブスターの道徳教義問答は、カリフォルニアの学校改革者ジョン・スウェットが行ったのと同様の価値を強調していた。「学校の倫理」についての一八八五年の教師向けの著書で、スウェットは、すべての市民が、彼の本にある市民個人の徳、すなわち自覚、自制、節制、正直、従順、時間に正確なこと、誠実、公平、感謝、親切、思いやり、忍耐、率直、真面目、堅実、清潔、礼儀などのリストに同意するだろうと考えていた。後に示すが、同様の道徳的特色は、学級の中の道徳的価値についての一九九六年の調査に回答した教師と親にとっても、親しみがあり、魅力的なものとなっていた(25)。

マンはまた、市民教育における政治的中立性の問題について、合意に基づく解決を提案した。それは、「すべての分別のある賢明な人びと、すべての愛国者、すべての純粋な共和主義者」によって普遍的に承認された共和主義的原則だけを教えることである。もしある教師が政治的に「論争的な教科書」と出会ったならば、「彼は注釈や意見を述べずにそれを読むか、あるいはせいぜい、彼はこの一節は論争の主題であるということや、教室は判決を下す裁判所でもそれを議論する評議会でもないということを言うだけでよい」とマンは助言していた。マン自身は、奴隷制に深く反対していたけれども、生徒を奴隷解放運動の集まりに連れていくように教師を訓練するというある学校の校長を非難している。これは余りにも論争的すぎる。それはコモンスクールの土台を台無しにしてしまう。しかし、もし生徒が道徳的政治的な共通の地盤を共有することができるならば、彼らが後に党派的な激情のとりこになったり、過剰な政治に陥ることは少ないだろう、と彼は考えた(26)。

コモンスクール運動とアメリカ史の教授は併行して行われた。南北戦争以前は、六州が公立学校にアメリカ史を教えることを要求しており、一八六〇年から一九〇〇年の間にはさらに二三州がそれを命令した。それは通常、合衆国憲法と州憲法の学習と一緒に行われた（ほとんどの教科書に含まれていた）。憲法は国の多くの場所で神聖な文言と見なされていた。ニューハンプシャーでは、第八学年のすべての生徒は〈声を出して〉合衆国憲法や州憲法を読み上げねばならなかった(27)。

教科書の著者――良心、慣習、商業によって動かされていた――は、後に示すように、マンが提唱していたのと同じような種類の合意された道徳的市民的教育を追求していた。その学校読本が一八七〇年から一八九〇年の間に六千万冊売れ、一九二二年までには一億二千万冊を売り上げたウィリアム・ホームズ・マクガフィ牧師ほど、合意の装置をよく配置した教科書の著者はいなかった。一八四四年の第四版に印刷された宣伝文は、「いかなる宗派的問題もこの仕事に含まれてはこなかった」ということ、「いかなる党派的な問題」（例えば奴隷制についてのコメント）も現われてはいないということを、一般の人びとに保証した(28)。

マンやスウェットのような公教育に携わる官吏は、コモンスクールを通じた非党派的な市民教育の重要性を布告し、学校政策を提案するために公職の権威としての彼らの立場を使った。しかしながら、彼らは法律や政策を強制する権限をほとんどもっていなかった。独立戦争から一九世紀の終わりまで、アメリカ人は州の政府の権限を妨げるということに熟練するようになっていた。市民は立法者と公立学校に関わる州官吏を信用していなかった。ヘンリー・バーナードがコネティカット州教育長の職にあって、ホレース・マンと同じことを試みたとき、市民はこの職を廃止した。合衆国における権力の分散に魅了された一人のドイツ人移民は、「アメリカでは人びとはいかにわずかしか統治される必要がないかを見ることができる」と書いている(29)。

州立学校の推進者の中にはそう主張した者もいたけれども、学校ガバナンスは完全に無政府的なものではなかった。少なくとも一九世紀末までは、裁判所や立法府、州当局者ではなく、地域の理事がほとんどの場所で主な決定のほとんどを行っていた。もっとも道徳的で市民的な問題は、ほとんどの共同体で多数決で解決されていた。これは地域的な状況——例えば、近隣の人びとの宗教的民族的構成——に順応するための裁量権を教育委員会に与えるものであったが、地域的統制はまた、少数者に酷なものでもありえた(30)。

文化闘争

敬虔な学校改革者や学校理事者の世界観を共有しないアメリカ人——とりわけ移民でアイルランド系のカトリック——が多数存在した。プロテスタントとカトリック、新参者と既存の集団はしばしば、市民教育や道徳教育のような問題については互いに話が噛み合わず、激しい致命的で持続的な対立を引き起こしていた。これと比べるならば今日の「文化闘争」などは穏やかな舞踏曲のようなものにすぎない。一八四四年フィラデルフィアでは、例えば、カトリックの子どもにはドゥエ版の聖書を用いることを許されるべきであるということをカトリックの司教が要求した。カトリックがプロテスタントの聖書を学校から追い出したがっていると考えた移民排斥主義者の群集は、アイルランド系のカトリックを攻撃し、彼らの学校や教会を焼き討ちした(31)。

プロテスタントとカトリックは典型的に、市民教育、道徳教育について極めて異なった見解を持っていた。コモンスクール改革者は常に彼ら自身が、イギリス系プロテスタントの支配的集団のメンバーであり、自らが党派性を有しているとは認識していなかった。彼らは何故彼らの非宗派的非党派的学校教育の提案がすべての正しい思想を持った人びとに受け入れられないのかを理解できなかった。対照的に彼らの敵であるカトリックはしばしばこの「解決」を、迂遠な策略あるいは無神経な強権行動とみなした(32)。

一八七一年のトーマス・ナストのマンガは、アイルランド系カトリックによる、真のアメリカ的制度の破壊に対するイギリス系プロテスタントの悪夢を描いている。タマニー・ホールの上に旗は勢いよくはためいているけれども、合衆国の公立学校は廃墟の上に立っている。司教の冠をかぶったワニが怯える子どもたちをむさぼり食おうと岸には い上がろうとしている。一方で、教師は断固として生徒を守って立ち、彼のコートからは聖書がのぞいている。多くのカトリックは学校の中で宗教について歩み寄ることについて絶望していた。カトリックの教区学校の在籍者は膨れあがった。カトリックは公的資金を彼らが統制する教区学校に向けようとしていた——これは当時も今も激しく争われている問題である。一八九〇年までには、約六二、六〇〇人の生徒がカトリックの教区学校に通っていた。それは公立学校に在籍している生徒の人口の約八%であったが、一九二〇年にはその率は一二%であった(33)。

プロテスタントとローマ・カトリックはそれぞれ公共の福利に関する異なる価値を定めていた。千年王国説がコモンスクール運動を虜にしていたことを反映して、カンザス州の一人のプロテスタントは、「アメリカ主義とはプロテスタンティズムである（略）プロテスタンティズムは生命、権利、文明、時代の精神である（略）教育はそれに伴うすべてのものを含めて、プロテスタンティズムである」と声高に述べていた。彼のような人びとにとっては、コモンスクールは愛国心の象徴であり、自由な個人の徳の中に政府を根づかせる手段であった(34)。

あるカトリックの指導者は、教育は若者を「目上のものに対して素直で敬意をもつようにし、公明正大で率直、そして親のものであれ配偶者のものであれ、市民的なものであれ聖職者のものであれ、正当な権威に対して従順で恭順であるように、「教会の指針」に従うように訓練すべきであるという、より集合的で伝統的な見解を表明している。このような道徳教育においては、若者は、愛国心の普遍的な形態を学ぶだけではなく、親族、宗派、民族集団に対する忠誠心を保持すべきであった。プロテスタントは成功への鍵として個人的な努力や性格を強調したが、カトリックは共同体的な努力を強調していた(35)。

一九世紀の公立学校における民族文化的な紛争は、宗教だけではなく言語や民族性を含んでいた。移民達も教科書の中の軽蔑的なステレオタイプに抗議して、立ち上がった。言語や文化の違いから生じた政治的課題は、宗教論争程絶対的なものでも交渉の余地のないものでもないように見えた。ほとんどの学校の指導者は教授のための言語としては英語を使うことを選んでいたけれども、言葉に関する政策におけるいくらかの柔軟性は保証されていたようである。移民も含めてすべての子どもを公立学校に引きよせることは、コモンスクール令の一部であった。加えて、地域の教育委員会は、例えばドイツ人のような、もし彼らが望むのであれば自分たち自身の学校をつくりコモンスクールの政策を形成するのに政治的な打撃を与えるだけの資金をもつ、裕福な民族集団の支持を取りつけたいと考えていた。一般的には、民主党員は文化的多元性に対しては共和党員よりも好意的な立場に立っていた——その政策がアルコールに関するものであろうと、言語に関するものであろうと。民主党員は、民族中心主義的共和党員が、一八八〇年代と一八九〇年代に教室で英語だけを教えることを要求したとき、彼らが墓穴を掘ったと見て喜んだ。マサチューセッツ、ウィスコンシン、イリノイではこのような立法に対して激しい有権者の反動があった(36)。

ドイツ人がバイリンガル学校を要求していた都市もあれば、単に特別教科としてドイツ語の学習を要求していただけのところもあった。一九〇〇年までには、二三一、七〇〇人の子どもが初等教育段階でドイツ語を学んでいた。労働者階級の移民が政治的影響力を獲得したミルウォーキーでは、子どもたちはドイツ語、イタリア語、ポーランド語のクラスに出席することができた。また他のところでは、子どもたちはノルウェイ語、チェコ語、スペイン語、オランダ語などの言語を勉強していた(37)。

一八七〇年代、セントルイスにおいて教育長ウィリアム・T・ハリスは、最終目的としての同質性とドイツ語の勉強との間の葛藤を見ることはなかった。彼は、民族と家族の伝統が「各個人の性格の本質と呼ばれるものを形作り、そしてそれらは個性をひどく弱めることなく、突然取り除かれたり、変えられたりすることはできない」と論じている。実際、彼は、ドイツ人がアメリカの政治的な機関に市民として参加しながら、彼らの文化を保持することができないという理由はないと論じている。そのように、彼らの文化が無視されたり抑圧されたりしたときよりももっと穏やかに、そしてよりしっかりと彼らは同化するだろう。英語で教育されることが州法で命じられたウィスコンシンでは、郡の教育長は、自身の年次報告書の中で、いくつかの公立学校の授業がドイツ語で行われたことが分かったときに、州法とは別のやり方をした方がよいと述べていた。つまるところ、ドイツ人たちは教育に大いに関心をもっており、もし私たちが彼らを疎外するならば彼らは公立学校を見捨てるだろうと、彼は述べている。民族的多元主義に対するこのような寛容さは、第一次世界大戦の狂乱の中で変わった。反ドイツ立法と当時の世論の結果として、ドイツ語を履修している高校生の割合は、一九一五年の二四%から、一九二二年には一%以下に減少した(38)。

絶えず増え続ける子どもたちをコモンスクールに引きつけるために、一九世紀の公教育の指導者たちはしばしば文化的多様性の問題について歩み寄ることに前向きであった。教育の政治統制は、ほとんどが地域レベルで、民主的に選ばれた学校の理事の手に属していた。概して、学校の指導者たちは、よい学校と適切な市民教育はよい共和主義者を生み出すことができると考えていた。環境が重要であった。しかし、世紀の転換点までに、影響力をもった政策立案者は次第に、新たな、そしてしばしば強制的なやり方で教育を規制するのに国家を使うことをいとわなかったし、しばしばそれを熱望さえするようになっていた。南東ヨーロッパから来た新たな種類の移民は、伝統的な学校教育以上のものを必要としているように見えた。これらの新参者をアメリカ人に値するものとするために、いかなる種類の市民教育がなされるべきか、英国系の政策立案者は思いを巡らしていた(39)。

アメリカ化としての市民教育

一九〇九年、教育専門家の新しい世代における指導者の一人であったエルウッド・P・カバリーは、南ヨーロッパと東ヨーロッパは先祖からして異なった系統であるという説明をした。解決法は、彼らの定着をやめさせ、「可能な限り、彼らの子どもたちに正義、法と秩序、民衆の政府といったアングロサクソンの概念を植えつける」ことであった。「可能な限り」という彼の一節は、「新たな」移民は一般的には真のアメリカ人になることはできないという、当時の人種差別主義者の懸念を反映したものであった。この仕事を複雑にしていたものは、イタリア人やポーランド人のような集団の義務教育への出席に対する抵抗であった。彼等はしばしば母国における公立学校を外国の政府によって押しつけられたものとして信用していなかった(40)。

しかし、カバリーは、学校教育を通して社会進化を導くことが可能であると信じていた他の教育者のように、まったく楽天的であった。彼は教育の新しい「科学」の確実性を、マンのような先人の道徳性のキャンペーンと融合させていた。彼は、学校は以前の社会化のエージェントに取って代わらなければならないと信じていた。「というのも、毎年、子どもはどんどん親から離れ、国家に属するようになっている」からである。学校がこの新しい責務を果たすためには、義務教育への出席と、一団の出席調査官が必要であった。移民の子どもたちはクラスに放り込まれなければならなかったのである(41)。

エリートの改革者は、移民の市民教育に対処する際に、二つの仕事に取り組んだ。一つは政治的なものであり、もう一つは教育的なものである。政治のキツネが教育の鳥小屋にいた。二〇世紀の転換点までには、移民は都会の教育の多くを統制していた。ときどき、それは政治的なマシンと民族的な政治を通してのことであった。このような人びとが、いかにしてアメリカの基準に見合った市民を生み出すことができたのか。カバリーは、教育を政治の外に出すことが不可欠であると信じていた。というのも、都市においては、民衆があまりにもしばしばすべてを支配していたからである。州は、アメリカ化という困難な仕事を完遂するために、唯一市民教育を立て直すことができる（アングロサクソンの）専門家の権限を強めなければならなかった。そうすれば、教育者は、多くの都市で公立学校を運営しているくだらないボスたちによってひっかきまわされずに、民主主義の中で若者を訓練することができるようになるだろう(42)。

ニューヨーク市では、一九〇八年の学校の職員の半分以上が、移民第一世代あるいは第二世代であった。これらのベテラン教育者たちは、「アイルランド人にはアイルランド人の理事を、ドイツ人にはドイツ人の理事を、ヘブライ人にはヘブライ人の理事を与える」という一八九〇年代の地方分権的な区システムを称賛していた。いや待てと、市の学校の統制を集権化させるためのチャーターに関する議論の中で、ある上院議員は警告している。これは間違ったモデルである。私たちはスラムの子どもたちを、「教育を受け、洗練された知的な男女の影響下におくべきであり、そうすれば、彼らは彼らが生まれ育った泥沼から救いだされ高められるだろう」。少数民族の支配する区委員会を廃止し、学校が専門的な非政治的統制の下に置かれさえしたならば、学校はヨーロッパ南東部出身の子どもたちをアングロサクソンの精神性をもった生徒に変えるというヘラクレスの難業を成し遂げることができるだろう(43)。

かつての非制度的な政治的、社会的教育は衰退してしまっていると、改革者は警告した。大人も子どもも、田舎の雑貨屋のストーブのまわりでの日常的な議論や、政党政治の儀式と七月四日のオラトリオの儀式からもたらされる共和主義的な信条、儀式、実践になじんでいる者はいなかった。３Ｒｓと学校の教科書は、子どもが家庭で、教会で、農場や店での仕事から、そして、非制度的な多くの他の学習の場所で得る市民教育の仕上げをするということを前提とするものであったとコモンスクール運動家は信じていた。しかし、ポーラ・Ｓ・ファスは、進歩主義の時代には、改革者たちは、かつての社会化のパターンを欠いている移民の子どもたちが、厳しい歩調の補償的な市民教育を必要としていると信じていたことを明らかにした(44)。

英語を学ぶことは、不可欠のことであった（実際には、一九二〇年代までには、何十もの州が、教授は英語のみで行われるべきであると命じた法をもっていた）。ニューヨークは、やってきたばかりの移民の若者に英語を教えるための「特別クラス」を用意していた。教育者は、アメリカの歴史と政府についての直接的な教授の速度と量を増やし、忠誠の誓い（一八九〇年代にニューヨークで最初に行われた）、国旗掲揚、国の祝日の洗練された儀式といった愛国的な実践を要求した。彼らは強力な義務就学法を通過させ、施行した。こうした形態の市民教育の中で、そして新たな公民科の教科書の中では、市民性というのは、いかにして政治制度が機能しているのかを学んだり、いかにして政治に参加するのかを学んだりすることよりも、イギリス的な中産階級の行動様式を身に付けるということの方が重要な課題となっていた。ホレス・マンの時代のように、教育者は議論を遠ざけていた(45)。

サラ・オブライエンの『外国人のための英語』(一九〇九年)は、ほとんど大人をねらいとしているが、ときどきそれは子どもに対しても使用されていた。それは都市、州、連邦の政府、市民性、そしてアメリカ国旗などの章があった(このレッスンのために、生徒は「アメリカとは機会の別名である」という一節を復唱しなければならなかった)。市民性についてのこのレッスンの下で、生徒は以下のことを学んだ。

合衆国は、すべての市民を保護し、彼らに多くの権利を与える。
真の市民は法に従い、税金を払い、合衆国政府を守ることに参加することによって彼の権利の代価を払う。
よい法をつくる唯一の方法は、法を作るのに相応しい人物を選ぶことである(46)。

これは、帰化した生徒のクラスのために、多く出回っていた教科書であった。それは市民テストの承認された解答を与えるものであったという理由によるためであるが、また、それが多くの移民たちに約束の土地に導く半公式的なガイドブックであったという理由にもよる。

ハンナ・アレントは、アメリカでは「他の国よりも、教育が異なった、政治的にずっと重要な役割を果たしている」と主張している。その理由は、アメリカの人口の多様性であり、市民になるプロセスにおいてアメリカがずっと移民の国であったということ、そして今でもそうであるということのためだと、彼女はいう。しかし、アメリカの市民性は、こうした事実から離れて、特別な、普遍的でさえある響きをもっている。「すべての一ドル札に印刷されているモットー、世界の新しい秩序（*Novus Ordo Seclorum*）」を示しながら、彼女はそう確信している(47)。

戦争の仕上げとしての学校教育

市民教育に対するアメリカ人の信頼の深さは、かつて敵であり、また植民地であった人びとを繰り返し「アメリカ化」しようとする試みを見れば明らかである。一九〇一年に雑誌『ジャッジ *Judge*』に乗った漫画は、教育による強制的な変容を描き出している。出席調査官アンクル・サムがインディアン、プエルトリコ人、フィリピン人、キューバ人、ハワイ人たちを一網打尽に捕え、教師のミス・コロンビアがベルをならしながら小さな赤い校舎の外で待っているというものである(48)。

学校教育が戦争に応答するようになったとき、市民教育のイデオロギーがくっきりと浮彫りになった。私がここで焦点を当てるのはこのイデオロギーである。連邦政府は、合衆国における公教育の主流に対してほとんど統制していなかった。しかし、それがかつての敵や植民地の国民、国家による被保護区の話となれば、軍隊と連邦政府の役人は「アメリカ化」を定義し、強制する権威をもっていた。彼らはこれを新たな目的、あるいは制度を作り上げるものとは考えていなかった。むしろ、彼らはアメリカの合意を表現していると信じてきた。しかし、かつての敵や植民地の人びとなど、「他者」を条件を満たした市民に変容させようとすることに関しては、彼らは政治的、社会的変容における教育の役割について自覚的になっていた。

三つの例が、私が考えていることを説明する。第一には、南北戦争から半世紀後にインディアン問題局（Bureau of Indian Affairs：BIA）の学校を発展させることによって「インディアン問題」を解決しようとした試みである。第二は、米英戦争後の期間、フィリピン人の子どもを市民に変容させようとした運動である。第三は、第二次世界大戦中に日系アメリカ人を収容所に閉じ込めて「民主化」し、トチオ・ニシが「無条件民主化」と称したものを戦後日本に課そうとした動きである(49)。

この三つの教育による和解のエピソードは、それぞれ異なる起源と異なった結果をもつことになった。しかし、これらの間には世代を超えたある人脈的なつながりがあった。渇いた広大な大地のインディアンと戦い、彼らを教えるということから仕事を始めた兵士が、ルソンの湿ったジャングルのフィリピン人反乱軍と戦闘し、彼らを教育することで退職を迎えた。合衆国の日系アメリカ人収容所の管理者たちの多くは、ＢＩＡにおける教育者たちであった。フィリピンで教師だった一人の人物は、アイゼンハワー大統領の時代にＢＩＡの長官となった。時には家族関係におけるつながりもあった。ダグラス・マッカーサーは、彼の父アーサーが陸軍士官であったインディアンのフロンティアで育った。アーサーはそれ以前にはフィリピンのゲリラと戦い、彼らのための学校を作った。そしてダグラスは、戦後日本の民主教育の条件の規定を定めたのである(50)。

合衆国政府の外部にいた人びとが、「アメリカ化」のための教育の性格を定義することを助けた。例えばニューヨーク州ニューパルツの近くのレイク・モホンクでの「インディアンの友」の年次大会は、インディアン問題に関心のある白人改革者たちを団結させた。彼らは、インディアンの権利のために努力していた協会のメンバー、兵士、宗教的指導者、編集者、大学のスタッフ、無償の連邦インディアンコミッショナー委員会のメンバー、インディアン局の役人たちであった。提案を計画し、公表し、議会や連邦政府の役人に対してロビー活動をすることを通して、このグループはインディアン政策に大きなインパクトを与え、またフィリピン人たちのための教育プログラムを形成することを助けた。同じように、フィリピンや日本においても、非政府的な本職ではない専門家や改革者たち――彼らの多くは学者であった――による委員会は、連邦政府によって採用された政策にかなりの影響力をもった。カトリックとプロテスタントはインディアン学校が用意すべき宗教的教授の種類、あるいはフィリピンでどの教科書が使われるべきかをめぐって争った。このように、ときどきグループが衝突することもあった(51)。

時々、連邦政府の役人と素人の助言者の政策声明の中には、征服された人びとを同化することについての疑いが見られた。しかしながら、大半は、「野蛮な」人びとを「文明化された」市民に、「小さな褐色の兄弟」を近代人に、そしてかつての敵、嫌われ者の日本人を立派な民主主義者に変容させる教育の力に対する信頼を示すものであった。モホンクの大会の参加者、委員会のメンバー、陸軍仕官――これらは典型的に、アメリカで生まれた、裕福で十分に教育を受けたプロテスタントであり、自分の意見を重視するという自信に満ちたアングロサクソンの人びとであった。

インディアンの教育の早い段階においては、指導者たちは、もっとも有名なインディアンのための寄宿学校であったカーライル学校の創設者であるリチャード・ヘンリー・プラットによって述べられた目的、「彼らの内にあるインディアン性を殺し、人間性を救いだす」ということを、いかにすばやく彼らが達成するかということについて楽観視していた。インディアンを消滅させる必要はない、と一八九〇年にＢＩＡ局長は述べている。というのも、彼らは「インディアンとしてではなく、アメリカ人として、国民生活にとけこむように教育されることができる」からである。もし十分な「三年から五年間の学校教育の利点をそれぞれの若者に与えるために学校が設立されるならば、次の世代は［インディアンの］問題を何も聞くことはなくなるだろうし、私たちはインディアンたちに自分のことは自分でやらせることができるようになるだろう」と国務大臣は一八八三年に言っている。軍隊も福祉手当も必要なくなるのだ。陸軍はインディアンを鎮圧した。しかし、教育者だけがインディアン性を絶やすことができるのだ(52)。

これらの政策立案者たちが教育と市民性との関係について述べるとき、共通のテーマが浮かび上がる。彼らはインディアンを種族から、フィリピン人をスペイン的な「封建的」システムから、日本人を天皇崇拝の専制から切り離し、個人主義化することの重要性について同意していた。被保護者たちは「自由」になる前に、最初、彼らの権利と自由を責任をもって行使することを教えられた個人にならなければならなかった。学校教育は集団が人格の上に及ぼす支配力を打ち破り、個人を開かれた社会と共和主義的政治システムの理想化された型に結びつけることを目指していた。

しかしながら、これらの「個人」は、ある点において、文化的に似かよったものでなければならなかった。インディアンの教育は、このことを例証するものであった。プラットのような改革者は、部外者を市民に変容させるためにその運動においていささかの細部についても労を惜しまなかった。彼らは服装、運動、職業訓練、英語学習、そして時間厳守、勤勉、規律などの特性に注意を払っている。典型的には、彼らはこのような習慣と価値を特定の文化に関するものではなく、「文明化された個人」がもつ普遍的なものと見ていた。プラットは、彼らの生徒が容易に書き込み可能な白紙状態であると考えていた。彼らはすぐに彼らの過去を忘れ、ヨーロッパ系のアメリカ的な文明化の最終段階に至るだろう。一九〇一年、スー族に対する伝道においては、学校教育自体が多くの原住民を統一的な共和主義的人格を創り出すという、騎士道的な忠誠心が記されていた。「アンクル・サムは、弾薬をしかけた人間の如きである。学校は導火線である。彼はそれに着火し、口笛を吹いて合図し、爆発させる。やがてそれは古い生活を吹き飛ばし、そのちらばった破片から、彼はよい市民を作るのだ(53)。」

BIAの教育者に対する「インディアン学校での愛国心教育」についてトーマス・ジェファーソン・モーガン局長

は、インディアンの生徒が新たな未来に向かう途中に新しい過去を獲得するという指導を行っていた。「もっとも顕著で価値のある歴史的人物の伝記（略）のなかで、インディアンの若者を教育することに（略）特別な注意が払われるべきである。このような学習のなかでは、彼らの先祖の不正は無視されることができないが、彼らの種族が被った不正義は、彼らに対するより開かれた未来を伴って組み立てられている。そして彼らの不正ではなく、彼らの義務と機会が、おそらくもっとも彼らの注意を引かなければならないのである」。「性格における卓越性の後の（略）刺激的な（略）野心」の過程で、教師は「彼らがインディアンであるという事実に対する不必要な言及を、注意深く避けるべきである」と彼は述べていた。彼は、ハンプトン・インスティチュートの合唱でインディアンの学生に語りかけたとき、明らかに、自分自身のアドバイスを忘れてしまった。「ここに座り目を閉じて君の歌声を聞いていると、君はまるでインディアンではないみたいに聞こえるよ。君は私たちの歌を歌い、私たちの言葉を話している。やがて、肌の色以外にはインディアンを白人から区別するものはなくなるだろう(54)」。

最終的な目的は、かつての敵や植民地の人びとを立派に社会化し、より大きな社会に統合することであるけれども、連邦政府はしばしば彼らを分離した。インディアンは居留区の寄宿制学校や昼間学校に、日系アメリカ人は収容所に、そしてフィリピン人は、軍隊によって、子どもをアメリカ化させたくない反乱者から守られた要塞の町に。カーライル学校が手に負えないインディアンの戦士の集団のための教育プログラムとして始められたのは偶然のことではなかった。教育による和解は、一つのアイデンティティを破壊し別のものを強要しようとしていた。それは明らかに楽観主義の錯覚であり、過酷な傲慢による行動であった。ある点では、敵に対する教育は、旧世界からの「新たな」移民を「アメリカ化する」運動に似たものであった。

道徳教育及び市民教育における不可避の緊張

「もし私たちの憲法の星座のなかに動かない恒星があるとするならば、いかなる役人も、上位の高官であれ下位のものであれ、政治、愛国心、宗教、あるいは意見の一致をみない他の問題において、何が正統であるのかを規定することはできないし、市民に対してそれについての信条を言葉によってあるいは行動によって告白することを強制することはできない」。これは、エホバの証人の信者であるという理由で、アメリカの国旗に敬礼することを拒否する学童の権利を肯定した事件、一九四三年のバーネット事件についての連邦最高裁判決の言葉である(55)。

この判決のほんの三年前には、連邦最高裁は、国民統合の必要性は個人の権利や信条の多様性に優越すると考えていた。国旗に対する敬礼の拒否は、罰せられるべき不服従であると述べていた。「教育過程の余りにも多く必然的に普及しているこれらの強制によって子どもを訓練する知恵」を問うということは、裁判所の問題ではなかった(56)。

これらの対照的な決定は、自由と統合をめぐる市民教育の中の不可避の緊張を要約している。これほど多様な社会においては、何が教えられるべきかを誰が決めるのか。統合は実現可能な——確かに望ましいとしても——目的なのか。異議を申し立てる自由は、いかにして結合性のある学校と凝集的な社会と両立できるのだろうか。

アメリカをアメリカ化する運動のために学校に「共和主義的機関」を広めようとしたラッシュの要望から、第一次世界大戦、そして一九五〇年代の冷戦、さらに現在に至るまで、市民教育を切望している支持者は、アメリカの共和制は危機にさらされた実験であると信じ込んできた。(脅威はその時々で変わっていたけれども)。コモンスクールが価値のある市民を生み出すときにのみ、国家の未来は保証される、と彼等は述べていた。葛藤と競争がはびこる社会において、すべての子どもたちは人びとが共通に持っている価値を教えられなければならなかった。共通のアイデンティティと運命についてのこのような感覚は贅沢品ではなく、共和主義においては必需品であった。市民の均質性は欠点ではなく美徳であった。

少なくとも見かけ上は、年若い市民にいかなる道徳的価値が教えられるべきかについて合意を達成することは難しいものではなかった。マンとスウェットが示唆しているように、正直、親切、勤勉のような価値について合意を見いだすことは十分に容易であった。一九世紀の間、多くの州では教師がこのような美徳を育成することを命じる法律が可決された。例えば一八七八年、ミネソタ州議会は「州立学校に道徳及び社会科を導入する法」を通過させた。すべての学校の教職員は同じ三一の道徳的特性――例えば、自尊心、忍耐、憐れみなど――を、一日に一つづつ教えることが期待されていた（ひとつの美徳について教師が授業をした次の日には、生徒たちはその美徳の実践例を示さねばならなかった）。教育者は、この種の道徳教育がカリキュラムに浸透することを望んでいた。それは単に特定の授業で教えられるべきものではなかった（第二章で分析されるように、アメリカの歴史の教科書は、愛国主義の誓約の箱船であった）。すべてのレベルの教師は、共和主義的美徳の模範となることが期待されていた(57)。

アメリカ社会は著しく多様になってきているが、これらのミネソタの美徳は姿を消してはいない。合意された市民的価値は依然として多くの学校やコミュニティの中に健在である。一九九六年の公立学校教師調査は、伝統的な市民的価値の回復力と学校における論争に対する抵抗を明らかにしている。大多数の教師は、共通のコアである道徳的価値を教えることは、勉強を教えることよりも重要であると信じている。教えるべき重要なレッスンとして教師の九五%が正直を、九〇%が時間厳守と責任を、八三%が勤勉をあげていることを知って、ノア・ウェブスターとジョン・

スウェットは驚かないであろう。四分の三の教師は、学校が「民主主義は政府の最良の形態である」ということを強調すべきであると考えている。四分の三が、公立学校は「たとえ移民たち自身の言語と文化を無視しても、彼らができるだけ早く文化と言語を吸収するのを助けるべき」と考えている。比較的少数の教師（六〜一三％）が、「人種主義は黒人が今日直面している経済的社会的問題の主要な原因であると論じること」、「黒人の分離主義を擁護する論者を参加させる」あるいは「ホロコーストは起こっていないと議論するゲストスピーカーを招く」などという意見の分かれる問題を教室に導入したいと考えている(58)。

市民教育における合意と論争の忌避は、一つの混ざり合った遺産を残している。生徒に論争的な問いについて教えることに対するホレス・マンの嫌悪をよく考えてみてほしい。価値についての過度な紛争は、公立学校から親を離れさせると彼は信じていた。そして今日、多くの教師は、価値観を伴う課題の導入は、彼らの学級の微妙な秩序を破壊したり、訴訟社会における法的な挑戦を引き起こすことを懸念している。しかしもし公立学校が、人びとが合意していると想定される課題のみを教えるならば、生徒はいかにして、若者として、あるいは成人した市民として、彼らの間の根本的な違いを理解したり、うまく取り扱ったりすることを学ぶのだろうか。論争を忌避することは、学校を現状維持の扶壁、日常生活から切り離された「美徳の博物館」とすることになる(59)。

マンと彼につづく無数の教育者が発見してきたように、市民教育を統制することは不可能であった。自由な人びとは合意しなかった。そして彼らは変化をもたらすために他者を動員した。最近の一〇年間に、市民教育における政策は、おそらく私たちの歴史におけるどの時代よりも激しく争われた。というのも、価値の教育をめぐる論争からこれまでは排除された多くの集団が、アメリカ人の多元的な性格に公立学校における教育を結びつけることを追求し、過去においても現在においても「アメリカ人」の意味を再定義することを追求したからである。「最終的には、私たちの差異について論争することが、私たちを一つにしている唯一のものであるかもしれない」と歴史家のジョナサン・ジンマーマンは述べている。市民教育において民主的過程、共通の価値、そして、多様性に対する敬意の三者の間の創造的なバランスを見いだそうとすることは、市民のための学校における永続的な緊張でありつづけているのだ(60)。

第二章

愛国主義的な文献：歴史教科書

テストの準備はできているか。

独立戦争の間、われわれはどの国と戦っていたのか。
「我に自由を、しからずんば死を」と述べたのは誰か。
巡礼（ピルグリム）はなぜアメリカに来たのか。
「建国の父」と呼ばれているのはどの大統領か。
「星条旗よ永遠に」を作曲したのは誰か。
七月四日は何の日か。
独立宣言を書いたのは誰か。

いや。これは建国期のアメリカについての単元を学んだ五年生に対する小テストではない。これは、移民がアメリカの市民権を得るために受けなければならない市民テストの準備のために、移民帰化局によって一九九三年にインターネット上にのせられた「代表的な一〇〇の問題」から選んだものである(1)。

この市民としての読み書き能力を問うテストには、ジョージ・ワシントンについて四問、エイブラハム・リンカーンについて二問、ベンジャミン・フランクリン、フランシス・スコット・ケイ、パトリック・ヘンリー、トーマス・ジェファーソン、マーティン・ルーサー・キング・ジュニア（これは唯一の二〇世紀の人物である）についてそれぞれ一問が含まれている。巡礼と感謝祭を問うものは四問、憲法については一三問である。移民であった私の祖父は、一八八九年に市民になったとき、おそらくこれらの質問のほとんどに正確に答えられたのであろう。

バッファローのニューヨーク州立大学の歴史家マイケル・フリッシュは、これらの愛国主義的偶像が一九八〇年代の彼の学生たちの記憶の中では鮮明なものであるということを見いだした。彼は、学生たちに、南北戦争あたりまでのアメリカ史に関係のある一〇人の名前をあげるように言った。ワシントン、ジェファーソン、フランクリン、他にも政治家たちや軍の指導者などの名前があがった。言及された上位二四名のうち、ベッツィー・ロスは、唯一の女性であった(2)。

伝統的な歴史は、バッファローの移民局の役人や大学の学生の精神の中に健在であるようにみえる。それはまた、合衆国の議会でも栄えている。一九九五年一月一八日、共和党の議員スレイド・ゴートンは、国の歴史教育の基準が建国の父たちの美徳を軽視しているということに対して不満を述べていた。「この一連の基準に従えば、私たちの学生はジョージ・ワシントンから月面に立った人間まで知っていることを要求されてはいない」と彼は嘆いている。「私たちの子どもはポール・リビアと彼の紅茶船に対する夜襲について想像することは決してできないだろう」と警告し、

「ベン・フランクリンの電気の発見が、若い科学者たちに、世界を変えるような発見をしようとうながすことはないだろう」と警告していた。複雑な議会操作の後、九九人の議員が「西洋文明の貢献、合衆国の歴史、見解、制度、世界中で自由と繁栄が高まっていることに対して適切な敬意」を有している人びとにのみ、歴史教育の基準の発展のために連邦の資金を助成するという決議に賛成票を投じた(3)。

生徒と彼らの教師の多くにとって、学校の歴史は「真実の歴史」と同義であった。『改訂アメリカ』の著者フランシス・フィッツジェラルドは、彼女と彼女の学友が「私たちのアメリカ史の教科書の不変性（略）これらの教科書は物事の真理であるということ（略）を信じていた。それらはアメリカの歴史であった（略）［それらは］権威的にふるまい、そのような外見をもっていた。それらは大冊であった。それらは一定の調子で語っていた。それは落ちついていてユーモアを欠いた、中国の皇帝と同じくらい距離のあるものであった」。歴史の教科書は、合衆国における市民教育の主たる道具であった。それらは、大人によって、子どもが過去について学ぶべきであると考えられたものであり、それはおそらく教師が若いアメリカ人に教えようとしたものの最良のインデックスである。歴史の教科書は、なじみのある偶像に光沢を与え、なじみのある解釈を永続させながら、過去に愛国主義的な輝きを与えてきた(4)。

おおかたの推測のように、たとえ歴史の教科書が、非常に退屈なものであったとしても、それらはまた、非常に論争的なものでもあった。人びとは、歴史の教科書に、過去についての公式的な真実について語ってほしいと考える。最低限の市民的な公分母を探し求めることは、しばしば究極的な無個性という結果をもたらす。しかし、そのようなものであったとしても、批判者は歴史の教科書は公的な真実を明確にはしていないと論じてきた。教科書は石でできた記念碑に似ている。象徴的な個人、出来事、思想を記念し、再提示する――そして、それゆえ、共通の市民的紐帯を創り出す――ことが目指されている。それらはまた激しい異議を生じさせるのだ(5)。

ジョナサン・ジンマーマンが示したように、多くの集団——中産階級のアングロサクソンのみならず——が、彼ら自身の真実が主流となるべきことを主張していた。社会的経済的に非常に多様で、政治的に活動的な結社が混在しているような国で、教科書の中の公式的な真実をめぐって葛藤がないとするならば、それは驚くべきことであろう。例えば、アイルランド系のアメリカ人は、一八五〇年代には歴史が反カトリック的であると不満を述べていたが、一九二〇年代においては、彼らは過剰なほど英国崇拝をしていた。これとは逆に南部の人びとはヤンキー（北部緒州）の偏見に抗議していた。二〇世紀の初頭に始まった全米黒人地位向上協会は、教科書の中で黒人が無視されたり紋切り型に描かれていると主張していた。忠誠の警察が警戒をつづけ、社会活動家が同調者を募っているような緊張の時代には、葛藤はしばしば強まる。現在の歴史をめぐる争いは、長い物語の後半の一章をなすものである(6)。

ここ数十年、歴史の教科書は、新しいものも古いものも、白人、男性、アングロサクソンの政治家と軍司令官が為したことにあまりにも狭く限定されているということが非難されるようになっている。教科書の著者は他の集団——女性やヒスパニックなど——およびその要求や偉業を無視していると、批判者は述べていた。伝統的な歴史は、日常生活を無視し、多様性を軽視していた。白人・プロテスタント・アングロサクソンの男性のみが、歴史の行為者として登場していた。他の人びとは、その意見や価値、経験がほとんど考慮に入れられない部外者であった(7)。

今や、この「学校の歴史」の多くの欠点を見ることは簡単である。しかしおそらく、この伝統的な版がどのように生じ、何故、このように長く残ってきたのか、その目的とメッセージは何か、教科書が互いになぜこんなに似かよっているのか、異なる時代に論争的なものとなったのはどのような問題か、ということを理解するのはそれほど容易ではない。

市民的目的とメッセージ

独立革命の後、学童及び若者に歴史を教えようとする一つの抗しがたい動機があった。それはよい市民を作るということであった。何度も何度も、歴史における教科書の序文は、立派な市民について語っていた。一八五二年、エマ・ウィラードは、「政治的な美徳が衰退しているからといって、まるで私たちの共和国が絶望的であるかのように、軽率に話す人びとがいました。もしそうであれば、次世代の胸の中に愛国心を注ぎ込む必要はますます増すのです(8)」。

編纂者たちは、彼らが市民の読み書き能力であるとするものを定義していた。彼らの本を売るために、彼らは国民的な誇りと愛国心を持っていないとされることに対する個人的な恐怖の両方に訴えかけた。よく教育を受けた生徒は、「有名なアメリカ人の人生や格言に親しんでいるので、新聞のなかでのそうした人物についての言及を容易に理解できる」であろうと、一八六七年にベストセラーの教科書の著者チャールズ・A・グッドリッチは述べていた。ひとたび教科書のなかで英雄として確立されるならば、歴史上の人物は規範の一部となる。人びとは「彼らを知らないとはいえなくなってしまう」のである(9)。

教科書の著者は、若者が共通の英雄たち——コロンブス、ポカホンタス、パトリック・ヘンリー、フランシス・スコット・ケイ、ロバート・フルトン、ベンジャミン・フランクリン、ダニエル・ウェブスター、ダニエル・ブーン、エイブラハム・リンカーン、ジョージ・ワシントン他——を「愛し、誇りに思い、見習う」ことを望んでいた。一八七〇年までに約五〇〇万部売れた歴史の著者グッドリッチは、「歴史は私たちの前に美徳、冒険心、勇気、寛容さ、愛国心の際立った例を示し、習得の自然なプロセスによって、このような気高い例を真似るよう、私たちを駆りたてる。歴史はまた、究極的には苦難や恥によって襲いかかられた悪の絵を示し、そしてそれはこうして厳粛に悪徳に抵抗するようにと警告するのである(10)」と述べている。

教科書は一般的に、党派や宗派を超えるものとして英雄たちを描き出していた。教育者のほとんどは、若者に対する市民教育や道徳教育は、非党派的、非宗派的なものであるべきであるということに同意していた――だからこれらはコモンスクールで使われる本でもあった。一八五〇年代、改革者であり教科書の著者であったエリザベス・ピーボディは、アメリカが旧世界の悪しき例に従うか新しい世界の約束に従うかは、「全国の学級の中に今座っている若いアメリカ人にかかっている」と警告した。彼らは市民の真実を学ばなくてはならない。「それらは今のところ党派的な関心によって与えられたものではない」。ジャクソン大統領からマッキンリー大統領の時代には――それは激しい政治的競争と絶え間ない政党への忠誠の時代であった――、何らかの形の「党派的関心」をもたずに民主主義をもつことが可能であると考える大人はほとんどいなかった。しかし、教科書が学童に教えるのは、まさにこのような非党派的メッセージだった(11)。

一九世紀、「歴史教科書」の先駆的な編集者は、ほとんど同じ話題を扱っていた。包括的なテーマは「巡礼の誇りの地」の神意による進歩であり、巡礼は価値あるアメリカ人の鋳型となった。この真の歴史における物語は、新しい世界と植民地の「発見」で始まり、独立と革命を意気揚々と語り、憲法制定を称賛するものであった。こうして歴史の教科書は、歴代の大統領の政権を中心に構成されていた(12)。

一九世紀中ずっと、そして二〇世紀に入っても基本的な話は変らなかった。社会的経済的変革の時期においてもそうであった。遠方の海岸から新しい移民が登場した後でも、教科書は依然としてアングロサクソンが中心であった。

大都市と産業が日常生活を変革したとき、著者は旧式の田舎の生活とその美徳を称賛しつづけた。諸集団がこの真の歴史の鋳型を批判したときでも、これらの集団が、教科書が称賛するこの進歩というテーマと登場人物を攻撃することはめったになかった。代わりに抗議者たちは一般的には歴史的な人物の殿堂に自分たち自身の英雄を加えることを望んだ。彼らは建国の英雄伝に包摂されることを望んだのである(13)。

驚くべきことではないが、教科書が主に探検、戦闘、政治的手腕を論じているという事実を考えると、もっとも賞賛すべき美徳は、勇気、ねばり強さ、忍耐力、豪胆さなどであった――これは一文一文が忠実に飾り立てられている、ワシントンがデラウェアを横断する絵図の中で獲得される美質である。これらの特質は典型的には男性のものである。しかしどこにでもあるマクガフィのような歴史の教科書や学校の読本はまた、巡礼と彼らの感謝祭の絵図によって象徴されているような類の、他のもっと普遍的な美徳を教えることができた。第一章で言及したように、ミネソタのような州はしばしば、男女両性の若者に教師が教えるべき美徳を規定していた。彼らはまた、教科書が非宗派的、非党派的なものでなくてはならないという法律を制定していた。ほとんどの学校では、教科書は全体的な歴史のカリキュラムを提供し、そしてその発言に特別なウェイトを与えた。

教科書が教科書を生む

一九世紀の歴史教科書が互いに似たような体裁と内容を持っている一つの理由は、それらの編集者が類似したイデオロギーと社会的背景を共有していたことである。南北戦争以前、これらの著者のほとんどは北東、特にニューイングランドに住んでいる牧師、教師や著述家であった。彼らは保守的なプロテスタントであり、概して地域のコミュニティで著名な人々であった。彼らのほとんどは、アメリカの実験に宇宙的な重要性を与える、類似したプロテスタント共和主義的イデオロギーを共有していた。アメリカは文字通り神の国であり、神が人間の再生のために選びたもうた場所であった(14)。

初期の教科書の著者のほとんどは、独自性を主張してはいなかった。彼らは自分たちを編集者と称したが、それは、彼らが独自なものではない、基本的で論争の余地のない日常的な真実と思想に生徒たちを触れさせるということを意味していた。教科書における千年王国観もまた同じように、教会における説教と七月四日の独立記念日の演説を主要素としていた。南北戦争後、歴史の専門家と専門職教育者たちが教科書の多くを書いた。宗教的な教訓は明らかにこれらの教科書の中では減少しているが、道徳的市民的モデルとしての英雄の利用は盛んに行われつづけていた。それはすべての若者たちが愛国主義的な読み書き能力を得るべきであるという考えから行われていた(15)。

学校の歴史の教科書を画一化するもう一つの圧力は、教科教授法を規定している州法からきていた。教科書の主要な市場は公立初等学校の高学年であった(一九世紀にはごくわずかな生徒しか高等学校に行かなかった)。コモンスクールははっきりとした市民的目的をもっていた。このことを認識し、州はいかなる歴史の教科書が使われるべきであるかを特定する法律を制定したのである(例えば非宗派的非党派的であること、一定の範囲内の質と価格であることなど(16))。

コモンスクールの改革者たちと教科書の著者たちは類似した市民教育観を共有していた。一九世紀には二一州がしばしば合衆国と州の憲法に特別の注意を払いながらアメリカの歴史を教えることを公立学校に要求していた。耳と目で、そしてもし必要であればヒッコリーの棒によって、すべての子どもたちは国家の神聖な文書を学ばなければならなかった。学校がいっそう官僚化し、カリキュラムが似かよってくるにつれて、教科書はいっそう標準化されるようになった。一九世紀後半、教育長と校長は都市の制度のなかで特定の学年レベルを明確に想定した教科書を書くようになった(17)。

商業的な勢力はまた、教科書が同一のものとなることを促進した。アメリカ史の教科書を出版することは急速に拡大したビジネスとなった。しかしそれは財政的には危いものであった。出版者はリスクを避け利益を得ることを望んでいた。今世紀初頭、教科書の体裁と主題はいくぶん多様であったが、ある歴史の本がよく売れたとなれば、歴史の教科書はすべてそれに似せたような寄せ集めとなった。模倣することを通して、教科書に出てくる英雄、話題、判断、中心的なメッセージは非常によく似たものとなった。教科書が教科書を生んだのである。そして今でも依然としてそうである(18)。

一九世紀における、歴史の学習を要求する法律の急増と、公立学校の爆発的成長は、教科書に対する需要の強力な市場をつくり出した。それは最初は地方や地域の市場に向けて出版する編集者や印刷屋によって満たされていたが、徐々に何百万冊も売り上げる大きな教科書企業の成長をうながすようになった。

一九八〇年代になると、大きな会社のいくつかが合体してアメリカンブックカンパニーとなった。それは「本のトラスト」となり、教科書市場の八〇%を統制した。彼らが売った教科書の内容の敬虔さとは矛盾して、アメリカの歴史教科書を小売りする会社の中には、容赦のないセールス戦術に従事しているものもあった。セールスマンは教育委員会や教育者に賄賂を贈ったり恐喝したりし、議会政治の手管を習得し、彼らの競争者が衰えたときに値段をつり上げるためにだけ大きな値引きをしたりした。教科書ビジネスにはジキルとハイドのような面があった。というのも牙と爪を血で染めたセールスマンが、愛国主義的な美徳の上を鷹のように飛び回っていたからである。公立学校で使われた歴史教科書は故人の政治家を市民の模範として描き出したが、一九世紀後半の現実の泥棒男爵と政治家は、記念すべき規模での腐敗を行っていた(19)。

愛国主義の教育学

ほとんどのアメリカの歴史教科書は「非常につまらない」と、エドワード・チャニングは述べた。彼にはそのことを知る理由があった。というのも彼はハーバード大学の歴史学の教授であるだけではなく、教科書の著者でもあったからだ。チャニングが教科書をとても退屈だと思っていたということは皮肉である。というのも一九世紀のアメリカ人は歴史を文学の主要な一分野と見なし、探検、戦闘、そして民主主義の台頭を書いたフランシス・パークマンとジョージ・バンクロフトのような優れたストーリーテラーをもてはやしたからである。暖炉のまわりでパークマンやウィリアム・ヒックリング・プレスコットを大声で読むことは、中流階級や上流階級のお気に入りのレクリエーションであった。教養のある大人のための歴史はそれが扱う話題においては学校の歴史に似ていたが、様式や論調においては別のものであった。

幾人かの教科書の著者——トーマス・ウェントワース・ヒギンソンとエドワード・エッグレストンのようなスキルをもった作家たち——は、子どもたちが立派な人々についての話を読むことによって、歴史に、そして美徳に引きよせられるべきだと信じていた。しかし「歴史教科書」が愉快なものであるべきだと信じている教科書作家はほとんどいなかった。確かに彼らは、彼らが勧める教育学によって、つまらない本を一層つまらなくした(20)。

暗記を強調する融通の利かない教育学によってもたらされた学校の歴史のつまらなさの多くは、事実を生気のないものとした。本の多くは太字のサブタイトルやいろいろなサイズの、暗い色や明るい色の印刷を用いた、ぞっとする活版印刷物であった。あるベストセラーの歴史教科書の著者は、「大きな活字で書かれた歴史の主たる題材の部分は、生徒が暗記しなくてはならないものである。小さな活字で書かれている部分は注意深く精読されるべきところである」と説明していた。ほとんどの歴史教科書における各段落に番号をつける構成は、朗読をする際、教師の助けになる。しかし批判者は、番号と小見出しは関心をばらばらに切断し、歴史をとても面白い物語ではなく、脈絡のない事実に変えてしまうと論じた。歴史を読むことの苦痛はすぐに終わるということを生徒に再保証するかのように、本のタイトルは、その教科書が〈短く〉、〈凝縮され〉、〈短縮されている〉こと、あるいは〈手短である〉ことを告げていた。ある著者は、もし生徒が彼の「簡潔な」教科書を一日に二頁復唱するならば、彼らは半年で全部読み終えると計算していた(21)。

ほとんどの教科書の論調は、権威主義的であった——そこには論争の余地はなかった。著者の声はときどき旧約聖書の神の言葉のように聞こえた。番号を打たれた段落に区分された教科書は、聖書の番号を打たれた章と韻文に似ていた。多くの教科書は、一連の問いによる教義問答であり、伝道用パンフレットに似たやり方で問いに答えていた。マサチューセッツ出身のある牧師はこれを、地理学におけるヤンキー中心主義的教義問答と記していた。

合衆国で一番高い山は？

ワシントン山。ニューハンプシャー州のホワイト山脈の一つ(22)。

教科書は知識の源泉であり、教師の仕事は生徒にそれを確実に獲得させることであった。教師の教科書——教師のためのガイドブックのようなもの——の序文では、編集者はしばしば教え方について論じていた。ほとんどの教育者は復唱するという様式で授業を行っていたように見える。そこでは生徒は教科書を読み、教師が質問したり生徒の間違いを直したりして彼らが学んだことを復唱する。しかしながら、著者は生徒が暗記した教科書の言葉を逐語的に復唱すべきか、あるいは授業を自分たち自身の言葉に置き換えたりすべきであるかということについては、意見が一致していなかった。暗記の支持者は、よい本というものはいかなる子どもよりも考えをよく表現しているものだと論じた。教科書を暗記することを通して、生徒はより豊かな語彙と表現法を身に付けた。もしそうでないならば、教師は他の教科書を使うべきである。しかし、そうではなく、生徒はその日の課題を自分自身の言葉で表現すべきだと考える人々もいた。そうすることによって彼らは自分たちがその意味を理解しているということを教師に示すことができるからである(23)。

進　歩

政治的、軍事的な話題の鋳型については、教科書による違いはほとんどなかった。典型的には教科書はヨーロッパ人によるアメリカ大陸の「発見」で始まり、多様な国による植民地の設営、彼らの間での軍事的な争い、英国からの独立、独立戦争、新政府の形成、憲法、対外戦争、外交政策などについて書かれていた。教科書には多くの場合独立宣言と憲法が付録として載っていた。

憲法の後に大統領の行政が来る。それは短い王朝のように一人一人順番になっていた——教科書の余白のところに、一人の少年は「日付と大統領の順序を暗記」と書いていた。それは歴史の構成者としての彼らの重要性を示すものであった。軍事的な、そして政治的な型にはまらない歴史的な出来事や趨勢の断片は、概して「文明の進歩」という快活な名前がついた不連続的な章に、一緒にほうりこまれていた(24)。

歴史の教科書では全体として、一九世紀には力強い主要な物語があった。そのモチーフは、合衆国が恩寵を受けた国であるということであった。戦前の教科書を書いた牧師、教師、そして職業的著述家は、常に神意の助けを通した進歩の苦難の物語を語っていた。一九世紀後半の教科書においては、作家はしばしば職業歴史家あるいは教育行政官であり、彼らは国の発展において、技術や経済に神よりも積極的な役割を課しはじめた(25)。

進歩のテーマは心強いものであるが、恩寵を受けた国というものがいかにして革命の中で生れ得たのか、そして同胞内部の戦争によって引き裂かれたのか。教科書の編集者はいかにしてこれらの二つの出来事を神意として、そして進歩として構成し得たのか。革命を自国の歴史に根づかせることは、南北戦争を説明することよりも簡単である。建国の父達の保守的な美徳と意見を強調することによって、教科書の編集者は革命を自国の歴史の中に根づかせようとした。それは完了した。いかなる国においても、革命は一度あれば十分である。「神を主とあがめる人々は幸いである」とチャールズ・A・グッドリッチは、一八三六年の彼の歴史の本の第四四版の中で宣言している。彼は、アメリカが神の国であるということに何ら疑いをもってはいなかった(26)。

北部と南部の間の根強い葛藤は、よりいっそう不吉なことであり、教科書の編集者にとっては、アメリカ革命のときよりも、進歩の物語のなかに組み込むことはずっと困難であった。戦争そのものは奴隷制の政治や倫理よりも問題は少なかった。作家達は軍隊の歴史には慣れていたし、この葛藤を武力闘争として扱うことができた。しかし非党派的な学校と教科書というイデオロギーは、奴隷制をめぐる葛藤のように激しく両極化した政治的葛藤をどのように扱うべきかについては、ほとんど道を示すものではなかった。

何人かの北部白人の著者は、奴隷制を非難し、南北戦争を「浄化の火」と見なしていた。南北戦争後の再建を社会正義と黒人の十全な公民権を保証する試みとして称えるものもいた。しかし、ほとんどは人種問題を含む市民的道徳的課題の周辺を、まるで地雷原を歩いているかのようにつま先で歩いているような感じであった。対照的に、南部の人々は彼らが北部の教科書における偏見と見なすものを繰り返し攻撃し、そして戦争とその余波が続いている期間には、南部の教育者たちは、彼ら自身の真の歴史の本をつくり出した。南部は南北戦争に負けた。しかし、それは教科書での戦争に敗北したことを決定づけたわけではなかった(27)。

北部の教科書作家が人種をめぐる論争を扱う一つの方法は、主題を変えることであった。都合のよい出来事が一八六六年に起こった。それはちょうど戦争が終わったときだった。大西洋電信ケーブルが首尾よく設置されたのだ。アメリカの歴史教科書の多くの著者たちは、恐ろしい南北戦争の戦闘の直後のこの出来事を明朗に説明していた。ケーブルは技術を通じた進歩、コミュニケーションを通じた礼節、奴隷制を擁護したり攻撃したりする人々の道徳的な情熱よりも平和的な前進への道を象徴するものであった。人種や宗教よりは、電信ケーブルの設置についての方が容易に非党派的、非宗派的になることができる。しかし、この達成でさえ宗派的な色調をもっていた。南部の教科書は、大西洋横断ケーブルに最も貢献した人物は、名誉のほとんどを得た北部人のサイラス・フィールドではなく、北大西洋の海底図の責任を負っていたヴァージニア州のマシュー・F・モーリーであると主張していた。彼は疑いもなく「人間の地理的知識に対して歴史上最大の貢献をした」のである(28)。

人種・宗教・地域

教科書の著者ウィリアム・スウィントンは、自分が「派閥主義、政略、あるいは宗教に対する党派的な偏見から解放された論調――できるだけ完全な〈アメリカ人〉として扱うという論調を達成している」ということを誇りにしている。最良の立場は、論争的な見解に対して友好的な中立性を保つというものであった。教科書の得意客を怒らせないことは商業的に賢明なことであったし、市民をコモンスクールから遠ざけないことは政治的に適切なことであった。しかし、このような中立性は皮肉と矛盾を伴うもののように見えた。教科書の英雄は、非党派的に見える。しかし彼らは、骨の髄まで党派的な実際の政党制度の現実にほとんど調和してはいなかった。強欲な教科書のトラストが市民的美徳の英雄の販売を独占しようとしていた。そして州議会が「宗派的な」そして「党派的な」教科書を禁止したとき、それらは概ね隣人、そして地方、そして支配的な民族集団の型どおりの真実とは異なる話を語っていた本であることを意味していた(29)。

歴史教科書をめぐる論争の３Ｒｓ――宗教、人種、地方――は、道徳的市民的な公分母についての指導を定着させようとする一九世紀の努力を繰り返し脅かしていた。しかし、教科書の合意について黄金期が存在したことはなかった。南北戦争以前には、宗教的な差異はおそらく教科書におけるほとんどの偏見をめぐる闘争に火をつけた。戦闘員はしばしば彼らの敵が不愉快なだけではなく、理解不能であるということを見いだしていた。宗教的にリベラルであったホレス・マンは、いかなる本が学校の図書館に入れられるべきかということをめぐって、正統的な聖職者の批判者と押し合いをしていた。一方でアイルランド系のカトリックは、教科書の中の「反ローマ・カトリック的な」指摘と、単純な事実として提示されている民族的な中傷に激怒していた。このような論争はカトリックの教区学校の成長とカトリックの教科書の発展を増幅した(30)。

一八五八年、ジョン・ギルマリー・シーは、「とくにカトリックの勢力」において長く感じられてきた要求を満たす、ニューイングランドのプロテスタントの偏見を反映していない本を供給するという企図による「歴史教科書」を著した。彼はアイルランド人に対しては適切な注意を払うことに意欲的だった。「海の探検者であり海賊であったアイルランド人たちは、アイスランドを発見した」。シーの本においては、スペイン人は多くのヤンキーの歴史書で描かれているような、容赦のない悪党ではなかった（彼は特に聖職者をよく描いていた）。ニューイングランドでは、自分たち自身の異端審問が行われていたということを、彼はセーラムの魔女裁判の目撃者であった読者に思い出させた。アイルランド人たちが飢饉で死にかけていたとき、アメリカの軍隊はどこにいたのか。カトリックの地であるメキシコを侵略するためにでかけていた(31)。

南部の教科書の著者は、北部の人々にあてこすりを言っていた。彼らは魔女裁判におけるニューイングランドの迷信と残酷さを指摘し、その天候がとても嫌な冷たいものであると公言し、偏見を心に抱いているといってヤンキーを告発し、奴隷制と南北戦争において彼らは嘘をついたと述べていた。ある著者は、奴隷経済について「初めて合衆国を世界の偉大な商業国の中に仲間入りをさせた南部の安定的かつ計画的な労苦」であったと論じることによって、それを正当化している。数学や修辞学においても、南部の教科書は北部をけなしていた(32)。

南北戦争の後、多くの州や地域は、子どもと教師に歴史を学習することを求めたのとほぼ同じ時期の法律によって、「宗派的」そして「党派的」な教科書を禁止した。これらの州はいかなる形態の歴史でもよいと規定したのではない。

彼らは正しい歴史を要求していたのである。北部の共和主義者は、退役軍人の組織からの圧力によって、北軍陸海軍軍人会議によって好まれるような型にしたがって、南北戦争を学ぶことを子どもたちに期待した。また、南部においては、南軍の退役軍人と民主派の議員たちが、党派的な教授（北部型のもの）を禁止した。諸州は南北戦争をめぐる連合と再建についての自分たち自身の真実を語るような新しい教科書に助成金を出した。「合衆国の正しい歴史」を保証するための法律のなかで、フロリダは「歴史と呼ばれる教科書のなかで、真実を語っていないもの、あるいはそれらを差し控えているようなものはその名に値しないし、公立学校において教えられるべきではない」と宣言した(33)。

北部の人々も南部の人々も、プロテスタントもカトリックも——すべて自分たち自身の「真の」歴史というものを持っていた。いかなる宗教、そして地域も、決して無視されたり軽視されたりするのではなく、学校の歴史において自分たちが望ましい姿で描かれることを望んでいた。一九世紀の教科書に対する批判者たちは概して白人で中産階級で男性の愛国者であった——それは大いに教科書の著者たち自身にあてはまることであった——が、彼らは、学校の歴史はヒロイズム、忠誠心、そして進歩を語るべきだと信じていた。彼らは依然として探検家、軍事行動、建国の父たち、歴代の大統領や彼らの行政を教えることを求めていた。彼らは歴史を変形するのではなく、修正することを望んでいたのである。

みんながアメリカ人？

一九世紀の教科書作家は、教科書における無党派性と無宗派性は、実践においては理論においてほど単純ではないということを知っていた。宗教、人種、そして地域は愛国主義的な教育学においては、平和の撹乱要因であるということが証明された。もう一つのR、急進主義（ラディカリズム）が国家の運命についての懸念の類語辞典に追加されるようになった。

二〇世紀への転換点において主要な挑戦は、移民を「アメリカ化」するために、いかにして学校での歴史教育を利用するかという問題に移った。第一次世界大戦とその余波の時期、在郷軍人会、「アメリカ革命の娘」、アメリカ法律家協会、そして連邦の諸協会が熱狂的な愛国心を煽っていた。彼らは移民とその子どもが伝統的で愛国的な歴史を学ばずに、急進派たちによって堕落させられる危険を憂慮していた。連邦政府は自らアメリカ化のための教科書の作成を命じ、学校と教会と工場に対して、異邦人を市民に変えることを奨励した。アメリカ法律家協会は、教師と生徒に憲法を学ぶことを求める法律を作るためにロビー活動をした。どの点からも一〇〇%というアメリカ人は一九世紀の教科書を支配していた「真の歴史」のようなものを保持——そして強化——することを欲していた。歴史はあまりにも重要なものであるから、歴史家に委ねられることはできない。というのも彼らはなじみの出来事に新しく怪しげな解釈を創作し続けているからだ。一九二〇年代に入ると、いくつかの州が真の歴史で称賛されている英雄たちを批判するようなアメリカ史の教科書を禁止した。例えばオレゴンでは、「共和国の創設者や団結を維持しようとした人々を侮蔑的に語ったり、彼らの業績を矮小化したり低く評価したりするような」教科書を使用することを違法とした。こうした事態のなかでは、歴史は批判的であり、かつ愛国的なものになどなれるはずがなかった(34)。

第一次世界大戦中、しかしながら、学校の歴史のいくつかのなかにはある大きな変化が現れた。戦争の準備のために歴史の協力を求めることを切に追求して、教科書の著者たちはアメリカの敵である野蛮人たちの邪悪さ、アメリカの同盟者であるイギリス人の美徳を描くために書き直しを行った。アイルランド人とドイツ人の民族的な協会はこの新しい歴史を、それが英国を称賛しているため、非アメリカ的であるとして攻撃した。それは誤りである、と彼らは述べていた。というのも、それはアメリカ人が学校で学ぶ歴史から学んできたものを侵害するからである。結局、合衆国は二つの戦争でイギリスを敗北させたのではなかったのか。批判者は、英国は「勇敢にも戦闘に戻ってきた」と書いたという理由で、ある歴史家を攻撃した。彼は、「二度、英国はびくびくしながら戦闘に戻った」と、ふざけたように、自分の教科書に書いた(35)。

退役軍人会は英国崇拝の教科書を攻撃し、自分たち自身の熱心な著者に作成を依頼することを決意した。イギリスというライオンの尻尾をひねることを喜ぶアイルランド人、そして戦争中の迫害と排斥に苦しんできたドイツ系アメリカ人たちは、歴史的な記録を正すためにアメリカ・スチューベン協会のような集団を動員した。移民集団のために申し立てをするコロンブスの騎士のような組織もまた、アメリカ化の推進者によって要求されているイギリスとの同一性に抗議していた。全米黒人地位向上協会は、黒人の歴史を歪曲し削除している教科書に対する攻撃の陣頭に立った(36)。

ミシュライン・フェディックは、高校のアメリカ史の教科書についての彼女の研究の中で、北西ヨーロッパ――ドイツ、スコットランド系アイルランド、そしてとりわけイギリス――からの「古い移民」についての高校の教科書の議論のほとんどが彼等に好意的なものであるということを示していた。これらの新参者は民主主義を知り、それを称賛し、急速に市民になり、そしてこの国のアングロサクソンの系統と「人種的に」似ていた。対照的に、南東ヨーロッパからの「新しい」移民は、第一次世界大戦の期間中、教科書の中でしばしば軽蔑的で人種差別的なやり方で描かれていた。彼らは悪党であった――教養がなく、排他的で、非民主主義的で、非常識な人々であった。多くはつまらない仕事で金を稼ぐためだけにここにやってきて、母国に戻っていく。南北戦争以降、ほとんどの移民は「低い階層の出身であり（略）多くの問題を起こす。彼らは大体において非常に無知であり、彼らのかつての国の中で虐げられてきた。彼らは法律にも政府にも敬意をもっていない。事実、彼らの多くは合衆国の政府が崩壊するのをみたがっている。この望ましくない階層の移民の扱い方は、今日の私たちのもっとも深刻な問題の一つである」と、一九二一年のある教科書は述べていた(37)。

もう一つの歴史の教科書は「オリーブ色の肌のイタリア人、日焼けした黒い髪のスラブ人、黒い目のヘブライ人たちを、アメリカの人々の集団の中にとり込むことが可能であろうか」と問うている。これは、アングロサクソンの教科書作家たちが、このような中傷が移民の生徒や彼らの家族に与える影響についてあまり気にしていなかったという、彼ら自身の排他性の証拠である(38)。

しかし、フェディックは、一九三〇年代と一九四〇年代までに、教科書の中の南東ヨーロッパ人たちの描かれ方が変容したということを見いだしている。彼らは商業、文学、芸術、娯楽、銀行、そして科学研究に貢献した。彼らは炭坑、粉引き、建築の現場で一生懸命働いた。もし彼らが時としてアメリカの経済的、社会的発展の進行に遅れをとったとするならば、しばしばそれは不当な扱いを受けたからであった(39)。

一九三〇年代および一九四〇年代における、教科書の中での移民に対する評価のこの転換は、「みんなアメリカ人（Americans-All）」という民族集団の同化モデルに適合するものであった（第三章で論じる）。過酷な手段で新参者を「アメリカ化」しようとする――通常は失敗に終わっていた――代わりに、教育者は「加えて、かきまぜる（add-and-stir）モデル」を好むようになっていた。共和制の真の歴史は依然として政治と戦争を追い求める白人男性の物語であったが、それが適当なときには――例えば、アメリカを守った他の土地出身の兵士について言及するようなときに――、この物語に組み込まれた集団もあった。一九四〇年代までには、（例えばポーランド系アメリカ人（Polish-American）

などのように）ハイフンを用いることが受け入れられるようになっていたが、それはハイフンの後の〈アメリカ人〉という点を強調する限りにおいてのことであった。

もちろん、移民の生徒が教科書の中で教えられる学校での歴史にどのように反応していたのかを評価することは非常に難しい。依然として、次の二人の生徒による教科書観を対照してみれば、市民権を得た喜びからお節介に対する怒りというものまで、様々な反応の広がりがあることが示されている。ユダヤ人の移民メアリ・アンティンは、彼女の「同じ市民」であるジョージ・ワシントンの項を声に出して読むときに、畏敬の念を呼び起している。「私は、愛国者についての子ども向けの物語の簡単な文章を繰り返しているときのような完全な崇拝と賛美をもって（略）祈ったことは一度もない。私はジョージ・ワシントンとマーサ・ワシントンの肖像を敬愛の情をもってみつめる。目を閉じても彼らの残像が見えるほどに」。アンティンはモーゼとワシントンに忠実であることができた。彼女はニューヨークのヘブライ協会になれ親しんでいたのだろう。そこでは学生が二つの並行した列、一つは英語、もう一つはヘブライ語で書かれた独立宣言の文字を読んでいた(40)。

しかしこのような直接的な忠誠心の混合は、一九一九年のテキサスの学校のメキシコ系アメリカ人の学生グアダルペ・トロ・ヴァルデスにはありそうもないことであった。歴史のクラスで、彼と彼の仲間の学生はテキサス革命の栄光と、メキシコの兵士を打ち負かしメキシコの地を横取りしたサム・ヒューストンの功績を読み、復唱することを期待された。このメキシコ系アメリカ人の生徒は反抗し、ヒューストンの絵に落書きし、不愉快な頁を教科書から破りとった。次の日、教師が各々の生徒に復唱するように求めたとき、教師は「自分自身の本を見つめ」、同じ頁が失なわれていることを発見しただけだった。ヴァルデスは回想している。「教師を見つめながら、クラスは余りにも静かで、窓から差し込む光の束のなかで踊っている塵の音まで聞こえるようだった。最後に、ビートのように赤くなって、教師はこっくりとうなずき『明日は次のところに行きましょう』と言った。授業は終わった[41]」。

彼らが英雄の選択においてより多元的になったときでさえ、アメリカ社会の正義と発展、そしてその伝統的な英雄たちについて疑問を呈していたのは比較的少ない教科書作家であった。ハロルド・ラグが自分の教科書のなかでやったように、作家たちがときどき基本的な制度について批判的な目を投げかけたとき、彼らは忠誠の警察による攻撃を招くことになった。ラグは「アメリカのアメリカ化」について一九二〇年代の教科書のほとんどがとっていたアングロサクソン中心の見解とは非常に異なった見解をもつ、影響力のある一連の社会科の教科書を書いた。彼はアメリカニズムを文化的多様性を脅威ではなく美徳として歓迎する社会正義の拡大とみなした。そして弱者やアウトサイダーを擁護する公民権のより包括的な概念を採用した。ラグのアメリカニズムについての広い定義と経済に関する左翼的自由主義の見解は、「ハースト・プレス（新聞王ハーストの新聞）」、様々な企業、愛国者協会の保守派の格好の的となった。彼らは効果的に彼の自由主義的な教科書の市場を破壊した。ジョセフ・マッカーシー上院議員が一九五〇年代に、教育や他の領域における破壊的な人々、破壊的な考え方を根絶やしにしようとしたとき、そこには多くの先例があったのである[42]。

一九六〇年代と一九七〇年代、教育における社会運動は主要には政治配置の左派からきたものであったが、右派はここ数十年のうちに徐々に声をあげるようになってきている。すぐ前の世代、社会的な保守派と宗教集団は礼拝と聖書を読むことを復活させ、「世俗的な人間主義」を支持するような教科書を学校から取りのぞき、宗派的な学校に公的な資金を与える運動を始めた。ジンマーマンが論じたように「右派の多くのメンバーは、彼ら自身が申し立てる区別あるいはまさに脅かされている文化を促進させるために多元主義と『多文化主義』を賞揚してきた[43]」。

社会運動は社会史の中の新たな種類の研究を煽ってきた。アフリカ系アメリカ人、そして女性の歴史の領域のような周辺的な研究が学問の歴史的な主流に参入してきた。移民、活動的な宗教集団、そして労働者階級の歴史はまた再び勃興している。今や、アメリカ史の授業について多元的アプローチの成長を望む人々は、活用できる豊かな資源を持っている(44)。

最近数十年、異議を申し立てる集団による歴史研究と批判は、学校での歴史の教科書における伝統的な公的真実という概念を拡大してきた——そして挑戦してきた。白人男性の政治家や軍事的指導者の物語からかつては排除されていた女性や黒人のような集団は、彼らが教科書のなかに登場し、その声に耳を傾けられるべきであるということを主張した。それは市民教育において余りにも長い間隠されてきた抑圧と功績の、より広い公的真実の一部であった。彼らは付け加えられること以上のものを要求した。人種とジェンダーのレンズを通してなじみのある歴史のエピソードや登場人物は、変形された。今や、何が真の歴史なのだろうか(45)。

批判に対する伝統的な敏感さから(臆病になったとは言わないでおこう)、教科書の出版者はすぐに女性とマイノリティに関する像と物語を加えるようになった。学者と活動家は、しかしながら、以前排除されていた集団が物語の主役ではなく、添え物的なもの、あるいはさし絵として登場していることに不満をもっていた。高校の教科書についての調査は、ほとんどの教科書の中で、一般に国民国家の発展は依然としてもっとも重要な物語となっているということを明らかにしている(46)。

今でもすでに教科書の真実について伝統主義者を怒らせるような変化がある。一九七〇年代初頭、ジュール・ファイファーの漫画は、白人の頑迷な労働者の、彼らがかつて学校で学んだ古い確信に対して起こったことについて嫌悪と困惑を表現している。彼の息子が学校の歴史の授業で出会った新しい奇妙な世界を見てみるがよい。

俺は学校に行ったとき、ジョージ・ワシントンは絶対に嘘をつかないと習った。奴隷は大農場で楽しくやっていたし、西部を開拓した男たちは巨人だった。そして俺たちはすべての戦争に勝った。というのも、神が俺たちの味方だったからだ。しかし、うちの子どもは学校に行って、ワシントンが奴隷の主人で、奴隷は奴隷制を憎悪し、西部を開拓した男たちは大量虐殺を行い、俺たちが勝った戦争はアメリカ帝国主義ゆえの勝利であったと習っている。うちの子どもがアメリカ人でないといっても驚かない。彼らはうちの子どもにどこかよその国の歴史を教えているんだ(47)。

標準的な教科書のなかにある政治的前進についての古い物語は、もはや全く自明のものには見えない。帰化テストとバッファローの生徒と合衆国の上院議員が示唆しているように、今もなお、おなじみの偶像たちは実際には消えてはいない。学校の歴史教育は頁に書かれた言葉と絵の飛沫以上のものとなっている。それには国家の起源と運命に意味を持たせることが期待されている。しかしそれが明らかに一貫性を励ましているにもかかわらず、この真の歴史という感覚はまた、皮肉と矛盾と侮辱と遺漏のパッチワークであった。現在の歴史戦争は、古い教科書のなかの一つの新しい章である。それは、いかにして市民が彼らの差異を尊重し、共通の土台を探し求めることが可能であるのかを発見する試みである(48)。

歴史教科書はどこに向かうのか

今日の歴史の教科書は、ノア・ウェブスターが彼の有名な綴り字教本に付け加えた共和主義の教理問答というようなものではない。それは著者によってより大きな物語のなかに組み込まれるのを待っている多様な登場人物や面白いわき筋のある、バラバラに広がった小説の断片に似ている。今や騒がしい混乱が、教科書が語るべき物語を支配している。左右の特別な利益団体が、とくにカリフォルニアやテキサスのような大きな州においては、特定の話題を含めるように、あるいは落とすように出版者に圧力をかけている。裏切られた古い真実、そして無視されている新しい真実の周りには懸念が山積みになっていた。多くの集団が、子どもが学ぶものを吟味し、拒否したいと考えている。教師、親、民族集団、宗教活動家、歴史家、そして他の人々が演じるべき役割が何であるのかははっきりとしていない。感情は高まっている。ニューヨークの多文化主義的なカリキュラムをめぐる論争のなかでは、論争の両陣営とも「危機、悲運、救いのレトリックに関わっている」とキャサリン・コーンブレスとデクスター・ウォーは観察している(49)。

合衆国では、他のほとんどの国と違って、私的な機関——出版社——が教科書を作り、売っている。だから、商売はどの歴史的真実が公式のものとなるのかを決定する際に重要な役割を演じている。確かに、通常は公的な機関が採用されるべき教科書を決定している（約半分の州が地域に教科書の採択をまかせており、残りの州が何らかの形で州による採択を行っている）。生産物の常套とは言うものの、教科書の実際の生産と販売はリスクの多いビジネスである。教科書を作成して印刷することは非常に高額であるし、市場（実際にどの教科書を採択するかを決定するさまざまな機関）は幾分予測不能なところがある。加えて、どんな時でも教科書の発するメッセージに対して抵抗しそうな市民がいる。教科書の採択には誰でも参加できるのだ(50)。

こうして依然として教科書が教科書を生み出しているということは驚くべきことではない。リスクを制御するために、会社は成功した教科書を模倣することが賢明だと考える。古い像（ワシントン）は残っている。しかし、出版者は州が新しく承認した真実を増殖させることによって、新しい要求にも応えている。筋道を再考するよりは、これらの至るところにあるわき筋を主たる物語に付け加える方が易しいし、新しい解釈を行うよりは、新しい内容を安全で利得のあがる公式のなかに組み込んでしまう方が易しい。アメリカの歴史の教科書は非常に量が多い――平均して八八八頁である――が、一部にはそれは出版者が話題を付け加えることによって批判を中和したり、あるいは批判を予想するためである。この結果、しばしば教科書は総合的なものではなく、スタイルも一貫性もない膨れあがった本といったものになってしまう(51)。

今日、全国基準と全国テストをめぐる議論のなかで噴出している、集権化された権力に対するアメリカ人の伝統的な恐れは、結果的に、教科書のなかで教えられる公的な真実を選択し監督する機関と協会の奇妙なパッチワーク――教科書会社、州や地方の政府、多くの信条をもったロビーグループ、宗教裁判所長の役を果たしたいと考えている個人――をもたらした。生徒がアメリカの学校で学ぶものを変えるもっとも迅速な方法の一つは教科書を変えることであるが、教科書を作り選別する現在の非常に手の込んだシステムはこのような変化を難しくしている（優れた歴史の教科書もときたま現われるけれども(52)）。

歴史教科書に関する横断的な要求に対処する戦略とはどのようなものであろうか。可能なものは三つある。穏当な改善でごまかす、教科書を書く仕事を専門家にまかせる、国家が承認した真実から離れ、代わりに複合的な見解をとることを称賛するような教科書を作り出すことである。これらはそれぞれ、熟考に値するいくつかの利点と欠点をもっている。

教科書の欠点についての過熱した政策論議と、教師が学級で直面している日常の現実性との間には大きなギャップがあると確信している人々にとって、なんとかやっていくことは合理的に見えるだろう。悪しき教科書をめぐるすべての論争は、竜巻のように、悪魔の塵の 仮面舞踏会に過ぎないのだろうか。多くの教師にとって大きな難問は、生徒が卒業するための一発主義のテストの準備をさせることであり、教科書はこの課題にとって主要な源泉である(53)。教師は、教科書が旧来の状態のままになっていることについて、批判者よりも我慢する傾向にある。サンプルとなったある学級担当の教師たちは、彼らが使っている教科書についての見解を問われたとき、一般的には教科書はよい、そしてよくなっていると述べていた。教師は彼らの教授活動においてかなり教科書に依存している。学級での授業のほぼ七〇％をこれに費やしているのだ(54)。

妥協するということについての常識的な議論は、教科書を漸進的に改善しながら、もしそれらが教師に担われないならば教育改革はめったにうまく働かないというものである。どのような研究も教師がアメリカ史を教える際に論争を避けているということを示している（もちろん、「非党派的」であることは、過去においてそうであったように、依然として美徳であると判断される）。そして親と教育委員会のメンバー（school board member）は、教師と同じように、何が「真の歴史」であるのかということについて自分たち自身の考えをもっている。歴史のハイウェイにおけるあまりにも急な方向転換は改革をぐらつかせるだろう。だから教師のなかには、教育を改革する最善の方法は教科書における古い像を維持し、新参者を歓迎することであると論じるものもいる。そして、彼らは、生徒が実際に教科書を〈読む〉ことを、望む！　常識——それは混乱のまっただなかでうまく対処する道なのだ。

教科書を改革するための今までのものに代わるアプローチは、歴史の教育課程について州あるいは地域の良い基準を設け、それから教科書の執筆を専門家に委ねることである——それは多くの国で使われ、合衆国でも今日ではときどき支持されているアプローチである。妥協することは、ただ以前の状態を維持するだけであり、教科書における、そしてそれゆえに学習における支離滅裂さを請け合うものとなる。教科書の出版における最近の政治と商売においては、「真実」は、（左右の）特定の関心が、教科書会社に言わせれば、圧力をかけたものとなっている。最近の教科書はしばしば商売における小心さ、拒否的な集団、そして象皮病（八八八頁もある！）の犠牲となっている(55)。

この見解の提案者が論じているもので抜け落ちているものは、生徒が知るべきものと生徒に学習をさせる生き生きとした説得力のある教科書についての全国的な明確な基準である。専門家を求める人々は、歴史は余りにも重要なものであるため、歴史家だけにはまかせてはおけないと示唆している。

しかし、この歴史教科書の誤謬に対する対応はそれ自体問題を引き起こしている。専門家に委ねることは論争をなくしはしない。博士たちは自らを差異化することを愛する。教師たちは上から与えられた改革を妨害することに熟達している。そしてとりわけ、商業主義と特殊な利害関心が現在教科書の選択のプロセスにはびこっている。公衆は依然として、専門家であろうとなかろうと、アメリカの生徒が過去について学ぶべきことを決定する際に発言する資格があるはずなのだ。

コロラド大学の歴史学教授パトリシア・ネルソン・ライムリックは、妥協的につくられた教科書と専門家による教科書の両方を対照させる歴史の多元主義モデルを示唆している。彼女は最近、スーとシャイアンがジョージ・アームストロング・カスターと戦ったリトル・ビッグホーンの戦場に必要なのは、インディアンの名誉のための記念碑とカスターと彼の部下を称えるための記念碑の二つだけではないと示唆している。必要なのは「支配的な見解というもののがないような、異なった種類の記念碑である」。彼女は観光客が戦士とカスターのための記念碑だけではなく、竜騎兵たちに虐殺された人々のためのもの、カスターの未亡人のためのもの、白人兵士の家族のためのもの、インディアンの兵士の子どもや妻たちのためのものの間も歩いている様子を想像している(56)。

このような見解は、社会的に多様化した国家の歴史理解の中心に位置づく。多元的な歴史は民族集団の自尊心と他の集団に対する共感を広げる。ライムリックが提示したような記念碑と並行して、多元的な市民教育のための教科書は一つの主要な物語だけをもつのではなく、独立したアイデンティティや経験を捕えた幾つかの物語をもつものにならなくてはならない。

しかし独立的な集団内部におけるアメリカの歴史は、同様に相互作用のなかで自分たち自身の存在を見ることをしないならば、部分的なものとなってしまうだろう。私たちの社会は多元的な性格をもっており、それゆえ私たちが若い市民に教える歴史もそういうものである。しかし〈多元的な〉市民はまた〈統一性〉、すなわち一連の共有された政治的な志望と制度を求めなければならない。余りにも多くの教科書戦争が存在してきた理由の一つは、いろいろな集団が次々と私たちの過去について語られる共通の物語に加わろうとしたためである。〈統一性〉と〈多元性〉は、アメリカ人が共通の土台を見いだし、彼らの差異を尊重しようと苦闘するときに常に生じる、回避不可能な緊張の中に置かれてきたのである(57)。

第二部

多様性

第三章

同一なのか異なっているのか：学校政策と社会的多様性

この章はアフリカの西岸から三〇〇マイル沖に位置するポルトガルの植民地ケープ・ヴェルデ島からの二人の移民、ポール・ヴァスとガス・バロスとの会話で始まる。私たち三人は建築現場の労働者として、並んで歩いていた。私たちは暑い八月の日に溝を掘ったり、ツーバイフォーの建材を運んだり、いちじくの木陰で昼食を食べたりしながら話した。彼らは私をマサチューセッツのロックスベリーの彼らのコミュニティに招待した。

これは五〇年前のことであった。しかしその経験は今でも鮮明である。彼らの生活とアメリカに関する困惑についての彼らの説明は、私がその時からずっと考えてきた問題を提起した。私が「現実性の社会的構築」について聞くよりずっと以前に、ポールとガスは、「人種」についての概念と実践がいかに無原則で懲罰的なものであるのかということを私に教えた。ケープ・ヴェルデ島においては、人々は個人を外見に基づいて区別していた——実際、ある人類学者によれば、彼らはお互いを区別するのに二五〇程度のカテゴリーを用いていた。しかし、合衆国は違う。そこでは人々は二種類、すなわち黒人と白人に区別されているようにみえる。「ニグロの血の一滴」でも入っていればお前は黒人であると、深い人種主義的な社会の法と慣習は言っていた(1)。

権威をもった人々——下士官、校長、出入国審査官、国勢調査員、医者——は、ケープ・ヴェルデ人が人種のラインのどちらに属するかについて宣言することを期待していた。褐色の肌のケープ・ヴェルデ人の二人の兄弟は、次のように語った。彼らが召集されたとき、フォート・デヴンのある下士官がすべてのニグロに二歩前に出るように命令した。そして分離された部隊にまで行進するように命じた。兄弟のうちの一人はその場にとどまり、白人兵士として第二次世界大戦に参戦した。もう一人は前に出て黒人部隊に加わった。

この島の中で、そしてアメリカのなかで、ケープ・ヴェルデ人は彼らの家族や友人の間でポルトガル語とアフリカ語を混成させたクレオール言語を話していた。彼らはフォーゴ島やブラヴァ島からの移民、独特の習俗をもった島民としてのアイデンティティをもっている。彼らは仕事を見つけるため、あるいは干ばつによる飢饉を逃れるために自主的に移民してきた。一方で彼らは自分たち自身の文化を保持する方法をさがしていた。一般的に、彼らは肌の色にもかかわらず、自分たちをアフリカ系アメリカ人であるとは考えてはいなかった。彼らは、ポルトガル系の移民によって、アゾレス人から遠ざけられた。アゾレス人は自分たちについて白人とみなされたいと思い、典型的にはアゾレスの教会、学校、近隣、社交クラブでケープ・ヴェルデ人を冷遇した。

私が一九五一—五二年に知り合ったケープ・ヴェルデ人たちは、「人種」と呼ばれる何ものかは存在しないかも知れないけれども、人種主義と呼ばれるものは確かに存在する、そして彼らの生活を形作る道筋のなかでそれは不条理で残酷なものである、ということを私に教えた。人種についての支配的な概念は科学としては意味のないものであるが、肌の色の違いは重要である。白人たちは自分たちが質のよい学校、良い仕事、政治権力、高等教育への機会、文化的な認識と正統性のほとんどを得る権利を持っていると信じている。

アメリカの教育史家として、私は、アメリカ人が公立学校教育制度を作ったときに彼らが人間の同一性と多様性を説明してきた多くのやり方に引きつけられ続けてきた。学校はときにすべての子どもたちを同じようにに扱う政策を採用してきた。一九五〇年代のリベラルな教育者たちは、平等が同様の扱いということを意味するようになってからは、人種の違いを意識しないように努めてきた。共通の道徳的、市民的様式に従えば、よい学校はよい市民を形作ると想定されていた(2)。

しかし人種の違いを意識しない平等性と公正性という信条に対抗して、人間は分類によって差別することを執拗に求めるものである。植物を雑草と花に階層化したり、犬を純潔種と雑種に類別したり、人々を優れた「人種」と劣った「人種」に分けたりする。多くの集団は、陽の当たる場所に自分自身の位置を保持したり、つくり出したいと思ってきたし、他の領域と同じように教育においても優位さをめぐって他者と競争してきた。教育機関そのものは、私が次章で探求するように、勝者と敗者という新しい人間のカテゴリーを造り出してきた。

万華鏡のような二〇世紀後半、多くの人々はすべての生徒を同じ様に扱うことが可能で望ましいことであるかどうかを問うようになっていた。一九五〇年代のリベラルが軽視していた社会的な差異は、一九六〇年代、一九七〇年代には多様性という新しい政治を舞台の中央に据えた。メディアは人種差別廃止、二言語による教育、聖書の読解、多文化主義的カリキュラム、新しいジェンダー政策と実践、性教育、独立したアフリカ系中心主義的な学術団体、学校における礼拝など論争的な課題に照明を当てていた。衝突する社会的諸価値は希望と幻滅の両方をもたらした。公民権運動、地球の反対側にあるベトナムでの戦争、最高裁判所のなかの活動家判事、フェミニズムのような社会運動はすべて教育政策に影響を及ぼした(3)。

かつては社会における「自然」で基本的な秩序であると考えられていた人種、ジェンダー、民族についての古い概念は、精査され論争されるべき大きな主題となった。数十年の間に、人々は人間の差異についての社会的構築の恣意性に気付くようになっていた。これはまさに社会的「差異」の概念を滑りやすい坂のうえに置くようなものであった。何が教育の中で重要なものとされたのか。それは何故か。政策立案において何が重要でありながら無視されているのか。例えば、経済階級は差異の重要な形態であるが、収入と富のギャップが大きくなっているにもかかわらず、それは軽視されてきた(4)。

教育における多様性についての流行のスローガンを考案することは、学校における首尾一貫した正当な政策を発展させることよりも容易である。学校と社会的差異との出会いにおける歴史的な葛藤、妥協、後退、前進、矛盾、勝利の証拠は現在も続いており、今日社会正義を追求している人々に対して、実践的だけではなく知的な課題を突きつけている。多様性に関する政策を理解することの出発点は、「人種」、「ジェンダー」、「民族」の社会的構築を比較対照し、これらの社会的多様性の形態に結びついている教育政策を検討することである。

多様性の社会的構築

社会的差異の諸概念は、しばしば、おそらくは人々の間の自然的な区別から複雑な意味を紡ぎだす。「この差異という言葉に関する問題は哲学的なものであり、実践的なものである。私たちは、言語の上の区別が人々の自然的、あるいは生得的な質を反映するものであると想定している。(略)利便性、権力、あるいは道徳的判断といった理由で、私たちはたくさんの特質の中から特定のものを取り出して、次に、人々、物、状況を私たちが現実として扱うカテゴリーのなかに選別する」とマイケル・カッツは観察している。これが問題なのである。不当な区別は不正義を生む。これは「差異にもとづく過去の敵意と貶価を、まさにその差異を（略）用いることなしにいかにして克服するか」というジレンマを生み出すとマーサ・マイナウは記している。たとえば、ひとはいくつかの「人種」が劣っているという概念を嘆き、そういうことをなくそうとするかもしれない。しかしこの概念によって正当化された教育上の不正義を正すためには、ひとは同時に人種主義が機会と搾取を構成している多くの仕方に注意を払わなければならない(5)。

人種的劣等の概念はホレス・マン・ボンドが、平等、機会、そして民主主義を目的として宣言しながら、一方でアフリカ系アメリカ人を「あらゆる文化的手段で」、「残忍に扱い、見下し、非人間的にする」社会における「非現実性の寄せ集め的な世界」と称したものを形成してきた。例えば第二次世界大戦中、南部の人種的カースト制度においては、白人のナチの戦犯がテキサスの収容所に護送される途中、黒人のアメリカ人の護衛を外で待たせて、彼らは駅の「白人専用」食堂で食事を取るなどということが自然に行われていたのである(6)。

ジェンダーの概念は、社会的差異の文化的構築のもう一つの実例を示すものである。「ジェンダー」という言葉で、私は人々が両性の間の生物学的差異に付与する文化的意味づけを指している。いつの時代でもどの場所でも、人間はこれらの生物学的差異に対して非常に様々な解釈を与えてきた。男性であること、あるいは女性であることに「自然的な」様式など何もない。社会は異なったやり方で、生物学的に一つの性ではないもの、すなわち両性具有の者を扱っている。人類学者クリフォード・ギアーツは、半陰陽の人々が賢明な相談役として栄誉を与えられている文化もあれば、悪魔として殺害されるところもあると記録している。現在の合衆国では、医師によって治療されるべき医学的な異常と見なされている(7)。

ジェンダーの伝統的な概念がいかにきまぐれなものであったとしても、それらは習慣的に男性が責任者の位置に留まることを請け負ってきた。合衆国では、ジェンダーについての信条の金銭的価値は、二〇世紀半ばには雇用されている白人女性が平均して白人男性の収入の五分の三しか稼いでいなかったという事実において明白である(8)。

アメリカ人たちは長い間、いろいろな異なったやり方で民族的な差異を解釈してきた。何十もの言語を話し多くの伝統を表現する移民の立て続く増加は、学校が異なった文化を扱うそれまでのやり方に疑問を提起した。熱心な「アメリカ化推進者」は、移民、とりわけ南東ヨーロッパからの移民を、帰化（この文脈では奇妙な言葉である）されなければならない異邦人、潜在的に危険な「外国人」と定義していた。彼らはこの国で生れた白人――いわゆる生粋のアメリカ人――の価値と主導権を受け容れなければならない。アメリカ化推進者のなかの楽観主義者は、民族性をマントのように脱ぎ捨てることができるものと信じていた。悲観主義者は、新参の民族集団との差異は遺伝的なものであり、移民は制限されなければならないと信じていた。しかし楽観主義者と悲観主義者の両方とも、同化されない民族集団は脅威をもたらすということを信じていた。

対照的に、文化的多元主義の擁護者は民族的多様性を賛美し、ときどき彼らの「旧世界の特性」を、まるでそれらが時間を超越した家宝であるかのように、無傷のままに保つことを移民に求めた。教育政策において、同一性が再び多様性に対して戦いを挑んだ。しかしながら、アメリカ化推進者と多元主義者は、ともに誤った選択をもちだした。

アメリカ社会においては、集団間の境界は非常に浸透性が高かった。文化的影響は、新参者や昔風のアメリカ人の両方に影響を及ぼしつつ、四方八方へと広がってきた。移民は移民の過程、そして新しい土地に適応する自覚的な過程において、自らの「他者性」を発見する。様々なナショナリティの人々が、ほとんど同一的な集団とは考えられていないにもかかわらず、今では「ヨーロッパ人」として集合している。セルビアとクロアチア、南イタリアと北イタリア、フランスとドイツ、アイルランド系カトリックとアイルランド系プロテスタントは、彼らが船から降りたとき、伝統的な憎悪を忘れてはいなかった(9)。

誰しも――例えば黒人で、中産階級の、教師であるカトリックの女性などというように――多様な文脈、多様な方法において顕著になる複合的なアイデンティティをもっている。ヘンリー・ルイス・ゲイツ・ジュニアは、「多元主義は境界を取り締まることについては想定していない。それはこれらの境界を打ち壊し、すべてのアイデンティティの流動的な本質を認めることにかかわるものと想定されている」と観察している。アメリカ社会を構成している諸集団は自分自身を、そして相互作用をかわしながらお互いを形成してきた。しかし、教育政策に影響を及ぼすとき、彼らは水平な競技場で戦ったのではない(10)。

前世紀の間、公教育における卓越した政策立案者のほとんど、そして公立学校制度のほとんどの行政官たちは、合衆国生まれの裕福なプロテスタントの白人男性であった。「主流派」の指導者として、彼らは概して、社会的多様性についての彼ら自身の信条は権威あるものであると想定していた。当然、彼らはしばしば自分たちの市民的道徳的な見解を当然のものとみなしていた。少なくともこれらの文化的構築が政治的に挑戦されるようになるまでは。彼らは確実に、自分たちを多くの集団のうちの単なる一つ（非白人ではなく、女性ではなく、移民ではなく、貧しくない集団）であるとは考えていなかった。そうではなく、彼らは自分たちを最も純粋なアメリカ人と見なしていた。しかしながら、「他者」――移民、アフリカ系アメリカ人、カトリック、ユダヤ人、女性、アジア人、などなどの集団――は、指導者たちの教育的理念の型にはまることにはほとんど満足していなかった(11)。

ヨーロッパ系移民に対する学校政策

一八九一年、全米教育協会は、すべての子どもたちが、英語で授業を行う学校に参加することを義務づけられるべきであるということを宣言した。彼らは「外国の言語と伝統を保持するという目的をもつ、そしてそれに比例して明瞭なアメリカニズムを破壊するという植民地制度が外国の影響によって始められている」ことを危惧していた。義務的なアメリカ化を要求しながら、ある教育者は「人々がこの政府を確立したとき、彼らは一定の水準の知性と道徳性を有していた」と断言している。かつてアメリカ人は「知的で道徳的な人々は立派な市民性の要求に適合している」と想定することができたであろう。しかし、一八九〇年代には、この見解がすでに当然のものと見ることはできないと、彼は警告していた。「この政府を確立した人々がもっていたのと同じ意味からは自由の権利を有していない人々がここにやってきている」。「知性と道徳性についてのこの考えを新参者にあわせてその水準にまで下げてしまう」ということは考えられないことであった(12)。

ＮＥＡの指導者は、おそらく「アメリカの」鋳型に容易に同化した北西ヨーロッパからの「古い」移民と、本来の市民性の様式に適合しないと推測される「新しい」移民との著しい対照がエリートたちによって描き出されようとしていた転換点で声を挙げた。そのときまでにアメリカの都市に大挙して流れ込んできた移民は、イタリア人、ポーランド人、ロシア人、南東ヨーロッパの他の国からの人々であり、ほとんどがカトリックかユダヤ教徒であった。

民族的差異についての生得論的な構築のいくつかの中心的テーマは、既にＮＥＡの議論においては明らかであった。

「新しい」移民は知性と市民道徳において劣っており、「外国の植民地」のなかに群がっていた。依然として教育の力を信頼していた人々は、強制的に移民の子どもを公立学校に通わせ、英語を習わせて、慎重にアメリカの政治的文化的価値を説くことによって、この非常事態に対処することが可能であると考えていた。懐疑論者は、この問題は学校の手におえるものではないと述べていた。それらは、南東ヨーロッパの「人種」の劣等性を証明すると思われる、そしてアメリカの海岸への移民を禁止する、あるいは厳しく制限することによってのみ、この国は救われると主張する社会科学者を引き合いに出した(13)。

移民の制限は既にここにいる人々をどう扱うかという問題を解決しなかった。一九〇九年、アメリカの三七の大都市における五分の三の生徒は、外国で生れた親をもっていた。もはや学校は通常通りの仕事をすることはできない、とイギリス系の改革者は考えた。すべての新参者の子どもに網をかけることが必要であった。この子どもは親よりもこの国に属するものでなければならない、そして国の関心と義務は移民の子どもがアメリカ人になるように教育することである、と指導的教育者たちは信じていた。マイケル・オルネックは、ほとんどの「アメリカ化」の試みの背景にあったものは、「集合的な民族的アイデンティティの威信を象徴的に失墜させること」であり、これは意図的な国の政策となったと指摘している(14)。

二〇世紀初頭、指導的な教育者たちは移民の同化という目的について合意していたが、この責務を達成する最良の手段については意見が異なっていた。明快な介入を力説する者もいた。人間のごちゃまぜの集合を同化するために、学校は次世代の子どもたちを捕獲することによって、生徒と、彼らの親の文化と言語の間に楔を打ち込まねばならない。移民の家族を直接的に知っている人道主義的な改革者——例えばセツルメントの施設で働いている人々や児童労働監督官——は、この対立的な戦略がもたらす苦痛を認識していた。第四章で論じるように、彼らは子どもたちに医療、無料給食、カウンセリングを与えたいと考えていた。そして彼らは、同化を苦痛に満ちた急激なものよりも穏当で段階的なものとするために、学校を移民の文化的背景にもっと適合させようとしていた(15)。

都会の学校改革の活動をしていた多くの改革者たちは、新参者の子どもたちが、伝統的な知的な教育以上の補償的な社会化を必要としていると信じていた。移民の子どもは、成人としてアメリカ化の授業を受けている彼らの親たちと同様、適切な衛生と健康、そして「アメリカ流」の食事や衣服の様式について学んだ。娯楽ですら愛国主義的な香りがした。そして余暇を適切に使用することを学ぶことは、全米教育協会によって採用された中等教育の七原則のうちの一つとなった。移民を社会化するいかなる機会も取り逃されてはならなかったのである(16)。

移民文化の宗教的な核を国家干渉から保護することを助ける教会と国家の憲法上の分離ということはあったが、アメリカ化の推進者は民族性と国家が分離されねばならないとは信じていなかった。こうして国家は洗礼派を迫害することはできないが、ドイツ系の移民の国籍を奪おうとすることはできた。文化的多様性のための権利章典などはないのだ。徐々に、国家は家族の領域にまで及んできた。例えば子どもをより長く学校に通わせようとすることは、一部には移民の子どもがアメリカ人になるためにより多くの時間を学校の中で過ごさせることが目的だった。「アメリカ化」のほとんどの試みの背景にあったものは、ヨーロッパ的な民族アイデンティティを、個人としての合衆国市民のアイデンティティに置き換えようとする願望であった。第一次世界大戦が勃発したとき、競合的な文化的忠誠を根絶することは周到な教育政策となった(17)。

第一次世界大戦は、「外国の植民地化」と国内の同化しない他者の第五の柱についての移民排斥主義者の懸念を沸騰させた。この間、猛烈なアメリカ化推進者が政策を支配した。一九二〇年代、赤狩りと排外主義者の組織は偏執狂的になっていた。雇用主たち、教会、連邦及び州の当局、愛国主義的組織、そして他の多くの組織が外国で生れた成人の間の「外国性を根絶やしにし、彼らの子どもたちに同一の政治的に正しい市民教育を課すために公立学校と連携した。ジョン・デューイは、一九一六年に、「アイルランド系アメリカ人やヘブライ系アメリカ人、あるいはドイツ系アメリカ人のような用語は、それらがアメリカ人と呼ばれているある何ものかが存在することを想定し、その他の要素は外的な付与であると想定しているように見えるために偽りの用語なのである」と述べて、この挙国一致に対する熱狂を攻撃した(18)。

退役軍人会、アメリカ法律家協会、アメリカ革命婦人会は、アメリカ史と憲法の教授を規定した法律を通過させるように、数十州に対して圧力をかけた。一九〇三年には一つの州が「市民性」の教育を求めていただけであったに過ぎなかったが、一九二三年には三一州がそうしていた。国家安全保障連盟はドイツ語の教授を禁止し、超愛国主義的教育を規定することを求めてロビー活動をした。一部にはこうした努力のために、三九州が、すべての教師が資格を得るためには憲法についてのテストをパスしなければならないと命じた。一九二三年までに、三五州が英語を公立学校における唯一の教授言語とする法律を成立させた。オレゴンでは一九二二年、クー・クラックス・クランは小さな赤い屋根の校舎をアメリカ化のシンボルとして扱い、すべての子どもたちが公立学校に出席することを命令する法律を求めるロビー活動を行い成功した(19)。

外国製のものは何でも疑わしかった。ニューヨーク州では、戦時公債を売りに行った学童は、忠誠心が疑わしい大人がいたら報告するようにと教えられた。「アメリカ人」を狭い保守的な鋳型の中で定義し、移民の間の思考と行為に対して画一性を強いた運動は、多くの民族的指導者、多くの民族的な出版者、合衆国生まれの一部の自由主義者を激怒させた。脅威と威圧にもかかわらず、成人の移民でアメリカ化のクラスに在籍したのはごく少数であった。そして彼らがこのコースを満了することはめったになかった(20)。

猛烈なアメリカ化推進者に対する反作用として、一部の作家は民族的な自己保存を呼びかけた。たとえば、一九二四年、ホレス・M・カレンはすべての集団が「彼らのうちにある奪いえない自我を拡大し、彼らが『奪いえない』自由を要求するため」に、「ナショナリティの民主主義」を提案した。カレンは、文化は相互作用的で常に変化している一連の実践ではなく、「祖先によって決定されているもの」であると論じている。「人間は衣服、政治、妻、宗教、哲学を多かれ少なかれ変更することができる。しかし彼らは自分自身の祖父母を変更することはできない」。公立学校は民族的な「自己認識」を完全になくそうとすべきではない。「彼らの本質に従って人間の本質を完全化することを通してそれを保持する」ことを試みるべきである、と彼は考えていた(21)。

民族性の完全な保持あるいは完全な同化という話は、万華鏡のように古いものと新しいものを混合する文化的実践を行っていた移民の家族の日常生活にはほとんど関連性をもっていなかった。新参者は経済的階級、公式の学校教育、宗教、経済的なスキル、政治的体験、文化的家族的様式においては明らかに同質ではなかった。

いかなる「移民」についてのステレオタイプもこのような多様性を把握することはできなかった。公立学校を経済的チャンスへの入り口と見なす移民もいた。教育を低く見、貧困から抜け出すための家族の長期的協力的な努力を手伝わせるために、子どもを働かせたがる移民もいた。民族的なそして宗教的なコミュニティは自分たちの施設——教会、クラブ、共済組合、そして政治組織——を、貴重な伝統を保持しながら、アメリカの生活に適応することを容易にする媒介的な組織として建設した。移民の子どもはしばしば教師ではなく、文化的な差異に不寛容な仲間からもっとも強力にアメリカ的なやり方を学んだ。いくつかのコミュニティにおいては若者が、かつての国の言語と伝統を保持しようとする自分たちの集団の中の年長者たちの努力を拒否した。野心と疎外が移民の家族の生活のなかで交錯していた。こうしたことは、彼らを同化させようとしていた多くの教育者たちにはぼんやりとしか理解されていなかった[22]。

第一次世界大戦及びその余波の期間における移民排斥主義の狂乱は、「アメリカ化」を、とくに公民科の教科書の作家と成人に対する教育者にとっての、もう一つの教育的な本職とした。公立学校は愛国者を生み出す責任をもつようになった。しかしながら、「アメリカ化」の専門家たちのなかの良質な部分は偏執的なイデオロギーと過酷な方法を嘆いていた。移民を制限する一九二一年と一九二四年の立法の後、教育者はそれほど酷いペースでなくても第二世代を同化することができると考えていた。社会科学者は同化を長期的で複雑な統合過程として描きはじめた。ニコラス・V・モンタルトは、「多くのリベラルの目には、アメリカ化の運動は移民に対するアメリカ人の態度や政策における誤りの縮図である。すなわち、人種主義と熱狂的愛国主義の破綻、国内の社会問題の原因として移民をとがめる傾向や威圧の失敗である[23]。」

これらのリベラルの専門家は、彼らの多くはそれ自身移民の第二世代であるが、攻撃は民族集団を消滅はさせず、むしろそれらを団結させると信じていた。生徒の親の言語や文化を侮辱することは家族を解体し、外国人でもアメリカ人でもない疎外された第二世代を創り出すと彼らは論じていた。次第にこれらの同化問題の専門家は、より穏当でゆっくりとしたアプローチが高圧的な方法よりもよい結果をもたらすと論じるようになった。彼らは依然として公立学校が生徒を「アメリカ化」すべきだと考えていたが、多様性に対する寛容と、アメリカが多くの国の貢献によって構成されているという学説を説く変動的なプログラムを求めた。アイルランド系の移民、そしてドイツ系の移民の活動家のグループは、アメリカ史の愛国主義的な主流に対する自分たちの民族的な貢献に栄誉を与える教科書を求めていた[24]。

移民のための多くの学校や他の組織は、移民によってアメリカ社会に与えられた「贈り物」を強調するようなページェント、ダンス、劇、民族の祭りを後援していた。それらは結局のところは同化に向けた努力ではあったが、多様性を称揚していた——それは強制的なアメリカ化ではなく段階的な移行の戦略であった。一九二〇年代と一九三〇年代においては、一部の進歩的な教育者が文化横断的な学習形態の実験を行った。例えばオハイオ州トレドのポーランド人生徒は彼らの親の歴史と文化を勉強していた。ニュージャージー州ネプチューンの生徒は民族的な家系図を作り、彼らの祖先の歴史を学んでいた。カリフォルニア州のサンタバーバラでは、生徒たちは中国美術、スカンディナビアの工芸、南太平洋の文化についての展覧会の準備をしていた。アリゾナ州フェニックスのメキシコ人の子どもたちは、メキシコの歴史と文化についてスペイン語で教える授業に参加していた(25)。

学習におけるこの初期の多元主義の形態のもっともよく分節化された型は、一九三〇年代、クエーカー教徒であり、以前は教師であったレイチェル・デイビス・デュボイスが主導した「異文化教育」運動に現れていた（黒人の学者で活動家のW・E・B・デュボイスとは関係ない）。一九二四年、彼女はニュージャージー州の南にあるウッドベリー高校で、多様な民族集団の偉業についての一連の学生大会を開いた。それは彼女の経歴の顕著な特徴となるものの先駆的実践であった。彼女がその仕事を拡大するにつれて、コロンビア大学ティーチャーズカレッジの進歩的な教育者、民族組織の指導者、集団間の関係に関心をもっている社会科学者たちなど、強力な仲間が参加するようになった(26)。

これは異質なものの連合であったけれども、異文化教育運動の活動家のほとんどは、いくつかの基本的な目的と政策について合意していた。彼らは大恐慌の困難な時期や第二次世界大戦末期の混乱の時に移民排斥主義や集団間暴力の新たな勃発のひきがねとなるような偏見とステレオタイプを払拭したいと考えていた。彼らはルイス・アダミックが「三千万人の新たなアメリカ人」と呼んだものに関心を抱いていた。それは二つの世界の間に浮かんでいる有用な第二世代であり、社会学者ロバート・パークによって「自由奔放で気ままで飽くことを知らない」集団として記述されていた。彼らは親の伝統に対する称賛が家族のギャップに橋をかけ、第二世代がアメリカ社会に生産的に適応することを助けると信じていた。彼らは「貧困な」人びとと同様に「山の手の」人びとも含めたすべてのアメリカ人が、社会的調和を確立するために互いによりよい知識を必要としているということに同意していた。「文化的民主主義」によって、彼らは、すべての集団の個人に対する公正な取り扱い、自尊心、多様性の称賛を意味していた(27)。

しかしながら、モンタルトが立証しているように、デュボイスと異文化運動の主要な支持者たちは、重要な戦略については合意していなかった。デュボイスはそれぞれの民族集団は混合されて教えられるのではなく、それぞれの単位で勉強すべきであると考えていた。このような様式においてのみ、移民やマイノリティの子どもたちは肯定的な自己認識を獲得することができ、それゆえ「第二世代に影響を及ぼしている疎外、根無し草性、感情的な混乱」を治癒することができると彼女は考えていた。精神的な強さは一つの民族集団との強い肯定的な同化の結果もたらされるのである(28)。

この運動において影響力のあった仲間にはこの考えに異議を唱えるものもいた。中でも進歩主義教育協会に関係する文化間教育についての社会科学者の多くはそうであった。ある批判者は「補償的な理想化された伝統」としての自尊心についての彼女の議論を退けたし、多くの人びとは分離のアプローチが民族的な孤島化を固め、集団間の葛藤を減少させるのではなく高めてしまうということを懸念していた。第二次世界大戦前夜、それは国家の統一性についての関心が高まっていた時期であったが、二人の教育長がデュボイスのカリキュラムが「いわゆるマイノリティ集団の中に望ましくない形で自分たち自身の重要性を強調させたり、自分たち自身の権利について主張しようと決意させたりする」ものであると述べている。これらの人々が欲しているものは、彼らの権利を守るために反体制的に人びとを動員するのではなく、市民的な平和を保持するための心理学的な方法を用いるような異文化戦略であった(29)。

マイケル・オルネックは、ほとんどの教育者——猛烈なアメリカ化推進者も異文化教育主義者も同様に——は、集合的な民族的アイデンティティというものを信用していなかったということを観察していた。公民科の教科書にも、そして異文化教育主義者の書物においても、彼は個人主義のイデオロギー、アメリカ社会と呼ばれるより大きな統一の中に、すべての人びとを個人として含み込むという理想が背景にあるということを見出していた。集団間の葛藤に対する治療薬は理解と称賛である。長期的にみれば、このアプローチは、すべての集団の成員を自律的な個人として社会の主流の中に包含するという結果をもたらすだろう。抑圧はステレオタイプに還元され、分離的な民族アイデンティティは可能な限り苦痛を伴わないやり方で消滅するはずであった。立派な市民たることは、積極的に政治に参加すること以上に、日常生活の義務を果たしていくことを意味していた(30)。

専門的な教育者は一九三〇年代及び一九四〇年代の文化間教育運動を築き、導いた。そして様々な民族組織と個人は重要な支援を行った。最近では、「多文化教育」の背後にあるエネルギーの多くは、草の根的な抵抗運動から、そしてアフリカ系アメリカ人、ヒスパニック、そして他の従属的な集団の社会的包摂に対する要求から来ている。運動家のなかには、カリキュラムの変化がいくつかの「寄与」を付加するというレベルを越えて進行していると見る者もいた。集団がいかに不当に扱われているのかという知識、そして平等をいかに達成するかについてのよりよい理解は、従属を克服するためにその集団のメンバーを動員することができた。民族的な学習と二言語・二文化教育を、文化的同化への一歩ではなく、集団の独特の文化を保持する方法と見る者もいる(31)。

こうしてこれまでのものとは競合する多元主義が構築がされた。それは個人の平等に対抗して集団の平等という目的を示唆するものであった。それは、単純に文化的多様性を称揚するのではなく、また中流のアメリカ的個人主義に根ざす共通の価値の核心を尊重し続けるのでもなく、公的文化についての新しい定義を求めていた。多元主義の新しいバージョンは明らかに政治的なものであり、伝統的な学術的規範だけではなく、差別を維持してきた定着した利害関係に挑戦するものであった。この戦略が異文化教育の初期の形態よりもずっと論争的なものであるということは驚くべきことではない(32)。

有色人種のための学校政策

もし〈同化〉が移民に対する政策のための基調であるとするならば、〈差別〉は有色人種に対する教育の基本的なテーマであった。黒人、日本人、そして中国の人々は同化していない劣った「人種」のメンバーとして類型化されていた。一九五四年の学校の分離を禁止したブラウン判決まで、学校と社会における人種主義に対する正面攻撃を求めていたホレス・マン・ボンド、W・E・B・デュボイス、あるいはレイチェル・デュボイスのような改革者の指導に従う教育者は相対的に少数であった。ヨーロッパ系の移民については話は異なっていた。教育政策立案者の中には南東ヨーロッパからの新参者を「劣った血統」として斥ける者もいたが、ほとんどのものは、白色人種はアメリカ社会に吸収されることができるし、可能なかぎり早くそうすべきであると信じていた。彼らはアメリカ人の権利と文化を共有する合衆国の市民となるべきなのである。

対照的に、黒人のアメリカ人はしばしば単に公教育へのアクセスを得るためにも闘わねばならなかったし、自分たち自身の学校を建設し人材を配置しなければならないということも頻繁にあった。白人たちは黒人の学校教育を共通の権利ではなく、慈善であるとみなす傾向にあった。南北戦争後の南部においては、黒人たちは、北部の宣教師と自由市民局の支援を得て、解放奴隷のための学校を設立するイニシャティブを取っていた。南部の白人たちは、部分的には黒人の公民権を奪って、かつての南部連合国における公立学校の統制権を獲保した。彼らは学校を、黒人を社会的に従属させ、彼らを厳格な職業上の上限を設定して経済的に束縛し、彼らの市民としての政治的権利を否定するために企図されたカースト制度の扶壁として使用していた(33)。

排除と分離はまた、「モンゴリアン」に対する白人の扱いを特徴づけるものであった。議会は中国からの移民を禁じ、カリフォルニアのようないくつかの州は、中国、そして日本の移民から、子どもを公立学校に就学させることを含む多くの公民権を奪った。典型的な「異邦人」であるこれらのアジア人たちは、黒人と同様に生まれによって定義され、肉体的特徴によって特定されていた。白人たちは彼らを仕事に対する競争相手として恐れ、悪意に満ちたやり方で彼らを定型化し、彼らを「アメリカ人」にはなりえないものと考えた。アジア人の集団が彼ら自身の支援機関を形成し、居住地に群がっていることは、彼らの派閥性の証拠と解釈された。国内における第五の支柱として孤立させられ、恐れられたため、日系アメリカ人は、第二次大戦中に、異文化教育主義者たちが人種的民族的差別は非アメリカ的なものであると主張していたまさにその時に、収容所に拘留された(34)。

肌の色に基づいた厳しい差別、それが唯一の理由ではなかったが、それに直面したもう一つの集団は、メキシコからの移民の子どもたちであった。彼らは「白人」と「黒人」の間にはっきりとした区別を引いていたこの国においては、「人種的」に曖昧な立場を占めていた。テキサスにおける一九三〇年のサルヴァティエラ判決においては、メキシコ人の血を引く人々は「白色人種」のメンバーであると宣言された（すなわち、この州において白人と完全に分離されていたアフリカ系アメリカ人とは区別されたのである）。一方カリフォルニアでは、同年、司法長官が彼らを「インディアン」であり、それゆえ学校での分離の対象となると宣言した。しかし、彼らが法律的に「白人」であった場合にも、法的な判決と教育者の慣習的な行動は、メキシコ系アメリカ人が独特の「必要」と「特性」をもっているという理由で、彼らを学校で分離することを正当化していた。彼らは貧しく、しばしば定住していなかった。彼らは英語ではなくスペイン語を話し、中流のイギリス系アメリカ人志向のテストにおいて低い点数しか取ることができなかった[35]。

メキシコ人の家系の家族は通常は貧困で政治力も殆どなく、必要とされるときは安い労働力として使われ、必要がないときには追放された。選挙権を否定され、仕事を求めて場所を転々としていたため、メキシコ系アメリカ人の農場労働者は彼らの子どもたちの学校教育に対して殆ど影響力を持っていなかった。一九二八年、テキサスではメキシコ人の子どもの約四〇%が学校に通っていなかった。そして通っている者たちのうちのほぼ半数が第一学年に属していた。教育者はしばしば彼らを差別し、彼らが最低限の教育しか必要としていないと想定していた。そして彼らの教育に対しては殆ど資源を投じなかったのである。テキサスのある教育長は「なぜメキシコ人たちのほとんどが低階層であるのか」を説明している。「彼らは玉ねぎを植え、それを収穫する。彼らが他のことを知らなければ知らないほど、彼らは満足できるのだ。（略）もしたくさんの思慮を持っていたり、教育を受けていたりするならば、彼はこのような仕事にしがみつこうとはしないだろう。だからこれはメキシコ人たちを玉ねぎ畑で作業させておこうとする白人たちの企みなのだと分かるだろう[36]」。実際、法律ではそうでなかったとしても、メキシコ人たちはしばしば学校では別の「人種」として扱われていたのだ。

白人至上主義的な人種的イデオロギーは、有色人種を同化できない、根本的に異なった、そしてそれゆえに十分な市民たりえないものと定義していた。ある洗練された人種主義的信条は、有色人種に対する差別、政治的従属、憎悪に満ちた屈辱的なステレオタイプ、経済的搾取を正当化していた。白人に生まれることは、政治的、経済的システムにおいて力強い優位性を有し、公的文化を支配するということであった(37)。

白人の教育的指導者は、この「黒人問題」にいかに応えたのか。この問いに答えることは難しい。それは部分的には多くの者がこの問題に沈黙していたからである。教育者は移民の同化については多くを語っているが、黒人に対する体系的な差別についてはほとんど語っていない。黒人の教育に関する政策は地域によって異なっている。南部では、この教育におけるカースト制度に挑戦する白人の教育者はごくわずかな勇気ある人々のみであった。南部の社会秩序のなかには、白人の優位性が埋め込まれていたのである。南部のメンバーの離反を恐れて、最大の全国的な教育組織である全米教育協会は、一九六〇年代まで南部の支部において人種分離を撤廃しなかった(この組織は長い間よりよい「集団間の関係」を約束してきていたけれども(38))。

北部においては、黒人はしばしばそれほど露骨には扱われなかったが、依然として強力な偏見と慣習的な人種主義は存在していた。多くの教育者が生徒に関して決定をする際に依拠していた教育の「科学」は、人種主義的な想定によって穴だらけになっているものであった。文化的に偏向したIQテストの欠点は人種主義的な誤った解釈によって増幅され、黒人たちを非学術的な進路に追いやることを正当化するもののように見えた。就職市場に対する「現実的な」見解によって、カウンセラーたちは黒人たちを肉体労働に向けさせた。差別と貧困の産物である社会的差異は、ものごとの「自然な」様式として有効化された。従ってエルウッド・P・カバリーが黒人に関する図書館の本を分類した際に、彼がそれらを盲人、「知的障害者」、「身体障害者」などに関する本が並ぶ「特別教室の教育」の隣の棚に並べたということは驚くべきことではない(39)。

個々の教育者と組織のなかには、教育における人種主義を攻撃する者もあった。例えば、異文化教育事務局は黒人と白人の間の理解を深めようとした。好まれたアプローチは、黒人を下に置く制度構造に対して政治的、法的な攻撃を加えることではなく、社会的な偏見を攻撃することであった。いずれにしても、一八九〇年から一九五四年までの白人の教育的指導者のうちのごくわずかの者しか、アメリカ社会に埋め込まれた人種主義とその公教育制度に対して公然と立ち向かってはいなかった(40)。

黒人自身はわずかな白人教育家と他の分野の活動家と連携し、「黒人種（Negro race）」についての文化的構築によって強化されていた教育上の差別との闘いを主導した。南部においては投票権が与えられておらず、北部においては周辺に押しやられ、黒人は残酷なディレンマに直面していた。分離を受け容れることは、非市民としての自分たちの地位を承認し、彼らの子どもをひどく不平等な学校に行かせることであった。しかし、彼らの子どもたちを統合された白人支配の学校に入学させることは、しばしば黒人が教師の職に就く道を否定し、子どもたちを偏見に満ちた白人に預け、自分たち自身の歴史と文化を勉強することによってもたらされる自尊心を植えつけることができないということを意味していた。アフリカ系アメリカ人のための社会正義についての卓越した代弁者であったW・E・B・デュボイスは、ある時期には前者の戦略を、また別の時期には後者の戦略を論じるといったように、この両方の戦略を異なった時に論じていた(41)。

ホレス・マン・ボンドは、一九三四年に「人種差別はアメリカの社会秩序の不変の特性であるように見える」と問題提起した。ニューディール政策は首尾一貫した教育的、あるいは人種的政策をもっておらず、南部の黒人学校は一九三〇年代においても貧しいままであり、差別されていた。しかし活動的なニューディール政策の推進者のなかには、全国青年機関、公共事業促進局、そして資源保護市民部隊のような雇用及び救済のプログラムを通して、アフリカ系アメリカ人を教育的に支援する道を見いだそうとする者もいた（これらのプログラムはしばしば差別的なものであったけれども）。これらの実験は後に、一九六〇年代の『貧困との闘い（War on Poverty）』の先駆となった（リンドン

・B・ジョンソンは大恐慌の間、テキサスにおける全国青年機関の花形役員であった[42]。

第二次世界大戦になり、人材が深刻に不足するようになると、黒人の教育を無視してきたという負の遺産は明白になった。白人の約二倍の黒人が軍隊に入ることを拒否された。それはほとんど、「最低限の教育的要求を満たす」ことができなかったためであった。このことは、人口比的には黒人よりも白人たちの方が多く徴兵されたということを意味していた。こうした事態に対して、軍隊は、数十年間南部の黒人たちが受けてきた飢餓的な学校教育の結果に歯止めをかけようと、大規模な矯正的識字プログラムを始めた[43]。

一九四六年までに、全米黒人地位向上協会は四五万人近くのメンバーをひきつけ、一九五四年のブラウン判決で最高潮に達する一連の教育上の分離廃止訴訟によって圧力をかけた。ブラウン判決以前でさえ、黒人は分離廃止を将来的な十全な市民権の約束、カースト制度を打ち倒す方法であると見ていた。しかし、分離のディレンマは根づよく存続した。最高裁判決の直後に、W・E・B・デュボイスは、黒人は「彼らの子どもたちが何年間も、[分離廃止の学校において]南部の白人教師、隣の席の白人のごろつき、彼らを軽蔑する守衛から教育長に至るまでの学校の権威者たちに、苦しめられる」ということを知っていると端的に宣言した。彼は、黒人たちが自らの抵抗と功績の歴史について学ぶ機会を奪われるかもしれず、「人種的連帯やアメリカの黒人文化という考え方を人種や国家を超越した世界的な人間性という概念についには引き渡すようになる」かもしれないと警告していた。「これは自由の対価であり、これが抑圧の費用である[44]」。

当初、黒人たちは彼ら自身の憲法的権利を実施させるという大きな重荷を担っていた。法のうえの分離は法律に違反しているけれども、学区を統合することを主張する地域の白人の指導者はほとんどいなかった。無数の地域コミュニティにおける座り込み、デモ、ボイコット、そしてストライキを通して、黒人活動家と少数の白人の支持者は古い人種的秩序に挑戦した。闘争がもたらした進歩は緩慢なものであった。ブラウン判決の一〇年後、黒人生徒の約一〇分の九が、依然として生徒の全員が黒人であるような学校に通っていた。南部においては学校の分離廃止は一九六〇年代後半に勢いを得た。それは裁判所と一九六四年の公民権法によって法の上の分離に対して次第に連邦政府の影響力が及ぶようになったためであり、南部の黒人が選挙権の要求に成功したためであった(45)。

分離廃止はほとんど常に白人の学校を黒人に開くということを意味し、その逆ではなかった。南部では、デュボイスが予測していたように、それは黒人校長の全体的な解雇、アフリカ系アメリカ人の連帯の中心としての黒人学校の喪失という結果となった。黒人の圧倒的多数が分離廃止を望んでいるということは投票で示されていた。一部には、特に南部においては、それが市民としての権利と密接に結びついていたことによる。彼らはまた黒人の学校が白人の学校よりも資源がずっと乏しいということを知っていた。おそらく、もし白人の子どもが人質として黒人の子どものとなりで勉強するならば、最終的には黒人の生徒は同じような教育を受けることができるだろう。しかし北部においては、多くの黒人は氷河のように遅々とした速度に不満であり、黒人のスタッフが優位を占め、彼らの子どもが黒人文化を学ぶことができるような、彼ら自身によるコミュニティ・コントロールの学校を強く要求することを決意した。もし彼らが「人種的」地位によって規定され続けるならば、白人ではなく彼らが自分たちの子どもの教育を管理すべきである(46)。

一見すると、コミュニティ・コントロール運動はブラウン判決とリベラルな統合主義者たちの皮膚の色で差別をしないというイデオロギーと矛盾している。しかしながら、分離廃止とコミュニティ・コントロール戦略の下にあったものは、カーストではなく構造的な人種主義が依然として強力な力をもっている社会の中で、彼らの子どもたちによりよい教育を与えたいという黒人たちの共通した目的であった(47)。

黒人活動家が前の世代にアフリカ系中心のカリキュラムを持ち込んだとき、それはしばしば、共通の社会に対するすべての集団の「貢献」を示すことによって社会的調和をもたらしたいと考える白人の専門的教育者の心理学的モデルからは外れるものであった。多くのアフリカ系アメリカ人の学校改革者は、その代わりに政治学的モデルを使ってきた。彼らは、かれらがいかに苦しめられてきたかを理解させること、そして自分たち自身の集団的目標を定めることによって、彼らの生活環境を変えるために人々を動員することができるような、黒人中心的なカリキュラムを必要としていた。一九五四年、W・E・B・デュボイスは、黒人が「ついには人種的連帯やアメリカの黒人文化という考え方を、人種や国家を超越する世界的な人間性という概念に引き渡す」ようになると考えた。しかしながら、根強い人種主義のため、それは曖昧なだけではなくはるかに遠い目標のようにみえる(48)。

ジェンダーに関する学校政策

公民権運動は、学校において、そして後の成人の生活においても女性を制約している根強い性差別主義を攻撃する一九六〇年代及び一九七〇年代のフェミニストたちにも、戦略の変更をもたらした。「性差別主義（sexist）」という用語は「人種差別主義（racist）」から採用されたものであり、この両方の用語は、制度のなかに、そして多様性についての有害な社会的構築のなかに根深く埋め込まれている差別の形態を指摘するものであった(49)。

ジェンダーそして人種の社会的構築は、白人女性、そして黒人（男性、女性ともに）のライフ・チャンスを制約していた。この二つの集団は選挙権と公民権を否定されていた。当初彼らはいかなる学校に通うことも許されていなかった。というのも白人男性は、黒人と女性は学校教育から利益を受ける知能に欠けていると断言していたからである。黒人と白人女性が学校に入ったとき、彼らの学校教育は最初分離され財源を与えられていなかった。そして白人女性も黒人も分断された労働市場に制限され、賃金差別に直面していたため、学校教育から受ける経済的恩恵は白人男性のそれよりも、はるかに少なかった。二〇世紀半ば、白人女性と黒人男性の大学卒業者の給料は、小学校しか出ていない白人男性の給料と同じくらいであった。重要な機関への参入のあり方を具体化するジェンダーと人種についての文化的構築のため、女性に生まれること、あるいは黒人男性に生まれることは、こうしていくつかの共通の不利益を共有することになった。黒人女性に生まれることは、潜在的には差別の二重の形態に直面することであった(50)。

これらの類似点にかかわらず、ジェンダーは公立学校においてはいくつかの点で人種とは異なったやり方で機能していた。人種的な分離廃止の過程と、男女共学は一つの著しい対照をなしていた。ホレス・マンは共学への漸次的な進展を「女子の密輸入」と称していた。公立学校への女子の入学は、一九世紀前半に静かに起こっていた。それにはほとんど論争はなく、一八五〇年まで、それはほとんどの公立学校における標準的な実践となっていた。対照的に人種的な分離廃止はほとんどの共同体において非常に論争的な出来事であったし、現在でもそうである。黒人に南部の公立学校の門戸を解放したのは南北戦争であった。そしてこれらの機関は一九六〇年代後半までほとんどすべてが人種的に分離されていた(51)。

ジェンダーと人種の間の違いという点ではもう一つ、男子生徒と女子生徒は学校において学力的に同等であるが、人種についてはそうではないということがある。男子生徒と女子生徒は白人の階級と文化的背景の広がりを全体として共有していた。彼らは同じ道の両側にいて、それぞれの文化的な背景をもつ家庭にいた。対照的に、黒人家庭は貧しく、ほとんど支援されていない学校に通ってきたものが不釣り合いに多く、それは彼らの学校での成績に支障をきたすものであった[52]。

黒人たちは、彼らが抑圧された集団のメンバーであるということを知っていた。彼らが市民としての教育上の権利を獲得しようとしたとき、彼らは集団としての強い感覚をもち、教育上の差別の特定の形態に狙いを定めることができた。人種的カースト制度の下で、白人たちは彼らを差別し、彼らの学校の資源を枯渇させることで彼らを抑えつけていたのである。

しかしながら、白人女性は必ずしも彼女らが学校で不当に扱われてきたとは考えていなかった。法や明示的な学校政策で両性を区別して扱うものはほとんどなかった。教育者が男子と女子を区別する――しばしば非公式な、あるいは無自覚なやり方で――とき、多くの女性や男性はそれを間違っているとは見なさなかった。というのも、彼らは伝統的なジェンダー役割を自然的秩序の一部として受け容れていたからである。だから、女子と男子を区別して扱っていたわずかの政策も、少なくとも近年までは、差別的なものとは見なされてはいなかった[53]。

学校におけるジェンダー政策についての公的言説は、男女がいかにして相互に関係すべきかということについての対立する諸見解を反映してきた。それは依然としてそうである。女性が彼女らの適切な領域を踏み越えるのではないか、あるいは男性が十分に男らしくなくなるのではないかということについての懸念は、学校におけるジェンダーについての議論に溢れ出ていた。別の時代には、批判者たちは学校は女子生徒をあまりにも男みたいにしてしまう、男子生徒をあまりにも女のようにしてしまうと述べてきた。学校は女子生徒を女性らしくしすぎ、男子生徒を男性らしくしすぎると主張する活動家はまれにしか存在していなかった。というのも、ジェンダーのステレオタイプを変えようとする教育者はめったにいなかったからである[54]。

学校における政策論議、沈黙、そしてジェンダー実践の間には奇妙な関係が存在してきた。ジェンダー実践における最大の変化は両性の分離廃止であり、それはそれほど論争なく大規模に生じた。教育者はイデオロギーというよりも、制度的な利便性という理由で男女共学を好んでいるように見えた。男女共学の批判者が「男子の問題（boy problem）」あるいは「女性の課題（woman issue）」について抗議したとき、彼らは学校で生じたことに比較的小さな影響しか与えなかった。というのも、ジェンダー政策に関するすべての論議にとって、公立学校における男女共学の基本的な制度様式は、明らかに一世紀もの間安定したままであったからである。職業教育におけるような、性別によるいくつかの軽微なカリキュラムの差異化にもかかわらず、ほとんどの場合、女子と男子は、まるで彼らが制度的に入れ換え可能であるかのように、同じ科目を一緒に学習してきた。これは黒人と白人にはほとんど当てはまらない。カースト制度の下、彼らは分離した学校に通い、しばしば異なった科目を学んでいた。

一九世紀、男女共学の支持者のほとんどは、女子には能力があり、男子が学んでいることを多かれ少なかれ学ぶ必要があると想定していた。女子の学校の成績――常に男子よりもよい成績をおさめている――は、彼女らの能力を証明し、学校教育に対する彼女らの意気込みは、彼女らの学習意欲の高さを示していた。女性運動の活動家は活動のすべての領域が女性に開かれるべきであるということを要求したが、ほとんどの一九世紀の教育者は、女性の人生は男性のそれとは異なっていると信じていた。彼女らは女性だけの領域における教育を採ることができた。女性だけの領域とはすなわち家庭や教師のような女性にふさわしい仕事のことである。こうして女性教育の先駆者たちは、男子と女子の知能には変わりがないこと、そして女性と男性の社会的な生き方が異なっていることを強調していた。実に、女子生徒たちは、ビクトリア朝的な世論形成者たちが成人女性を彼女らの領域に押し込めようともっとも熱心だったときに、男女共学の教室に入っていったのである(55)。

しかしながら、ありふれた偏見と「科学的」調査の両方の長い伝統は、女性と男性が社会的機能においてだけではなく、知性と気質においても本質的に異なっているということを堅持していた。それゆえ、性的差異の原理は、このイデオロギーをジェンダー的な不正の支柱、女性を現状にとどめておこうとするやり方であると認識するフェミニストにとっては、憎悪の対象であった。二〇世紀初頭、新しい世代の才能ある女性心理学者たちは、女性が「異なっている」、しばしばそれは劣っているということを意味するものであるが、そう断言することによって、女性の従属的役割を正当化する似非科学の主張をひとつひとつ潰していった。ほとんどの先駆的なフェミニストたちは、女子と男子が精神的に同等であるゆえに、男女共学は適切であると議論していた(56)。

一九七〇年代の初頭、学校におけるジェンダー実践について調査したフェミニストの研究者たちは共学が事実においては平等主義的なものではないことを発見した。これらの研究者たちは政策立案者に、問題が存在することを説得するために、次のようなジェンダーに関わる偏見の事実を示した。

教科書は女性を無視しているか、非常に伝統的な役割の中で女性を描き出していた。

カウンセラーは就職市場に現実的に応えるために、女子を伝統的な女性の仕事に向かわせた。

教師の態度の研究は、体系的な偏見が存在しているということを主張していた――教師は女子よりも男子に注意を払い、女子よりも男子を知的に延ばそうとしていた。

学校のなかで指導的立場に立つ女性はほとんどいなかった（教育長や校長など）。

学校のなかでのスポーツ、職業教育、そして他の公式行事は性別によって分けられていた（そして典型的には女子は分離された活動のなかでより少ない資源しか受け取ることができなかった(57)）。

大体の場合、このような差別はほとんど自覚されていない。明示的というよりは暗示的なものであり、〈構造的な性差別主義〉として学校のなかに組み込まれていた。それはしばしばはっきりとした意図的な偏見よりも攻撃しにくいものであった。必要なのは、男女共学を真に等しいものにし、女子と男子、男性と女性の差別的な扱いを排除することであると、多くの改革者は考えていた。

しかしながらここ三〇年、フェミニストの学者のなかには、両性相似の原則と男女共学の実践に異議を申し立ててきた人もいる。彼女らは、文化的経験（明確な遺伝子上の違いではなく）が女性を男性から区別する気質や知性の質を生みだしてきたと論じてきた。これらの質は抽象的思考が相互連環性よりも上位にあり、断定を思いやりの上におき、協働よりも競争を強調するような男性支配の男女共学の学校においては尊重されないと、彼女らは主張している。この立場から導き出される一つの教訓は、男性と女性の間の力と気質の違いが、男女共学を教育上の従属を存続させるための手段にしているということである(58)。

両性の相似性と差異性をめぐる議論は、人種についての同様の論争のように、時代とともに明らかに変化し、学校改革に対する提案を形成してきた。皮膚の色によって差別をしない、あるいは性的に中立な学校という理想は、そのような中立性は不可能であると信じる人々にはほとんど意味をなさない――そのような学校は実際には単純に白人男性の支配的な見解を表現しているにすぎないということになるだろう。学習者として男子と女子は基本的には相似であるという信条は男女共学の強い支えとなっていたが、今や決定的なジェンダーの違いという概念が、女子学校、あるいは新しい「ジェンダーに敏感な」型の男女共学について議論するために使われている。「ジェンダーによる区別がなされ、性別によって社会化が行われることが一般化されている社会においては、平等と称してジェンダーを無視しようとする教育哲学は自己矛盾である」とジェーン・ローランド・マーティンは記している。こうした見解からは、ジェンダー区別をしないやり方は真の問題を目に見えなくしたということになる(59)。

多様性と統一性

教育における社会的多様性についてのほとんどの政策論議の基礎にあるものは、同一性と差異についての二つの対照的な観点である。人々は基本的に似かよっているために、彼らがどのような集団に所属していたとしても市民的統一性は達成可能であると想定している人がいる（人々は本来極めて異なっているけれども、もし適切に指導されるならば同一になることができるというのは、このアプローチの変形である）。他方で集団間の基本的な差異を強調する人もいる。同一性と差異についてのそれぞれの観点には真実の胚芽が含まれている。しかしまたそれらはどちらも、社会的真実を描く際にも、社会政策を規定する際にも、深刻な弱点をさらけだすのだ。

一九世紀のコモンスクールの改革者は、正しい種類の教育が多種多様な人々を似かよったものにするということを望んでいた。同様の考えがアメリカインディアンを「文明化された」やり方で同化させる運動を形成した。それは、進歩主義の時代に移民の子どもをアメリカ化する運動のなかに存続していた。一九五〇年代にそれは、皮膚の色で判断しない、性別を問わない、階級を問わないリベラルな教育者のイデオロギーの強い支えとなった。それは、補償教育によって貧困が課すハンディキャップを克服することができると信じていた一九六〇年代の人々を鼓舞した。そしてそれは、黒人と白人の主たる違いは肌の色だけであると信じる統合主義者の信条の底流になっている。

すべての人々が潜在的な類似性を持っていると信じている教育指導者は、楽観的で寛大な信念を共有していたが、ときどき視野狭窄であった。彼ら自身の「主流の」価値に自信をもち、すべての個人が共通にそれを持つことを望んでいたため、彼らは文化的民族的な忠誠心の持続性と力を理解することができなかった。彼らはまたときどき、支配的な集団が人種差別から得る利益を過小評価していた。人種は社会を分断し続けていた。著しい経済的な不平等が根づよく残っており、貧しい人々は収入がますます不平等になっていったために、学校においても社会においても深刻な損害を被っていた。

集団は基本的に異なっていると信じていた人々は、この人間の非類似性をいかに理解すべきかということについては多様であった。他の人々を従属させるために、社会的に構築された差異の概念を使う者もいた。例えば南部のカースト制度の下、白人は黒人を特有の劣った集団と定義し、彼らを分離し、搾取した。黒人は彼らが置かれている一般的な劣悪な状態を認識し、解放を達成するために団結し、このような従属に抵抗するために力を合わせた。この場合、集団アイデンティティは黒人を人種主義から解放するために働いた。しかしながら彼らが白人と一緒に学校に通う法的な権利を勝ち取ったとき、分離学校を選択することを決めた黒人もいた。黒人が責任のある立場にあれば、彼らの子どもたちは白人の人種主義者から逃れ、自分自身の文化的な遺産を学ぶことができ、人種的な誇りの感覚を得、政治的経済的目標を達成するために動員することができる。この意味では「人種」は肯定的な共通の紐帯であった。

かつて、教育者が「異文化教育」あるいは「多元主義」について語っていたとき、彼らは概して異なったエスニック集団の個人はついには同化すると信じていた。多様な文化を賞賛することは、この過程をより軋轢や苦痛の少ないものにするものであった。近年では、この思想の支持者のなかには、多様性の賞賛を超えて集団アイデンティティを保持する学校を計画する者もいる。個人はこのような集団のメンバーシップを通して自分たち自身をもっともよく認識することができる。公立学校制度の力は民族的な差異をなくそうとするのではなく、それらを保持し強化することに従事すべきである。

教育を改革する一つの方法として集団の結束を強調する人々は、多くの学校を性格づけている競争的個人主義と文化的均質性に対する有効な対抗勢力を提供する。しかしながら、彼らは集団の境界の不変性を誇張し、集団内の非常に多様な意見や状況を曖昧なものにする。例えば、民族集団内において、そのメンバーは彼らの子どもの教育を特徴づける政策について論争している。メキシコ系アメリカ人は一般的に、彼らの子どもたちに英語を習わせたがる。というのも彼らは子どもたちがより大きな社会における機会にアクセスすることを望んでいるからだ。しかし彼らは彼らの祖先の言語と文化を維持する学校の役割については必ずしも団結していなかった。黒人たちはしばしば分離廃止に反対していた(60)。

これらの競合する民族、人種、ジェンダーについての立場の中に確固とした足場が存在しているだろうか。文化的民主主義を作り上げた後につづくべき原則とはどのようなものだろうか。私は、私のケープヴェルデ人の友人であるポールとガスが、人々にそのふさわしいと思われる地位をあてがうために分類し階層化しようとする激しい欲望について、アメリカ人が用心深くなってほしいと願っていると考えている。人々が自分たちを定義する方法を尊重せよ。すべての市民が享受している共通の権利と機会を彼らがもっているということを確認せよ。他人も同様にこれらの権利と機会を持っているということについて配慮することを彼らに教えよ。

第四章

完全に間違った訓練：生徒と学校の不一致

ヘレン・トッドは、学校のなかでほぼ学習に失敗している多くの子どもを知っていた。彼女は二〇世紀初頭のシカゴの児童労働監督官であった。彼女の仕事は少年少女がタバコの葉をむいたり、紙箱を作ったり、籐に着色したり、絶え間なく使い走りをさせられたりしている工場の中に行くことであった。これらは今日「危機に立つ」と称される類の若年者たちであった。退屈な反覆作業、長時間労働、そして劣悪な労働環境にもかかわらず、彼女が話した若年労働者のほとんどは学校に戻りたいとは思っていなかったのである(1)。

「学校はよくないよ」と児童労働者の一人は述べている。「まるまる一ヶ月学校にいたら、教師は成績カードを家にもって帰るように言って、それにはどれだけ不出来か書いてあるんだ。それで親はわめいたり叩いたりするんだ」。他の子どもは「学校で言われることは全然理解できない。工場では何をすればいいかすぐ覚えられるよ」と述べていた。何度も何度も若年労働者たちは彼女に、彼らが物覚えが悪かったり、命令通りに起立したり着席したりしなかったり、暗唱するとき正しいページを忘れてしまったりしたために叩かれたと語った(2)。

「この外国人の親の子どもを教育に順応させるのではなく、もっと教育を子どもに順応させるようにはできないものか」とトッドは問うている。「（略）工場が彼らにやらせようとすることはすべて学校のように難しくも恐ろしくもない。（略）私たちは私たちの教育を彼らの心理、彼らの伝統、彼らの環境あるいは遺産に合わせていない」。トッドは、学校と、主流派の鋳型に適合しない子どもとの間の不一致に対する〈学校の〉責任を強調することにおいて、時代の先を行っていた(3)。

一九〇九年、トッドは一四歳から一六歳までの年齢の五百人の子どもに、「もしあなたのお父さんがちゃんと仕事をして、あなたが働きに行かなくてもよくなったら、あなたはどうしますか——学校に行きますか、それとも工場で働きますか？」という質問をした。八〇％以上が学校ではなく工場に行くと答えた。成績カードよりも給与明細の方がよいのだ。トッドが出会ったような若年労働者がさっさと教室を出ていくということは全然珍しいことではなかった。ミルウォーキーの近隣の都市では、改革者たちは、補習学校に定時的に出席し週の残りの時間はつまらない仕事をする代わりにフルタイムで学校にいった場合には子どもたちに一日七五セントを支給することにした。七五セントは彼らがほぼ仕事で受け取る額である。学校に行くためのこの動機付けは八千人に与えられたが、それを受け取ったのはたった一六人であった(4)。

トッドは学校から逃走する子どもたちを扱っていた。他の多くの子どもたちや若者は学校教育を受けないままであった。というのも彼らは教室に入ることを否定されていたからである。一九七〇年まで、連邦の国勢調査では学校に行っていない七歳から一七歳までの子どもは約二百万人を数えていた。総合的な調査において、児童保護基金は、学校を欠席している実数が国勢調査のそれ以上であるということを明らかにした。これらの若者たちとは誰であろうか。「もし子どもが白人でなかったり、あるいは白人であっても中流でなかったり、そして英語を話さなかったり、貧困であったり、視聴覚、歩行、読み書き、学習、適応、成長に関する特別な助けを必要としていたり、妊娠していたり、一五歳で結婚していたり、賢くなかったり、賢すぎたりする場合、多くの場所において、学校関係者は、学校が彼らのための場所ではないと決定している」と基金は述べている(5)。

トッドが関わった、学校から排除された工場の子どもや若者たちは、学校と、それが奉仕すべき子どもたちとの間の極端な乖離を示すものであった。しかしながら、劇的さは劣るが、学ぶのが困難であったり、教師に抵抗したり、成績がふるわなかったりする生徒はずっと教師にとっての日常的な世界の一部であった。学校の成績の多様さはつねに学級における厳然たる事実であった。この多様性を理解する方法——学校が教えようとすることを学ぶことができない一部の生徒の失敗を説明し、改善する方法——は教師が直面しているもっとも根深い問題の一つである。成績の多様さに対処することは、いっそう複雑なものになっている。というのも、学校に出席することがよりいっそう普遍的になってきたからである。

教育者たちは学力の違いを常に物事のあるがままのこととして——原罪か雨もりする屋根のように——受け入れてきた。しかしながら、改革者たちは折々、もし学校が大量の生徒たちの失敗を生産する工場であるべきではないならば、教育制度が必要としているのは単なる微調整ではなく大々的なオーバーホールであると信じるようになっていた。アメリカ人が公立学校にかける期待と恐れはあまりにも大きいため、失敗に対する非難は即座に行動に対する要求となるのである(6)。

失敗に対する新しい認識が生れたこうした時期に、多様な教育者の集団は学校が期待できない子どもたちに対して、何百もの異なったラベルを貼っていた。スタンリー・ゼーンは明敏にこのようなラベリングについて記述し、「ぐず」に与えられた豊富な一連の名称を集めた。このようなラベルは多くを物語っている。それらは学校における失敗をどのように説明し、改善しようとしているのかについて、多くを明らかにする。例えば、〈危機に立つ〉、〈格闘している〉、〈発達的に遅滞している〉、あるいは〈倦怠している〉などの用語に含まれている極めて異なったメッセージを考えてみてほしい(7)。

時期や社会的文脈、都市か田舎かによってラベルは多様である。一九世紀には教師は典型的には学校における失敗に対しては道徳尺度を使った。この少年は〈性格が悪く〉、〈怠け者〉で、鞭打たれる必要がある、というように。失敗の問題は、田舎の単級学校のところのように、もっとも非系統的な学級においては、普通最も見えにくいものとなる。学校制度は一八五〇年から一九〇〇年の数年間で、はっきりとした学年制というような官僚体制的なものになったため、制度的な説明は、この女子は〈ゆっくり〉なためペースの遅いコースに指定される必要があるというような言い方を好むようになった。進歩主義の時代においては、人道主義者たちは、多くの子どもたちが〈恵まれていない〉ために学校で失敗するのであり、改善は彼らに保健サービスや社会サービスを与えることであるとした。職業教育の支持者たちは、〈身体で覚える〉タイプの少年はこれ以上の学術的な教育は必要ではなく、工場での作業が必要であると知っていた。一九二〇年代までには、試験についての専門家は、失敗の原因は明らかであると考えており、改善法を示唆していた。それはすなわち、〈IQの低い生徒〉は学術的な能力に欠いており、特別学級に隔離されるべきである、というものであった。多くのカリキュラム設計者たちは、かつてのようなすべての子どもに通用する万能型のプログラムは失敗したのだと考えた。救済法は学校のプログラムにおける差異化、すなわち個々の子どもに応じたプログラムであった。そして、異なった時期の異なった教育者は異なった失敗を診断し、異なった治療法を処方したので、ますます個別化したものとなった。失敗は考察にとって多岐にわたるものであった(8)。

田舎の学校の落ちこぼれ

一九世紀半ばのコモンスクールの支持者たちは、学校は道徳性、市民性、そして読書算などに代表される基本的なスキルについて、次世代を訓練しなければならないと信じていた。公教育の活動家は、理想的には、豊かな者も貧しい者も基本的には同じ教育をうけなくてはならないということに同意していた。「私たちの主たる目的は、教育を受けなければ貧困に陥ってしまう人々にとって教育上の恩恵を保障し、彼らを世の中でもっとも恵まれている人々と精神的に同じレベルにすることである」とフィラデルフィアの運動家たちは述べていた。公立学校は「『すべての人々は平等に生れた』という輝かしい原則と生き生きとした宣言」を実現すべきである(9)。

コモンスクールの活動家は、初歩的な教育制度でさえ――理論的には、すべての人々のすべての子どもを無償で公的な機関の中に混合させるような――、共和制を維持し、教育機会の基本的な平等を与えることができるという、根本的な確信を共有していた。ほんの少しだけでもコモンスクールに行ったならば、子どもは大人になってから対等の立場で競うことができるようになる。もし子どもたちがこの似たような機会をもったならば、もし彼らが学校や人生において成功しないとしても、それは主要には個々の子どもの至らなさのせいであるということになった(10)。

合衆国は主要には田舎の国家であったため――一八九〇年には生徒の約七〇%が田舎の学校に通っていた――公教育の主要な機関は人口のまばらな農村共同体における単級学校であった。子どもたちは一年のうちの数ヶ月しか学校に行かなかった。公式の学校教育は彼らの生活においては臨時的、偶発的なものにすぎなかった。アルヴィン・ジョンソンは、一八八〇年代にメーンの田舎の学校に通っていたときのことを回想している。「私の子どもの頃の学校教育は、私の教育の邪魔にはならなかった。私たちは学校には何も期待してなかったから、失望することもなかった」。しばしば単級学校は男性教師と年長の男子生徒との間の意志のぶつかり合いの場となった。そこでは両者は、何とかして相手をへこまそうとしていた(11)。

素行が悪かったり、教師が教えることを覚えない子どもは杖で打たれた。一部にはそれは、勉強したがらない者は性格に問題があるという前提のためである。一九世紀初頭の教師が成績の悪い子ども（通常は男子であった）を描くとき、彼らは〈劣等生〉、〈横着者〉、〈怠け者〉、〈怠惰〉、〈不道徳〉、〈邪悪〉、〈堕落〉、〈わがまま〉、〈悪漢〉、〈ものぐさ〉、〈ごくつぶし〉、〈愚か者〉、〈手に負えない〉などの言葉を使用した。劣等生や愚か者のような用語は、教育者がときどき学業不振を賢さの欠落の結果であると見ていたことを示唆している。さらにしばしば、彼らは学校で十分にうまくやれない子どもたちは美徳に欠けていると考えていた。これは深刻であった。というのも、コモンスクールの主要な目的は健全な人格をもった市民を教育することであったからである(12)。

ラベルの基調をなしているものは、宗教的かつ道徳的な世界観であった。個人は学習とよい振る舞いに対して責任があった。田舎の学校の学級の中には、スペリング・コンテストのように、競争があった。そこでは級長になるためによい生徒たちが競っていた。クラスの底辺にいると感じる悪い少年達は落ちこぼれと呼ばれた。これらの悪漢の卵たちは自分たちの失敗によって恥をかかされることを拒否することによって、彼らの仲間に自分の賢さと不道徳を証明することができた。これについてはウォーレン・バートンが以下のように追憶している。「これらの落ちこぼれたちは知性に欠けているなどと考えてはいけない。教師が後ろを向いたときの彼らを見たまえ。彼らのいたずらの天才ぶりを見れば、単なる言葉の暗記を脇にやって他の能力が求められるならば、彼らがクラスで一番書き取りが上手なジエームズやハリエットを上回る知性の持ち主だということが分かるだろう(13)」。いたずらは仲間集団の中で賞賛されるという形で報いられたけれども、途方もなく人気のある『マクガフィ読本』の中では美徳が常に勝利した。

学校でうまくやれない田舎の少年少女は、能力を実証し人に承認される他の多くの方法を持っている。農場と家庭の中にはやるべき仕事がたくさんあり、若者たちは狩りをしたり刺繍をしたりするスキルを示すことができた。それは家族や友人を感心させることができるものであった。そして田舎の学校の学年制がなく、非公式な構造は「失敗」をより曖昧なものにしつつ、生徒に自分たち自身のペースで非公式に進歩させることができた(14)。

失敗の工場

対照的に、失敗と合格は官僚化された都市の教育の特徴を定義していた。「ぐず」あるいは進級テストに失敗したため進級できなかった子どもたちは、一様なやり方で大勢の子どもたちを処理しようとする厳格な制度のなじみのある産物となった。この結果は皮肉であった。というのも平等と効率は都市の学年制を伴った学校の主要な目的であったからである。都市の教育の設計者たちは、学校を体系的で一様なものにすることによって、失敗がより少なくなると確信していた。彼らは田舎の学校のでたらめで多様な性格を取りのぞきたいと考えていた。学年制の学校、味気なくぶつ切りにされた標準化されたカリキュラム、次の学年への進級を決定する年次テスト計画——これらは、子どもたちは同じ教科を、同じやり方で、同じ進度で教えられることができ、またそうすべきであるということを前提にしていた。落第が苦痛であるということは明きらかだったが、ウォルト・ホイットマンはまた、創造的な子どももこのような機械的なシステムにおいて苦痛を感じると批判していた。「〈愚かなぐずの少年〉というのが、真に思慮深く、そしてそして規則と反覆の単調な区域のなかでいっぱいいっぱいになっている若者にしばしば与えられた名称である(15)」。

都市の学年制の学校は子どもたちを建前上、学力の到達度が同じ集団に分けていた（これはほとんどは年令に対応している）。段階別のクラスは好評であった。これは工場に共通している分業の効率を約束しているというのがその大きな理由であった。学校制度の要素を統合することを熱望して、教育者はカリキュラムを年ごとに学年に対応する標準化された部分にまとめた。都市の通常の学校は教師をその区域で承認された特別なカリキュラムと教授法の中で訓練した。その年の終わりに、生徒はその学年の学習を学び、次のレベルに進む準備ができているということを示すためのテストを受けた。成功ははしごを昇ることを意味していた。失敗はそこに留まり、怠惰で、ふざけていて、「覚えの悪い」子どもたちが集まる「学年制のない」学級に行くことを強いられることを意味していた。ウィリアム・T・ハリスはずっと学年段階と進級の制度を研究していたが、もっともよいシステムにおいてさえ、「取り残された」子どもたちが存在することを認識していた(16)。

一九世紀における都市の学校の頂点は、業績主義的な学年制の高校であった。高校に入るためのテストはしばしば難しく、不合格者の割合は高かった。これらのテストにおける失敗は問題であると定義されるどころか、多くの教育者たちはそれを学術的な水準が維持され、勤勉な子どもたちが適切に報いられていることの証だと見なした(17)。

多くの都市では、法的に教育を受ける権利を有しているすべての子どもたちのための充分な席が小学校にはなかった。一八八六年、シカゴでは学齢期児童の集団の三分の一のための教室しかなく、一八七三年、バッファローでは約半数の子どもたちの席がなかった。このような教育上の不足という状態では――この状態はごくゆっくりとしか改善されていなかった——、敗者、学校が嫌いな若者たち、学校で居場所を見付けられないもの、この制度からはじき出されるものの心配をする人はほとんどいなかった(18)。

一九世紀後半の都市の教育者たちは、小学校の学年制による工場のような速度や中等教育における業績主義的な競争についてゆけない子どもたちにどのようなラベルを貼ったのだろうか。劣っている、粗野、強情などのいくつかの悪口は学業での失敗が性格の悪さや間違った気質に由来するものであるということを示唆していた。もし生徒が学ばないならば、それは主に彼ら自身のせいである。一九世紀の学級がどのようなものであったのかについての豊かな例をもとに、バーバラ・ジーン・フィンケルスターンは、教師が「知識の獲得は知性だけではなく意志の勝利を表す（と信じており）、一貫して（略）教師は学業の失敗を教育者としての自分たち自身の無力さの証拠ではなく、生徒の個人的道徳的な手に負えなさの証拠として扱っていた」と述べている。時代が下るにつれて、徐々に、教育者は生徒の性格的な欠陥を彼らの家族、とりわけ移民の場合は、その道徳的社会的な不適切さと結びつけるようになった(19)。

しかし、教育者が成績の悪い者を描写するために使った用語のいくつか——〈落第〉、〈鈍い〉、〈遅い〉、〈未熟〉、〈生まれつきの遅滞〉、〈育ち過ぎ〉——は、「遅い」生徒を逸脱者に変えてしまう「正常」の制度的なカテゴリーの出現を浮彫りにした。正常な生徒とは、学年制の学校の論理——学校の官僚制による生徒の一括操作——が要求する標準的な速度で前進する者のことであった。進級試験を失敗した生徒は現級に据え置きになり、「遅れている」あるいは「ぐず」な落第者であると見なされた。

一八七四年から一八八六年のシンシナティの公立学校の教育長、ジョン・ピースリーは、試験結果の偏重を懸念していた。失敗の恐れ、そして成功への圧力は生徒と教師の両方に苦痛を与えていた。彼は教師に対して、評判と職は「生徒が試験で獲得する高いパーセンテージによって決まるのではない。（略）義務、マナー、規律の様式、教授の方法に対する注目、そして［その］学校の雰囲気（によって決まる）」と述べていた。テストの結果にあまり多くの強調点を置くことは誤りであると彼は述べていた。「教師がより大きな期待を果たすように刺激するために、パーセンテージは教育長のオフィスに張り出され（略）校長は意気揚々と持ち歩き、日刊紙に並べ立てられ、学校報告書で公表された。しかし、過度の重要性をパーセンテージに付加することは、狭いやり方で教え（略）［そして］貧しい生徒を学校から追放する（略）強引で詰め込み式のプロセスをもたらす[20]」。今日の一発主義の試験に対する批判者にとっては、これらの不満は親近感のあるものであろう。

一八九二年、クリーブランドでは、教育長は進級試験を完全に排除することを決めた。その代わりに生徒が次の学年にいく準備ができているかどうかの判断は、教師に委ねられた。この変化は、「無条件の成功」であったと彼は述べていた。「それは教育長の事務局、教師、生徒、そして親を、時間、エネルギー、精神力の緊張から解放し、非常に望ましい教育学的結果を生み出してきた」。次の仕事は、「落第した子どもたち」、「もっとも多くの助けともっとも質のよい助け」を必要としている進学できなかった生徒に手を差しのべることであった。「しかし、言われ、なされたことのすべてにもかかわらず、それらの生徒は落胆する結果になりがちであり(略)、そしてしばしば二年か三年、あるいはそれ以上、同じ学年に留まることになった[21]」。

失敗の終焉？

二〇世紀の転換点は公教育の欠陥に対して大きな注目が集まった時期であった。古い教育と新しい教育の間の大規模な争いが眼の前にあった。「進歩主義教育」と呼ばれたものの多くは、学校教育における失敗を減じ、あるいはそれを除去しようとするものであった。この運動における指導者の一人はレオナルド・エアーズであった。彼は一九〇九年に『学校の中のぐず』という本を出版した。「完全に失敗した訓練」は同じ学年を繰り返すことを強いられた子どもを記述した彼の方法である。「落第」の研究は、非常に多くのマイノリティの生徒——約三分の一と見積もられている——が少なくとも一度は進級を否定されていたことを示していた(22)。

この結果、膨大な数の生徒の大部分がこの制度の低学年にかためられることになった。一九〇六年、テネシー州では約一五万人が第一学年に入学し、一万人が第八学年に、そして五七五人しか高校を卒業していなかった。全国的にみるならば、都市では学校への入学者は一〇〇万二六三人であり、高校の上級クラスには五六人しかいなかった。テネシー州のメンフィスでは、黒人生徒の七五%が落第していた(23)。

余りにも多くの「落第した子どもたち」が存在していた。均一の学年制の学校は、その体制に適合する生徒の大多数には効果的なものであった。しかし膨大な数の生徒——特に貧困な子ども、移民や黒人の子ども——にとっては、この制度は失敗を生み出すための装置であった。失敗を排除するために、多くの進歩主義的な改革者たちは、古いものを微調整するのではなく、新しい制度を構築する時がきたと考えていた。彼らは機会の均等と民主主義が教育において意味するものについての新しい分析と改善策を発展させた。それはすなわちすべての生徒に対して同じカリキュラムではなく、一人一人に違うものを用いるというものであった。すべての子どもが同じ知識やスキルを学ぶことを期待してはならない。なぜなら彼らの「心の設定」は異なっているからだ。適切に設計された学校制度においては、失敗などはない（あるいは少なくともそれはかつての進級試験の一発主義の制度よりはうまく見せかけるだろう(24)）。

その時、改革者は移民の子どもたちをもっとも懸念していた。彼らのうちの非常に多くの者は、学年を上がるための年次的な進級試験に失敗していたため、低学年にかたまっていた。当時のこれらの「ぐず」は、典型的には早い時期に落第し、夢も希望もない仕事に就いたり、多くの無職者の列に加わったりしていた。移民に加えて、進歩主義的改革者たちはまた、身体的、精神的に障害のある子どもたち、そして貧困な田舎の学校の生徒、そして男子（彼らは女子よりも低い学年におり、落第率はより高かった）について懸念していた。この世紀の初頭には、しかしながら、白人の教育者たちはアメリカの人口のなかの、明らかに教育的にもっともサービスの行き届いていない部分であった集団についての関心を表明してはいなかった。それは南部のカースト制度のなかでは学校教育の飢餓療法ともいうべきものしか受けることができず、そして北部においても典型的に差別されていたアフリカ系アメリカ人たちであった(25)。

社会サービスと保健サービス

進歩主義の時代の教育指導者と人道主義的改革者が、学年に留められ、そしてできるだけ早期に学校を逃走しようとする多数の生徒たちに関心を持つようになったとき、彼らは学校がその機能を大いに拡大すべきであると結論した。これらの生徒の問題は単に教育学的なものだけではない。もし子どもたちがお腹を空かせて学校に来るならば、あるいは歯が痛かったり、黒板に書かれている数字を読めなかったり、教科書や制服のためのお金がなかったりするならば、彼らは既に失敗への道の途上にある。学業不振、不健康、犯罪、児童に対する放置、貧困、中退、中毒症、飢餓、苦痛、失業を未然に防いだり改善するために、改革者は学校を基盤にした保健サービスと社会サービスを要請していた(26)。

改革者は包括的な一連の児童サービス――学校給食、健康診断、歯科検診、保健室、障害者と疾病児童のための教室、就職相談と斡旋、わがままな若者の相談をし、彼らの親の支援をするための学校ソーシャルワーカー、長く暑い夏季の期間に都市の子どものための保養と学習を提供するためのサマースクール、そして怠惰であったり不良であったりする生徒を扱うための児童福祉員を求めていた。改革者のなかには社会センター、すなわち近隣に住む移民の家族すべてのためにサービスを供給する機関であるような学校を作った者もいた。一九三〇年代、レオナルド・コベロはイースト・ハーレムに著名なコミュニティ中心の高校を設立した。彼は「どの年齢の失敗でも（略）それは誇張し過ぎることはない深刻な問題（であると）」見なしていた。「学業不振、あるいは不品行である少年を学校から追い出すことは何の解決にもならない。解決法は学校それ自体のなかに見出されなければならず、失敗のスティグマをできるだけその少年に負わせてはならない(27)」。

当初、教育における衛生サービスと社会サービスに対する推進力はほとんどが学校の外から来たものであった。保健所の医師、地域や州、そして全国的な医療グループ、そして虫歯予防に関心をもつ歯科医は、無料の診察と医療活動の供給のパイオニアであった。女性団体は多くの改革を主導した。それには無償あるいは安価な学校給食、通学手段、そして疾病児童や障害児童のための特別学級、運動場、そして林間学校などが含まれていた。多くの都市において、公園とレクリエーションプログラムが、学校と協力して場所を計画し、設備を整えた。セツルメントハウスの職員は学校社会福祉事業のパイオニアとなった。財団と連邦政府は新しい衛生サービスと社会サービスを公表し、資金援助をした(28)。

これらの異なったサービスの改革者たちは、一般的には、彼らの計画で学校における失敗を予防したり軽減したりできるということに合意していた。「健康診断は進歩主義の時代におけるもっとも売れた万能薬の一つとなった」とウイリアム・J・リースは観察している。「それは『遅れた』そして『鈍い』生徒を消滅させ、『人種』の活力を生み出したり、親たちをより責任のある市民にするなどの方法として様々に支持された」。医者と同じように、歯科医も彼らの仕事を万能薬と見なしていた。彼らは虫歯をなくすことが健康をもたらし、学校での失敗を少なくし、非行をもなくすと主張していた。しかしこの種の医学的な万能薬がどのようなタイプのものであろうと、移民の健康問題の解決は真に充分なものではなかった。病気や肉体的な瑕疵の多くは簡単に直せるものであった（近視など）が、それらは貧しく過密な都会のゲットーにはびこっていたものであった(29)。

非専門職の自主的な団体はしばしば社会サービスにおける改革の導入に責任をもった。女性団体はときどきニューヨーク公教育協会のようなエリートの団体とともに、またときどきは社会主義の指導者とも協力して、無償あるいは安価な朝食や昼食のサービス、林間学校、そして運動場や学校外の時間におけるレクリエーション設備における先駆者となった。都市のスラムにおけるセツルメントハウスから来た改革者たちは、学校と結びついた新たな形態の社会事業やカウンセリングの先駆者だった。社会的セツルメントはまた、学校をコミュニティを基礎とする社会センターにしようとしていた改革者にとって、一つのモデルであった(30)。

母として、そして（多くの場合）元教師として、自分自身の経験を使うことができたため、女性の改革者たちは子どもたちの要求についての直接的な知識を持ち、改革を実現させるのに有効な時間と社会的な人間関係をもっていた。貧困な生徒に対する適切な栄養ということは、家庭を超えて「地方自治レベルの家政」にまで視野を拡大しようとしていた「家庭派のフェミニスト」らの共通の関心であった。学術研究は、飢えた子どもは学ぶことが困難であるという常識的な観念を裏づけており、そして教師は「落ち着きがなく愚鈍で、扱い難い」飢えた学生が、適切な食料が与えられたとき、「熱心で、素直で、明朗な」学生になったという、栄養の改革者の主張に同意していた。女性団体は何十もの都市で貧困な子どもに無償の給食を提供した。そして教育委員会に、「慈善ではなく、彼らの仕事の一部として、(それを)すべての公立学校で」実施するように要求した[31]。

博愛主義的な女性はまた、安全な遊び場所のない子どもやうだるような夏の間大人の監督がほとんどない子どもたちのために「夏期学校」をつくった。彼女らは空になった学校を無償で使わせてくれるように都市の教育委員会と交渉し、教師の給料は自分たちのポケットマネーで支払った。しかしこれらの夏季学校は遊びの監督以上のものであった。改革者たちは学校を子どもたちにとって恐ろしい場所でも失敗する場所でもなく、より受け入れやすいものにする方法を探求するためにそれらを使った。夏期学校の支持者たちは、それらを「教育学的実験の本拠地」にしたかった。そこでは進歩主義的な教育方法が完全な自由をもっていた。彼女らがセツルメントハウスのプログラムでやったように、夏期学校の子どもたちは公園や田園に社会見学に行き、自然を学び、工作を覚え、劇を上演し、博物館や他の都市の施設を訪問した。子どもたちに対するこうした拡大された養育活動は、親や児童にとって非常に人気のあるものとなった。それに対するさらなる要求は高まったのである[32]。

セツルメントハウスにおける改革者は、他の形態の社会サービスにおいても先駆者であった。それは家庭巡回教師(学校ソーシャルワーカーの前身)であった。最初、家庭巡回教師はボランティアか人々のチャリティーによるものであり、移民の家庭と学校の橋渡しのような役割を果たしていた。彼らは学級と家族を訪問し、なぜ子どもたちが怠学するのか、あるいは学校で困難をもつようになるのかを診断した。彼らはときどき子どもたちに対して個人的な心理学的な個別指導を行なうことはあったけれども、普通は移民が新しい土地になじむことを支援したり、教師が自分の生徒と学校の間の不一致を理解することを助けたり、家族や子どもたちに必要な資源を見つけたりする社会的なオンブズマンのような役割を果たしていた[33]。

コミュニティの住人の助言に従って頻繁に学校のサービスを変えたコベロとは異なり、エリートの改革者たちは一般的に自分たちが移民にとって最善のものが何であるかを知っていると考えており、新しい社会計画あるいは衛生計画について移民たちの意見を聞くことはほとんどなかった。改革者の多くは、彼らが支援しようとしている人々を性格づける際、欠損モデルを使っていた。それは移民たちは、適切な衛生及び歯科衛生や、栄養、市民的価値の受容、子どもの育て方、料理の仕方でさえ知ってはいないということを前提とするものであった。改革者は自分たちのサービスが人々を正常な状態にすることができるという千年王国的な信条を抱いていた。清潔な口腔は清らかな精神を生み出す。適切な運動場は若年非行を取り除く。アデノイドの除去は学業の失敗を防止する。そして職業指導のカウンセラーは社会工学の円滑なプロセスを通して、若者たちに仕事を斡旋する(34)。

彼らの顧客はしばしば現実についてはよりよく語ることができた。移民の親はいくつかのプログラムが、たとえそれが万能薬ではないとしても、有効であるということを見いだしていた。彼らは監督者付きの夏期学校に彼らの子どもたちをやりたいと熱望していたし、成人向けの夕方の裁縫や英語のクラスのために学校の設備を使いたいと思っていた。目的を達成しようと努力している家庭は、おそらく、学校における無償あるいは安価な朝食や昼食を歓迎していた。子どもたちのためのこうした給食の後援をしていた女性の中には、彼らが異なった味覚を持っているということを認識する者もいた（一つのコミュニティスクールの中で、イタリア人にはポタージュ、アイルランド人には薄いスープというように）。巡回訪問教師はしばしば親や子どもの相談にのり、彼らが見知らぬ新しい国に適応することを助けることができた。

しかし、多くの移民の親は、彼らと彼らの子どもたちを改善しようとする人々の押しつけがましく文化的に無神経な活動に対して闘った。そのもっとも強烈なものは医療的な介入に対する彼らの反応であった。ニューヨークでは一九〇六年、ユダヤ人の親たちは学校の外側で反乱を起こした。それは、親の許可もなく学校運営者たちが子どもの喉を切り裂き、医者は生徒の大きくなったアデノイドを切除するというジョークが広がっていた時のことであった。「同年、ブルックリンでは一千五百人の怒れるイタリア人の母親たちが、警官と闘い、石や他のものを地域の学校に投げつけ、すべての医療行為を妨害した」とリーズは報告している。ある母親は彼女の息子がひどい匂いがすると書いてある注意書を医療査察官から受け取ったとき、教師に不満をもらしていた。「先生、ジョニーはバラの花ではないんです。匂いなんて嗅がないで、彼をわかってやって下さい(35)」。

人々は新しい社会サービスに対して入り交じった反応をした。経済効率を気にかけている教育委員会は、流入する学生たちの波に対して、それまでの学校のなかに充分な席を供給しようと格闘しながら、非学術的なサービスのために誰が資金を供給するのかということを懸念していた。伝統的な科目を強調したがる学問上の保守派は時々、この新しいサービスを彼らの中心的な責務にとって派生的なものと見なした。対照的に、進歩主義的教育者たちは、義務教育への就学と児童労働法は新しいタイプの生徒を迎え入れ、学校の射程をそれ以前は家庭、職場、教会、そして隣人が行なっていた役割を含むところまで拡大させることを不可欠としていると論じていた。貧しい家庭からの生徒は学校で成功するには援助が必要であった。そして進歩主義者たちはときどきサービスステーションとしての学校自体に関心を抱いていた。次第にいくつかのサービスは特別教育、保健教育、児童サービス（無断欠席者の就学対策のための補助員の活動を表現するために、ときどき婉曲的なラベルが使われた）、カウンセリング、そして体育とレクリエーションなどのプログラムとして、学校官僚制度の中に組み込まれるようになった(36)。

保健サービスと社会サービスは、その支持者が時に主張するような万能薬ではなかった。しかし貧しい生徒がよりよくスタートできるようにと欲する改革者たちは、少なくとも学校における失敗の惨めさを認識しており、機会を均等にすることを熱望していた。これらのサービスは、多くの困窮した生徒たちが学校とうまくやることを可能にした。しかし進歩主義の時代の教育的指導者たちは、サービスを供給するよりも野心的な計画をもっていた。彼らには機会と民主主義を再定義する準備があった。

差異化と民主主義

二〇世紀初頭、多くの教育的指導者たちは公立学校における平等と民主主義についての新たな青写真を模索していた。かつてのシステムはすべての生徒が同じ学術的なカリキュラムを習得することを予期していたが、それらは硬直した残酷なものであったために棄却された。それは明晰な才覚が束縛され、鈍い才能が理不尽に伸ばされるプロクルステスのベッドであると考えられていた。教育においてひとつのサイズがすべての子どもに合うわけではない。そして同様に、平等は同一性を意味してはいなかった。教育における民主主義は機会の平等と多様性、人の能力が許される限り伸ばされる機会を供給すべきである(37)。

進歩主義の論理は十分に単純なものであった。人々の学業上の能力（ＩＱテストはそれを表すものだということになっている）、才能、興味関心、選好、傾向、進路の最終目的、気質、そして家庭的背景は異なっている。カリキュラムはなぜこれらの違いを反映しないのか。生徒たちはなぜ彼らが勉強するものの選択を行なうべきではないのか。

多くの市民は、これらの生徒が学ぶものについて自ら意見を言うべきであると考えていた。学習内容を拡大しようと望んだのは単に教師だけではなかった。一九世紀初頭、そして二〇世紀になるとますます、何十もの利益集団がカリキュラムに別のコース（しばしばそれは伝統的な学術分野からはかけ離れた主題に関わるものであった）を付け加えることによって市民的害悪を治療したり、課題を達成する準備ができていた。全米製造業者協会は（例えばドイツ人と比較して）適格性に欠ける、あるいは訓練を受けていないとされるアメリカの労働者を支援する治療法として、職業教育を援助した。キリスト教婦人禁酒同盟は、全国のすべての学校でアルコール反対のメッセージを教えることを立法化するまで、州や連邦政府にロビー活動を続けた。高速道路における殺戮をなくすために好まれた治療法は運転者教育であった。それはディーラーや保険会社が嬉々として支持したものであった。生徒たちは、高校において完全な中等教育の象徴である学校代表スポーツプログラムに参加した。州の立法者たちは、非常に多くの被徴兵者たちが身体試験に失敗した後に、義務的な体育を要求する立法を可決した。公衆衛生官は一九〇〇年頃のリンパ系の病気の流行と格闘しながら、性教育の授業を行なうことを提案した。在郷軍人会とアメリカ革命婦人会は愛国教育を通してアメリカをアメリカ化することを辛抱強く提案していた(38)。

町議会あるいは州議会において他のすべての集団が皆、いくつかの新しいコースを呈示することによってその民主主義の特権を実践したいと思っているように見えた。カリキュラム理論家はときどき、民間の利益集団が専門的な領域であるべきカリキュラム構築に侵入してくるやり方について不満を持っていた。専門的教育者だけではなく、民間の集団によってカリキュラムに加えられた多くの断片的なプログラムのなかに何らかの一貫性を作り上げることが教育指導者にとっての主たる挑戦になった。時には、「生活適応」を拡大するということならば、生徒にとって取るに足りないものなど何もないように見えた。しかし、仮に学生がこのようなコースで明白に失敗しているようにはみえないとしても、だからといって彼らがたくさん学んだかといえばそれも疑問であった(39)。

一九世紀、教育者たちは一般的には伝統に訴えることによって、そしてそれらが精神を訓練すると主張することによって、学術的な教科を正当化していた。進歩主義的教育者は、「生活」のために訓練すると述べていたが、追加されたカリキュラムの支離滅裂さは、一九七〇年代の改革者たちに、高校をショッピングモールになぞらえさせるにいたった。それは共通の暖房装置や駐車場は備えられているが、客を魅了すること以外には共通の使命をもってはいない機関である。カリキュラムにおける多様性と選択の課題は、第六章でふたたび触れることにする(40)。

もっとも進歩主義的な教育者と教育委員会と地域市民は、幅広い一連のプログラムを提供する大規模な新たな高校を恥ずかしげもなく誇っていた。教育指導者は、何千もの小規模な高校は貧弱な、通常は伝統的学問の教科課程しか供給できないと嘆いていた。差異化は前進を意味していた。そして在籍者の急増は教科課程を拡大すること、そして学校教育の構造を洗練させることによって生徒の多様性に対応することの意義を証明しているようにみえた。

職業教育はカリキュラムの差異化の基幹となった。それは全米製造業者協会、米国商工会議所、全米労働総同盟、有名な人道主義者、産業教育推進のための全国団体などのあり得ないほど広域の支持者によって支えられている。このような圧力団体は、職業教育こそアメリカが他の国と競争し、産業摩擦を軽減し、生産性と労働者の賃金を高めることを助けると主張していた。職業教育がこのような外的な目的を満たすことに成功したという証拠はほとんどないが、多くの職業教育コースは伝統的な学年段階的学校において疎外を経験している生徒たちにはアピールした。商業科や家政科の生徒は、学術コースの生徒とは異なったスキルと知識を学んだ。多くの生徒にとっては店や台所が伝統的な教室よりも魅力のある環境であった。というのも、そこでは彼らはあちこち動き回ったり、ものを作ったり、協同作業をしている間おしゃべりしたり、すぐに使えるスキルを学ぶことができるからであった(41)。

すべての生徒が何かで成功することができるはずであるというのは、進歩主義的信条の一つの条項であった。一九二三年、カリフォルニアのある教育者は、小学校や中学校で落第した生徒が高等学校に入学していると指摘していた。

すべての若者は一般に、経済的に独立したいということや、仲間たちによく思われたい、「何かを生み出したり、創り出したり」したいなど、何らかの「向上心と責任感」を持っている。しかし、すべての生徒が標準的な学術的教科を学ぶことが出来るわけではないし、結果として、「余りにもしばしば、限られた能力の生徒が高校から得ることができる唯一のものは失敗の感覚である」。伝統的な学校と新しい生徒たちの間に不適合が起こったとき、現代的な解決は多様性と選択を提供することであった。教師とカウンセラーは「少なくとも能力の限られた生徒たちが成功できる価値あることを一つ見つけ、彼にそれを訓練し、彼が本当に成功していると感じられるようにすべき」である。これは民主主義的なやり方であり、人間的なやり方であると、この教育者は考えた(42)。

一九二〇年代から一九三〇年代にかけての都会の学校の指導者は、学校教育を初等学校の上級学年と高等学校に群れをなしてやってきた「新しい」生徒たちに合わせるための様々な戦略を試した。例えば、デンバー・パブリック・スクールは英語を知らない移民の子どもや、病気のために遅れてしまった子ども、才能に恵まれた子ども、障害児童、盲聾の子どもたちのための分離した学校をいくつかつくった。彼らは落第した子どもたちのために特別クラスをつくり、小学校を異なった速度で前進するいくつかのクラスに分けた。大規模な高等学校では彼らはカリキュラムをコースによって変え、新しいコースを多数加えた。それらの多くは職業科のものであった。そして彼らは生徒をコースや適性に合った場所に振り分けたり、彼らがコースを選ぶことを助けたりすることを企図した洗練された試験とカウンセリングのシステムをつくった。彼らは、人間の能力と向上心の範囲に適した選択の綿密さは民主主義の新しいエルサレム、すなわち機会均等の現実的な形態であると信じていた(43)。

笑顔の決定主義

第一次世界大戦時における集団知性テストの発達の以前でさえ、教育者と一般の人々の中にはかなりの割合の生徒は標準的な学術的カリキュラムを習得することができないと結論し始めるものがいた。一八九八年、バルティモアの公立学校の教育長は生徒を「知的能力」、「将来的可能性」に基づいて、三つのグループ（普通、下、上）に分けた。彼はそれぞれのグループに対して一連の分離した学習課題を開発した。一九二〇年代、ＩＱテストが学校のなかに大規模に採用されたとき、それらは能力のない個人がいるだけではなく、能力のない集団がいるのだというありふれた偏見を強固にするものに見えた（試験者は、もっとも見込みがないと考えられている民族あるいは階級的集団においても、才能のある人はいるということを認めてはいたが[44]）。

一九〇〇年から一九五〇年までに、教育者が使用したラベルは、教育制度における「乖離」について彼らがどのように考えたのかという点において、一九世紀からは重要な転換が起こっていることを示している。すなわち、〈ＩＱの低い生徒〉、〈低いクラスの生徒〉、〈ろくでなし〉、〈氷点下のグループ〉、〈能力の制限された〉、〈学業遅滞児〉、〈ぐず〉、〈職業志向の〉、〈発達の遅れた〉、〈就職志向の〉、〈知能的逸脱〉、そして〈単刀直入に〉〈劣った〉など。このラベルのメッセージははっきりとしている。すなわち、単純に頭のよくない生徒がいるということである。科学的解決法は彼らに、「標準的な」生徒とは異なったやり方で異なったことを、おそらく異なった場所で教えることである[45]。

理論的には、この新しく差異化されたカリキュラムは、学生がプログラムあるいはコースを選択する豊富な機会を与えた。実践的には、どの程度の学生が実際に自分のプログラムを選択したのか、そしてどれくらいの学生が教育者によって異なったプログラムに導かれたのかということを知ることは難しい。この新たな「科学的」専門家は学生を異なったコースやカリキュラム、そして職業に振り分けるために、試験を使うという分別を深く信頼していた。この「人間の本質の科学」のおかげで、E・L・ソーンダイクは、一九一三年に、「一九五〇年におけるティーチャーズ・カレッジの平均的な卒業生は、職業の選択について高校生の男の子に、ソロモン、ソクラテス、そしてベンジャミン・フランクリンが一緒になってするよりも優れた助言を与えることができねばならない」と述べていた。このような指導者たちは、すべての子供たちが能力において平等に生まれているからということではなくて、教育科学によってすべての子どもたちに、どの程度の能力であっても彼等のための場を見つけることができ、彼らをそうした場に導くことができる故に、失敗は過去のものとなるという学校と社会の円滑な働きについての展望を持っていた(46)。

遺伝的な決定論は、教育者のディスコースに忍び込みはじめたが、彼らは「民主主義」の言語を放棄はしなかった。ニュージャージー州ニューアークの学校の教育長デヴィッド・コーソンは、一九二〇年に、学校は遺伝子的に劣っている（と推定される）子どもたちに新しい種類の「均等な機会」を与えなければならないと主張した。

すべての子どもたちが同じ才能あるいは可能性をもって生まれてくるわけではない。彼らは天賦の才、発達、あるいは効率性において平等ではありえない。究極の障壁が厳然たる力によって設定されている。学校のなかには生理的には十分に年を取っている何万人もの子どもたちがいる。しかし、彼らは精神的には五歳、六歳、七歳に過ぎない。教育制度は、それゆえ、この条件に適合させられなければならない。そうすればすべての子どもたちに対する「平等な機会」の民主主義的な理論は、説かれるだけではなく十分に実証されるであろう(47)。

民主主義的な教育者は事実と向かいあわなければならない。不平等な遺伝的継承物のため、平等な教育とは同じ教育を意味することはできないのだ。

しかしながら教育長は、彼がＩＱについてこのように話す時、薄氷を踏んでいるようなものであるということを認識していた。彼は公衆の面前で「遅滞」のようなラベルを使わないように教師に警告していた。というのも、「子どもを〈遅滞〉したなどと言ったり、彼を通常の会話や実践の中で区別することは危険で非民主的なことだからである」。私たちが一般の人々と関わる時は、このことは私たちの専門上の秘密にしておこう。コーソンの見解では、カリキュラムを多様化することは民主主義的なことであったが、トラッキングについて人々に語ることは非民主主義的なことであった。そう、決定主義。しかしそれは笑顔を伴うものでなければならない。

デトロイトには、ある大きな学区がいかにして学校教育と職業を多様な生徒の「精神の初期状況」に適合させようと努力したのかということについての例証がある。知性の三つの主要なカテゴリーと想定されているもの——知的＝抽象、抽象＝運動、運動——は、学校やカレッジのプログラムのタイプや、三つの種類の生徒に開かれた職業的な到達場所に反映されている。このような決定論的なヒエラルヒーは、理論的には不適切なところは何もない。もし学校関係者があなたを「運動」に分類したならば、あなたはずっと掃除をしていたり、あるいはフォード社の流れ作業のラインで働き続けることが期待されることになる。もしあなたが「知的＝抽象」で点数がよかったならば、あなたは上級の教育を受け、よりよい専門職に就くことになるだろう。最高の場所と職業上の報酬は、カレッジに向かう進路の中で、学術的なコースを取った者に与えられることになる(48)。

生徒を方向づけるデトロイトプランは社会工学に携わる教育者の印象的な事例である。それは、一部の教育者がいかにして、生徒の能力と運命、教育プログラム、そして仕事を完璧に合わせることによって、学校における失敗を排除しようとしたのかということを示している。

私は、教育を再設計しようとする教育者が現実的な問題を扱っているということを示唆してきた。生徒と学校は深刻に不適合を起こしていた。多数の子どもたちは彼らが学校の中で直面する要求を満たすことができないできた。しかし、職業コースを含むカリキュラムの再設計はまた、知的能力と想定されるものが機会を決定するという決定論的な世界の硬直性を生み出してもいたのであった。

社会的抗議行動・ラベル・学校の失敗

学校の内外の多くの人びとは、分化と差異化のためにＩＱテストとラベルを使用することに不賛成であった。批判者は、多様化の概念が階級的偏見と民族差別に染まったものであると述べた。一九二四年に公刊された報告書のなかで、シカゴ労働同盟は子どもたちを学校と職業に振り分けるためにＩＱテストを使用することに精力的に反対した。生徒を分類することは民主主義的なことではなく、専制的なことであった。「個人を社会における特定の場所に結びつけ、それに対する闘争を無意味なものとするような新たな自然法則が発見されたのであろうか」と同盟は問うていた。笑顔の決定論であっても、それはやはり決定論であった(49)。

二〇世紀全般を通して、教育者自身は生徒と学校の不適合に対する解決策を考案することにおいて指導力を発揮していた。しかし一九五〇年代後半頃から、新たな一連の人々が学校政治の中に入りこんでくるようになった。それらは中心的な教育的問題と解決法を再定義しようとしていた。公民権運動における黒人から始まり、他のグループ——

ヒスパニック、女性、障害者の支援者、ネイティブ・アメリカンなど——に広がったのであるが、無視され、あるいは粗末に扱われてきたアウトサイダーたちが、教育に対して新しい影響力を持つことを求めたのである(50)。

これらの社会運動のメンバーは概して子どもたちに対する以前のようなラベルを拒否した。彼らは文化的「欠損」について親をとがめたり、問題を生徒個人の欠陥（誤った形質であろうと染色体であろうと）に帰するような診断には不賛成であった。その代わりに、彼らは制度的な人種主義や性差別主義の諸事例を暴露した。彼らは白人と黒人の学校の統合、女性に対するスポーツと職業プログラムの開放、障害児童の普通学級受け入れなどにおいて見られるようなアクセスの平等を要求していた。彼らは平等な資源、過去の不平等に対する補償を支持した。彼らは移民の子どもに対する二カ国語プログラムを求めてロビー活動を行った。彼らは社会の文化的多様性を支持するためにカリキュラムの拡大を進言した。これらの抗議団体の的は、人種、ジェンダー、階級、そして文化的差異についての明白な、そして隠然とした権利侵害であった。抗議者は学校をより子どもたちに適合するものとさせ、犠牲者に責任を押しつけることを止めるよう要求したのであった(51)。

学校でうまくやれない子どもたちに対して改革者が与えた新しい名前の中には、新しい見方を反映し始めているものがあった。一九五〇年から一九八〇年の期間に出現したこれらの用語は、とがめられるべきは子どもではなく学校なのだということを示唆するものであった。すなわち、〈拒絶された〉、〈教育上不利な〉、〈忘れられた子ども〉、〈教育上剥奪された〉、〈文化的に異なった〉、そして〈はじき出された〉、など。しかし、以前のような思考の習慣は以下のようなラベルに埋め込まれている。〈社会的不適応〉、〈末期的な生徒〉、〈教育的に困難な〉、〈周辺的な子ども〉、〈未熟な学習者〉、〈反抗的な学習者〉。このような言葉は依然として問題の原因をかなり子どものせいにするものであった。世間の目に対しては、教育者は読みの早いグループと遅いグループの区分を、〈青い鳥〉、〈コマドリ〉などのような婉曲的な表現によって表すようになっていた(52)。

教育者たちは、教育におけるさらなる社会正義に対する抗議集団の要求に応じる際に、彼らはときどき、古い診断に基づいて行動した。治療的な助力として「補償的な」プログラムを発展させた区域もあった。彼らは、これが学校を「多様な」子どもたちによりよく適合させる一つの方法だと信じていた。実践的にはこのようなプログラムはしばしば子どもたちを差別しラベリングするものであった。ちょうど進歩主義が「不適合」のための差別的な手段であったように。初期の補償教育の多くは、文化的差異について薄弱な理解を露呈するような、剥奪と文化的欠損の概念に基づくものであった。結局、教育の「科学」はそれほど客観的なものではないということが証明された(53)。

抗議運動の活動家と教育改革者は新しいラベルを使用するという陳腐な解決法には満足しなかった。彼らは知能テストとトラッキングの実践を用いることに疑問を抱いていた。彼らはカリキュラムにおける階級的、民族的偏見に注意を促した。彼らは、なぜ黒人やメキシコ系アメリカ人のような集団が知能的に遅れている教室に平均以上にたくさんいるのかを問題にした。彼らは言語的、文化的な差異に注意をうながし、二言語、あるいは多文化教育を求めた。このような問題を提起するにあたり、彼らは彼らの子どもたちを無視したり、卑しめたり、隔離したりするラベルを拒否していたのである(54)。

一人の子どもも取り残さない？

今日、教育における政策立案者は、もう一度失敗を再発見し、失敗というものの存在しない教育制度に他ならないものを求めている。一人の子どもも取り残さない（No Child Left Behind）という、連邦議会の両党によって二〇〇一年に通過し、ブッシュ大統領が調印した法律の名前はそのねらいを告げるものである。進歩主義者が多様な生徒に多様な学習を提案することによって失敗と闘ったのに対して、近年の改革者たちは同じ学術的領域、特に読みと数学において、すべての生徒が同じレベルに達することを望んでいる。この新たな連邦の法律は、多様な集団の生徒の間の成績のギャップは接近したものでなければならないと宣言している。この規定のもと、学区と州はすべての集団――富裕なものと貧困なもの、黒人や他の有色人種、そして白人――の読みと数学の達成度を上げるのに十数年を見込んでいる(55)。

連邦政府と州政府は、学校改革の核心と専門用語にはまりこんでいた。政治家は異なった経済的階級と民族集団の成績を比較するために個々バラバラのテストの点数について話題にしている。彼らは基準参照テスト（カリキュラムと結びつく）と規範参照テスト（生徒を比較することを企図している）を対比させて優劣を議論している。彼らはところてん式の進級を非難し、一つの学年から次の学年に上がるため、そして高校を卒業するために試練の厳しい試験をすることを求めている。改革者は学校が教え、子どもたちが学んでいるという証拠を求めている。そして彼らはアカウンタビリティを主張する。それは、もしものごとがうまく行っていない場合、とがめられるべき者は誰かを問うということである。時間は迫っている、と彼らは言う。高い基準を設け、伝統的な教科を強調し、教育者と生徒に達成のインセンティブを与え、失敗に対しては罰則を課す。こうして結果の平等を生み出すならば、一人の子どもも取り残されることはない(56)。

すべてのものに対して学問上の成功を身につけさせようという最近の運動の新しさはレトリックにあるのではなく、その規模の大きさにある。『ビジネスウィーク』誌はそれを目的において「荒々しく野心的」であると称した。それは「情報化時代において、確かな教育は基本的な公民権であると宣言する」に等しいものであった。しかし、教育における失敗を攻撃することには長い歴史がある。しばしばある時代の解決策はそのまま別の失敗や不平等をもたらすものであった。質のよい教育をもっとも必要としている人々、しばしば学校でもっとも成績が悪い人々をいかにして教育するかということは、すべての世代にとっての問題であり続けてきた。それは異なった仕方、多様な強度ではあったけれども(57)。

一部の生徒は常に、学校が彼らに教えようとすることを学ぶことに失敗してきた。このような失敗はあるところでは見えやすく、あるところでは見えにくく、かつ必然的なものであるようにはみえなかった。一九世紀の田舎の単級学校においては、生徒は学校の中で、あるいは学校から落ちこぼれながら、多かれ少なかれ自分自身の速度で学んでいた。対照的に、同時期の都市の教育者は学問の基準が明確で挑戦的であり、教授は画一的で、進級試験に落第することがあまりに普通であるような学年制の教育制度をつくった。二〇世紀の進歩主義の教育者は、彼らの先達が失敗の工場、残酷で効果のない教育制度をつくったと論じた。これらの二〇世紀の改革者たちは彼ら自身の「民主的」解決法をもっていた。すなわち、すべての生徒が同じことを学ぶことができると期待しないこと、その代わりに学習のコースを多様化し、生徒がそれぞれに成功できる場所を見つける援助をすることである。

学校の成績と失敗についての改革者の議論は、しばしば以下のような問いをめぐってなされてきた。生徒は基本的に似通っているのか、それとも異なっているのか。彼らは同じ学習コースを学ぶべきなのか、そして同じ程度に熟達させるようにしなくてはならないのか。一方の極には生徒を可塑的なものとし、カリキュラムを不変のものとして扱う一九世紀の都市の学校の一部の指導者がおり、もう一方には生徒を（遺伝子によって）不変のものと見なし、カリキュラムを無限に拡張可能なものではないにしても、可塑的なものと見なす進歩主義時代の理論家がいる。

二一世紀の転換期、カリキュラムの同一性の支持者は、舞台中央の最前列に位置していた。殆どの政策の話題も活動も単一の教授システムを肯定していた。「それぞれの子どもが知るべきこと、そしてできることが何であるのかを決定せよ」というのは、標準化運動の合言葉である。理論的には、標準化テストは、所定のカリキュラムを達成することは生徒と教師のアカウンタビリティであると主張するものである。

一人の子どもも取り残さないという法律（No Child Left Behind Act）は、学術的な水準を向上させようという二十年間の試みの上に打ち立てられている。それはすべての生徒の共通の基準を上げることを意図しているため、しばしば教育が不十分であった子どもの集団に細かい注意を払っている。州は「いかなる集団も取り残されることがないように、貧困、人種、民族、障害、そして英語力の不十分さ」などによる生徒の試験の得点を類別しなければならないと命令されている。もし、これらがすべて計画に従って機能するならば成績の差は小さくなるし、構造的な失敗は一層少なくなるだろう(58)。

しかし、それはもしすべてのことが計画に従って進んだならば、である——障害はあるだろう。というのも過去においては、こうした失敗に対する攻撃はしばしば予期されていない、望ましくない副産物や波及物をもたらした。この近年の見解は、それはそれで、学校の失敗に対する以前のような攻撃と同じくらい空想的なものである。

基準を作ること自体、困難な仕事である。新しい歴史の基準を非愛国的なものだと見なすものもいれば、多文化主義としては不十分だと考えるものもいる。英語の領域は、ひっきりなしに脱構築されているように見える。新しい数学は古い数学と戦争状態にある。

生徒が学んだことを適切に評価する試験を開発することは、費用がかかり、困難で、さらに時間のかかる仕事である。そして質の悪い試験を上手に受けるように生徒に教えることは時間の無駄である。生徒にとって、一度も教えられたことのない、あるいは上手に教えてはもらえなかった科目について厳しい試験を受けることは、時間の無駄よりももっと悪いものである。というのも、それは生徒の自信を損ない、そして、まやかしのアカウンタビリティを作ってしまうからだ[59]。

当初、この、「ところてん式の進級を行なわない」時代における試練の厳しい試験の結果の中にはひどいものがあった。二〇〇一年、ニューヨーク市の生徒の七七%が八年生の数学について州の達成基準を満たすことができなかったし、七〇%が読みで落第した。マサチューセッツ州の教育委員会委員であったアビゲイル・サーンストロームは、一〇〇%の生徒が「熟達した」レベルの点数を取ることができると考えることは「ばかばかしい目的」であると述べていた。「私たちマサチューセッツでは、ちょうど今、子どもたちのかなりのパーセンテージがあまり期待できない、つまり最低限のスキルしかもっていない、「改善を要する」と呼ばれるカテゴリーになんとかはいれるようになるということを希望しているのです。彼らは高校の卒業証書を手にするでしょう[60]」。

たとえ市民と教育者がすべての生徒が知るべきことについて合意できたとしても、もし教師と生徒が規定の科目を学ぶ機会がないならば、進級のための水準と試練の厳しい試験は不公正で役に立たないものである。そして、あまりにも多くの学校が、例えば代数や幾何学を教えることのできる訓練された教師を欠いているということは明らかである。このような学校は、熟達した教師、最少人数の学級、りっぱな校舎、補習コースだけではなく学術的なコース、社会サービスと保健サービス、やる気を起こさせるような放課後学習のプログラム、生徒の文化を尊重し、多様な才能を開発するような豊かなカリキュラムを必要とする。

しかし、低所得でマイノリティの生徒が非常に集中している学校が、どの程度このような資源を持っているというのであろうか。少数の特別な学校はこのようなものをもっていて、成績の差を縮小させ始めてきた。彼らは励まされ見習われるべきである。しかし学校の資源がこの国の富と収入の巨大な不平等を反映し続けている限り、大きな成績の差は富めるものと貧しいものの間に執拗に残るだろう。そして余りにも多くの生徒たちが、過去と同様に現在も、「徹底的に訓練したけれども失敗した」と言われ続けるだろう。

第三部

民主主義

第五章

教育における民主主義：誰がそれを必要とするか？

一八四一年にダーウィン・アトウォーターはオハイオ州モントゥアヴィレッジのコモンスクールの理事者であり、書記であった。彼は新しい学期の意義を熟考しながら、哲学的には高揚していた。彼は理事者の通知に、次のように書いている。「地球はその毎年の革命によってわれわれに再考を促すのである。すなわち、過ぎさった一年の間になされたことを、そして来る一年の間にわれわれ地域の学校において、人類を教育するという偉大な事業を前進させるために、われわれがなし得ることがなんであるかということを」。「実際の生活においてすぐにわれわれを継ぎ、来る世代の代表者となる子どもたちの教育を前進させる手段を考案すること」以上に重要なことはない。こうした使命を果たすことは、しかしながら、高邁な目的以上のことを必要とする。教育委員会は教育税を徴収すること、壊れた屋根を修繕すること、毎学期教師を雇用すること、市民が学校のストーブ用に納める薪が十分に小さく割ってあるかどうかを確かめることもしなくてはならない。二年後、アトウォーター自身は一ヶ月一四ドルの報酬で四三日間学校で教えていた(1)。

モントゥアヴィレッジでは、コモンスクール運動が全国的に広がるにつれて、世俗的なものと不朽のものの混在、そして地域的なものと国際的なものの混在が地方の学校理事者の仕事を捉えていた。彼らは地域学区の日常的な運営の細々としたことを管理することを期待されただけではなく、集合的な選択を動員し、地域住民が公共善の感覚に沿って行動することを助けることも期待されていた。これらの審議においては、しばしば共和主義のイデオロギーの見えざる手は州政府の可視的な腕よりもより強い力となった。教育に関する合意はしばしば弱く、また一時的なものであった。なぜならすべてのコミュニティは党派によって分かれており、税や薪のような実務的な目的についてのいくつかの合意を除いて、公共の学校教育はぐらつきやすかったのである(2)。

一九世紀にはアメリカの教育委員会のメンバーは世界でもっとも大きな公務員の団体となっていた。ダーウィン・アトウォーターのような選挙によって選ばれた理事者と彼等が監督する学区は、教育における直接的な民主主義の標準様式を表していた。このような公教育の分権的なシステムを創り出した国は世界のどこにもなかった。また、このような包摂的で複合的な公教育のシステムを築き上げた国は世界のどこにもなかった。ローカルコントロールと公共的サポート――このふたつの特性は不可分に結びついていた。アメリカ人は遠くの政府を信用せず、学校のガバナンスを手元におき、そして透明なものとすることを望んだ。学校教育については多くの紛議があったが、人々は、公共善としての、そしてすべての人々がその創造に参加し、分かち合うことのできる利得としての公教育の存在を信じていた。地域の市民は教育委員会に代表を選び出すために投票し、その決定に参与し、彼らの子どもを教育する最良の方法が何であるかを熟考することが出来た(3)。

公立学校のローカルコントロールの理念は、多くの市民に対して、過激な左派から過激な右派まで、政治的な説得力をもっていた。一世紀前、民主党と人民党はもっとも声高に地域の自主統治を要求する人々であった。最近では、ローカルコントロールあるいは「権限委譲」は連邦議会および州議会の共和党の教義となっている。繰り返しになるが、市民は投票において、また世論調査において、遠くの政府と遠くの学区よりもローカルコントロールと地方学区に信頼を置き、尊重しているという態度を表わしている。一九九二年にはアメリカ人の五七％が地方教育委員会がより管理を強めることを望んでいると述べていた。他方、より連邦の管理を望んでいると述べたものは二六％に過ぎなかった。彼等は地域の公務員による意思決定と比べて、州および連邦議会の立法者による教育の指導性にははるかに低い信頼しか置いていなかった。このことは一九世紀においても同様であった。市民は州公務員が危害をなすことを防止するために州憲法の改正を続けた。第二次世界大戦の終了までは、連邦政府は、裁判所の決定および立法を通じて、公立学校に実質的な影響力をもつことはなかった。そして今でも連邦政府は学校教育に支出される資金の七％を占めるに過ぎないのである（連邦議会の保守派の中には、それでも多すぎると言うものもいる(4)）。

公選制の理事者による地域管理の流行にも拘わらず、教育におけるエリート的な政策決定者達は素人の自己統治を制限し、廃止するために最善を尽してきた。彼らは専門家が事を運営することを望み、それを「学校を政治から切り離す」と称した。彼等は公民科の授業で、生徒から政治を切り離すことを試みた。進歩主義の時代には、おそらくは偶然的なことではないと思われるが、主要な選挙の投票率がどんどんと下がっていった。二〇世紀の前半には公教育の指導的中核部分は、市と州の教育長、基金部門の職員、大学教育学部の指導者、そして専門職と実業界の連合から構成されていた。彼等は、地方では学区の統合によって過激にも素人によるガバナンスを縮減させ、都市では地区委員会（都市の区部での教育委員会）を廃止した。

彼等の地域民主主義からの逃走は息をのむほどのものであった。彼等は約一〇の地方学区のうち九を統合し、それとともにその公選制の理事者を廃止した。都市では、彼等はほとんどの地区委員会を廃止し、一八九〇年から一九二

○年の間に、大都市の市中央委員会の委員数を平均で二一人から七人に縮小した。彼等はしばしば素人によるコントロールを、民主主義とみなすのではなく、情実主義、腐敗、無能と同一視した。さらに重要なことは、彼等は都市学校システムの「企業」モデルを創出して、教育における代表制民主主義のイデオロギーと実践を根本的に改めた。彼等は学校は専門家によってもっともよく運営されるべき疑似的なビジネスと考えた。教育の政策決定への素人の参加の要点は何だったのだろうか(5)?

経営的進歩主義は二〇世紀の前半を専門職と企業的学校の黄金時代であると見ていた。学校理事者と教育長は学校を運営し、専門職の様式にしたがって教育を近代化するうえで手を組んで働いた。しかしながら、一九五〇年代の半ばから、地域教育委員会の威信と権力は急速に侵食された。

専門家が事柄を運営するために想定したガバナンスの企業モデルは、排除されていたグループが政治参加と社会正義を要求するようになった新しい時代には適合しなかった。一部の都市活動家は中央教育委員会の代わりにコミュニティ教育委員会を要求した。彼等は中央教育委員会は非応答的であるとみなし、それは問題を解決する機関ではなく、それ自体が問題の一部であるとみなした。教育において彼等のコミュニティを代表するために選出された人々——地域教育委員会——は、すべての政治的党派的方向性を問わず、激しくやかましい批判に直面した。『アメリカ教育委員会ジャーナル』の編集者デービッド・マーティンはこの数十年間の学校理事者に対する非難を要約している。


「あなたがたは教育の革新の最前線に立っていない。

あなたがたはつまらないことにあまりに多くの時間を使っている。

公衆はローカルコントロールの理念を支持しているが、それを本当には理解していない。

正しい人々が十分に多く学校委員会に従事してはいない。

教育委員会は廃止されるべきである(6)。」

批判者は周期的に――それは通常社会的な緊張がたかまる時代だったが――次のように結論づけてきた。すなわち、公選制の教育委員会と地方学区はとても非効率で時代遅れなものであるから廃止されるべきである、と。シカゴ大学の教育学者チャールズ・ジャッドは一九三〇年代に地方教育委員会の廃止について、公選制の学校理事者による学校のローカルコントロールは非効率な時代錯誤であると主張した。彼は、そのかわりに、教育長が、専門家に委ねるのが最善であるようなカリキュラムなどについてまでいじくりまわす教育委員会に邪魔されることなく、学校を運営すべきである、と主張した。別の批判者は専門職の自律性に関心を寄せていた。マイロン・リーバーマンは一九六〇年代に次のように論じていた。学校のローカルコントロールはアメリカ学校教育の「退屈な地方主義と希釈された全体主義」の主要な源泉である、と。一九五六年冷戦のさなか、ハイマン・リコーバー提督は、「もし学校のコントロールと財政が数千の地方教育委員会の手に委ねられているのであれば」、この国は教育的にはソビエトに対抗しえないであろうと論じた。一九九一年には保守派の批判者チェスター・フィンが教育委員会とその学区は恐竜のように大きすぎて役に立たないものになっていると宣言した。大量の学校基金をつくり出さず、改革にはグズグズしている彼等は、もはや全国的あるいは州の基準には不適切であり、学校現場での改革の妨げになっている。こうして、多様な戦略をもつ人々が一様に地方学区と教育委員会を格好の標的としたのである(7)。

連邦レベルの活動家もまた、学区に多くの意義を見出してこなかった。偉大な社会計画（Great Society programs）の設計者達は地方教育委員会のメンバーを、リベラルな教育改善のパートナーとしてではなく、ほとんど改革の障害とみなしていた。初等中等教育法が承認される際、地方教育委員会のメンバーはだれ一人としてホワイトハウスに招待されなかった。これに替わって、招待の栄誉を受けたのは教員組合、基金局関係者、理科と数学の新しい連邦カリキュラムの開発に協力した学者達であった。初等中等教育法を通した貧困児童生徒の支援についての議会公聴会で、ロバート・ケネディ上院議員は次のように質問した。「あなたは（略）われわれが抱える真に大きな問題の一つは（略）この国のいくつかの州における教育委員会であるということに（略）同意しないのですか？」と。ニューフロンティア計画に関係する一部の人々は地方学区指導者を人種的差別について現状維持的である、あるいは貧困者の必要に無感覚であるという理由で解雇した。彼等は、連邦政府が命令を出すときにはそれを実行しなければならないという立場にありながら、明らかに連邦の政策立案の輪の外に置かれていた。学区理事者はジャクリーン・ダンツバーガーの言葉を借りれば、「教育というチームのなかの忘れられたプレーヤーであった(8)」。

地方学区において、教育長と学校理事者は強力な新しい力によってローカルコントロールが締めつけられているのを見出した。戦闘的な教員組合は団体交渉を勝ち取った。州と連邦の法律は、往々にして財源を付与せずに、勝手に新しい命令を立法化した。人種分離から生徒の規律についての方針までの問題が教育委員会を相手に訴訟に持ち込まれている。州立法府はカリキュラムの改革、新テスト、より高い教職基準を命令した。州は負債を抱えたり、生徒がテストに失敗しつづけているために、成績不振の学区から権限をとりあげると学区を脅迫した。都市の学区は運営不可能なほど大きく、また争いに溢れている。それは確かにその設計者が意図した非政治的公共団体ではなく、またトマス・ジェファーソンやローカルコントロールの提唱者によって好まれる草の根民主主義の場でもない(9)。

近年では、改革者達がナショナル・スタンダード、州の枠組、そして学校現場の経営という形で改革を論じるとき、彼等は典型的には地方学区とその教育委員会を無視している。いくつかの重要な例外はあるが、最近の政策分析はこの数年間一般的に地方学区を〈除いた〉すべての統治に注目しているのである(10)。

ほとんどの市民はローカルコントロールと地方学校を信頼しているのに、コスモポリタンの政策分析者と改革者達は一般的にローカルコントロール、公教育の代表制民主主義の伝統的な形態を弱め、無視し、非難している。これは何故だろうか？政治的エリートが伝統的な公選制地方教育委員会に替わって欲する新しい統制の形態、民主主義の新しい概念とは何であるのだろうか？　このパズルの手がかりは公教育の民主的管理の理論と実践の変容の複雑な歴史のなかに埋もれているのである。

一九世紀における公立学校のローカルコントロール

モントゥアビレッジのそれのように、単級学校を管理する学区は長い政治の一線を守り、アメリカ社会において強固に定着していた。トマス・ジェファソンと堅苦しいニューイングランドの人々は何か他の点では一致することはほとんどなかったとしても、そこで知的な会合がなされるタウンミーティングの形式の民主主義を美徳とするという点については一致していた。ジェファソンは彼の仲間であるバージニアの人々に州の郡をニューイングランドのタウンミーティングのように機能するよう区（あるいは、およそ百の家族のグループの集合）に分割するように説得しようとしていた。それぞれの区は自らの学校とその管理を行うために選挙で選出される公務員をもつことになっていた。ジェファソンはこうした直接的に顔を向かい合わせる、小さな政治的ユニットが市民性の苗床となり、小さな市民社会では子どもと同様に大人もまた彼等の共和国の義務を果たし、彼等の権利と自由とを保持する方法を学ぶことができるであろうと信じていた。「区の初歩的な共和制、郡共和制、州共和制、そして連邦共和制は権威のグラデーションを形成する」と彼は宣言した。ジョン・デューイは自治、すなわち民主主義の鍵は小さな団体的コミュニティのなかで最もよく育つというジェファソンの信念を共有していた。教育的で透明な自治は「ジェファソンの政治哲学の心臓部であった」とデューイは書いた。そしてそれはデューイの民主主義的実践の概念と近似していた(11)。

ジェファソンは区学校を創設することをバージニアの人々に説得出来なかったが、しかし、北東部からきた移民によってもたらされたローカルコントロールは、アメリカ合衆国に参入しつつあった新しい諸州で、今日の中西部であるが、急速に根を下ろしていった。今日、飛行機に乗ってこの大草原の諸州の上を飛ぶならば、一七八〇年代に議会の決定によって配置され、その地域で選出された人々によって統治されていたタウンシップをみることができるだろう。単級学校の学区は維持されている。一九一八年までは中西部には九万を越える教師一人だけの学校がなお存在していた。そして全国では、ほとんど半数の生徒がそうした学校に通っていた。学区会議においては、歴史家ウエイン・E・フューラーが観察してるように、「アメリカ生まれのものとアメリカ以外で生まれたアメリカ人が一緒になって意思決定に参加することを学び、政治についての最初のレッスンを受けていた。二つに分かれ、議論を行う。議論は勝ったり負けたりする。しばしば熱い戦いになった選挙は、ある者を職から去らせ、他の者を教育委員会の責任ある地位に就けた。」こうした実践を通して「民主主義のメカニズムはほとんど彼等の第二の天性になった(12)」。

アメリカ人が〈ローカルコントロールされた〉公立学校を選択したひとつの理由は、単に人口が非常に拡散しており、田舎だったということである。しかしながら他の国では〈中央統制された〉田舎の学校がつくり出されている。この選択は彼等の政治的文化に依存したものである。アメリカ合衆国ではローカルコントロールへの強いインセンティブは、国王ジョージ三世に対するものであれ、ワシントンの連邦政府に対するものであれ、遠くの政府に対するアメリカ人の深い不信であった。一九世紀には、市民はまた州政府を遠くにあるものであり、災いをもたらしやすいものと見なしていた。彼等が州憲法を制定し、さらに改訂したとき、アメリカ人はくりかえし、州政府の権限を制限することに最善を尽した。州憲法のなかには立法府にわずか二年に一度しか、そして短い時間しか議会を開催することを許さず、また制約された議題しか審議決定することを許さないものもあった。一八七九年のカリフォルニア憲法会議の一人の代議員は——おそらくは皮肉たっぷりに——立法府の会期を求めることを重罪とするとの提案を行った。連邦議事堂および州議事堂の邪悪な行いについての病的恐怖はなにも新しいものではない(13)。

この遠い政府に対する不信に対抗するひとつの方法は、地方学区を運営するために地域学校理事者を選挙で選出することであった。こうすることによってコミュニティは学校教育について、例えば誰が教えるのか、学校の経費をどれくらいにするのか、どのような種類の教授を行うのかといったことについて、集合的な決定権を保持することができる。もし学区の投票者が学校理事者に対して不賛成なら、彼等は他の者を選出することが出来る。市民は、彼等が経費の大部分を負担し、地域の実情を知っているが故に、問題を地域において解決することを自らの権利であると考えるに至った。コロラド州の山岳地帯のマーブルタウンでは、一九一六年に地方紙は「郡コミッショナーに学区の税負担者の決定を拒絶し、税負担者の要望に反対することを認める法律」について苦情を述べていた。「(略)ある学区の投票者が満場一致でより上級の教育的な前進を得るために自らある額の税額を負担することを決定し、これに対して山の向こうで厳粛な会議に出席している三人のコミッショナーが、失礼ですがとも言わずに、恣意的にその行為を無効にするという時には、それは明快な法解釈の論理を示すものである(14)」。

しかし、このアメリカのシステムには一つの謎がある。すなわち、公立学校の統制が高度に分権化されているにも拘らず、学校自身はどこにおいてもそのメッセージと形態において驚くほど近似しているように見えることである。州の立法よりも、一つの強力な共通のイデオロギーがこのビクトリア時代の標準化を生み出した。スウェーデンの観察者が一八五三年に著わしているように、ヨーロッパでは教育の大臣達はその命令を「エジプトの闇」のなかで与えるが、アメリカ合衆国では地方の学校は「問題が意識にまで高められなければならない時には、人びと自身の説得の力と、人びと自身の活動」に依拠するものであった。この教育における「意識」は、すべての市民は健全な道徳と市民としての訓練を受けるべきであることを教える、広く行き渡ったコモンスクールのイデオロギーの形態をとった。公立学校は親に対して応答的であるだけでなく、コミュニティ全体に対して応答的でなければならなかった。すべての人びとの教育は共通善であった。そしてこの共通善を形成し、支援することはすべての良心的な市民の義務であった。コモンカルチャーが、共通の州の命令よりも、全国の公立学校の間の類似性を説明するのに役立つのである(15)。

学校理事者という言葉は啓示的なものである。ビクトリア時代の雄弁家は次のように論じていた。すなわち、これらの選挙による代表者は、彼らのコミュニティのすべての子どもの教育に責任を負っているだけでなく、社会全体の将来に対しても責任を負っているのだ、と。ホレース・マンは述べていた。学校理事者は「若者の改善および国家と人類の福祉の前進」の義務に責任を負っている、と。マンは、教育委員会のメンバーは人格の貴族であり、子どもの中に培うことを目指す諸価値の模範者でなくてはならないと論じていた。彼らは「人びとのなかでどの階級よりも価値のあるものであり、指導者であると考えられる。彼らは人類の貴重な利益のすべてを内包した帆船の航路を指図し、その救出に成功するか失敗するかがかかった舵を取っている」。マンは学校に関する州の立法の充実を求めたが、マサチューセッツの都市部においてさえ、ローカルコントロールは確固とした伝統であることを認識していた(16)。

一九世紀中葉には、都市においては田舎と同様に、教育委員会のメンバーは、ホレース・マンの言葉によれば、「その人の実践する忠実性と知性の程度に比例してそのシステムが開花もし、没落もするシステムの経営者である」ことが期待されていた。教育長を雇う都市においてさえ、良心的な教育委員会メンバーは、教科書を選別し、カリキュラムに承認を与え、学校の建物と設備について契約し、教師を雇用し、学校教育をめぐるコミュニティの紛議を調停するといった行政に参加することが期待されていた。そして彼らはこれらの仕事を遂行するために十分な下部委員会を組織していた。ほとんどの都市教育委員会が大きかったということのひとつの理由は、理事者が大きなシステムの操作を監督するには多数の人びとが必要だと考えたからであった。実際、ニューヨーク市の改革者たちが区教育委員会を廃止し、市中央委員会の規模を縮小することを提案した時、教師とコミュニティ住民は少数の理事者では、すべての業務を扱うことはできないし、この市のすべてのエスニックグループを適切に代表することはできないと抗議した。ある一人の教師は尋ねた。区理事者がいなくなれば、寒い日に、子どもたちを暖めるのに十分な石炭があるかどうかを誰が点検するのだろうか、と(17)。

最初は都市学校のガバナンスのパターンも、田舎や小さな町のそれと類似したものであった。ボストンでは、例えば、一八五〇年代に全市に散在していた多数の小さな小学校を監督する一九〇人の委員がいた。市が拡大するにしたがって、彼らは区を追加した。それぞれの区は地域学校の管理を監督するためにそれ自身の区理事者をおいた。エスニックグループは市のそれぞれの場所に固まっていたので、しばしば選挙で選ばれた区学校委員会の委員はそれぞれのグループを代表するものとなった。中央および区の教育委員会は——そして時には政府の他の機関もまた——職務の権限と義務をめぐって争った。その政治力学のパターンは市ごとに多様なものとなった。一九〇四年にフィラデルフィアでは五〇四人の区委員会のメンバーと四二人の中央委員会のメンバー、合計五四六人の理事者が公衆の利益を代表するために、また学校を経営を監督するために、選挙によって選出された(18)。

エリートたちはこうした素人の理事者の拡散した参与を、美徳としてではなく改善すべき欠陥とみなした。彼らは次のように考えた。それは腐敗に行きつき、専門職の領域であるべきものについてまで素人が干渉することになると。マシーン政治家たちと移民の出自の教育者は十分に害悪となっていた。今や「政治」から学校を取り戻し、これを専門家に委ねるべきときであった。これを実行する戦略は田舎と大都市の間では異なっていた(19)。

田舎の学区の統合

二〇世紀の初頭までに教育における専門職指導者達は、全体的に学区が多過ぎ、草の根民主主義が過剰であるという合意に達していた。彼らはこの欠陥に対して「田舎の学校の問題」という名前を与えた。二〇世紀前半の教育指導者達は、今日の学校改革者たちが効果的な学校教育のモデルとして田舎の学校の方向に向かっていることを知るならば仰天することだろう。経営的進歩主義は、小さな田舎の学区を公教育の問題だらけの部分であるとみなしてきた。田舎の学校は素人によるローカルコントロール、エルウッド・P・カバレーのいう「盛りを過ぎた民主主義」のために、大部分において後退していた。コモンスクールの初期の時代には、地方学区会議は「時代の新しい民主的生活の討論練習センターとして役立っていたであろうが」、共和主義的思考方法に不慣れな移民の殺到の後では、こうした会議はちっぽけな政治に退化していった(20)。

「田舎の学校問題」に対する一つの答えは、統合を通じて、小さな学区を消滅させること、すなわちローカルコントロールを制限し、専門職の自律性を拡大するという戦略であった。ちっぽけな学区の統合は過激なまでに田舎の学区の数を減少させ、教育委員会を地域の近隣社会からより距離の遠いものとさせた。一九三〇年から一九九一年まで全体の人口は急増したが、学区の数はおよそ一三万から一万五千三七八に減少した。一九三〇年には教師が一人しかいない学校は一五万校あったが、一九五〇年にはその数は六万、そして現在では千以下にすぎない。これほど完全に達成された改革というものはかつて他にはない。マイケル・カーストは一九三〇年代に、「教育委員会の一人のメンバーは典型的にはおよそ二百人の人びとを代表していたが、一九七〇年代までには三千人の有権者を代表するものとなった」と見積もっている(21)。

田舎の教育の統合と標準化を目指した活動家たちは、ちっぽけな学区と単級学校に多くの欠点を見いだしていた。田舎の教師は概して、若く、ろくな訓練を受けておらず、はなはだしく低賃金であった(有能な教師はしばしば大きな学区に移っていった)。多くの学校の建物が老朽化しており、冬には寒く、夏には暑く、極く初歩的な教材教具しか備えていなかった(一部では教科書さえ欠いていた)。カリキュラムは形式的で狭いものであり、機械的反復による教授が一般的であると統合派は述べた。地方教育委員会の理事者は無知でないとしても視野が狭く、完全にけちではないとしてもしみったれであり、専門的な事柄について無能力でありがちだったと、これらの人びとは考えていた。不幸なことに、彼等は地方の後援者にその望むもの、つまり水っぽい、安上がりな、その土地のうす粥を与えた。学校教育は生徒を農民としての成功のためにも、都市における職業への適応のためにも準備させるものではなかった。田舎の学校は両親の偏狭から子どもを解放すべきであったが、そうすることはしなかった(22)。

田舎のコミュニティの人びとはこのような告発に対して異議を申し立て、東はメーンから西はオレゴンまでの州で大激戦を闘った。批判者はしばしば最悪な学校を平均的な学校であるかのように取り上げた。多くの州で、とくに中西部と西部の田舎の学校では、教師一人だけの学校は適切に支えられており、効果的であり、都市部の学校の卒業生よりも生徒をよりよく教育し、卒業させていることが頻繁にあった。ウエィン・フューラーが示したように、そのような学区は市民に、直接に人々が向かい合う民主的な意思決定の技術と実践を提供し、そうした状況のもとで子どもはコミュニティの中で大人の政治的な行為を観察し、学ぶことができた。若者は村の生活のなかに埋め込まれた経済的スキルと社会資本からも利益を得ることができた(23)。

田舎の教育についての批判者はしばしばへりくだった調子であったり、また横柄だったりしたが、しかし、彼等は田舎の教育の深い不平等を強調し、修正しようとした。教育的資源についての最大の分割線は都市の学校と田舎の学校の間に引かれていた。貧困な地帯――たとえば、深南部、アパラチア、ダストボール諸州の多く――では、家族は子どもに学校教育の粗末な一服ですら与えるのに苦労しなければならないでいた。彼等は訓練をうけた教師を雇うことができず、あるいは多くの場合、机と本を賄うこともできなかった。こうした貧しいコミュニティにある田舎の学校の資金の全体的な不足はけちな後援者の所為というよりも、税財源の貧弱さの結果であった。一九三〇年代には農民はこの国の子どもの三一％を育てていたが、国民所得のわずか九％を受けるにすぎなかった。貧困な田舎の家族が概してほとんどの子どもを抱えていた。最も貧しい若者は正規の教育を最も必要としている者であったが、一般的には最もそれを受けるのが少なかった。彼等は時には読み書きの控えめな水準さえ満たすことができなかった。例えば、多くの田舎の南部人は第二次世界大戦の徴兵の際の知能テストに合格できなかった(24)。

すべての田舎の家族が小さな学区、自治に彩られた有利さを享受していたわけではない。黒人、インディアン、メキシコ系住民は、田舎の白人アメリカ人には通例となっている公立学校のローカルコントロールを行使してはいなかった。南部の黒人の学校は、白人の郡の委員会と教育長に従うものであった。生徒たちは分離された、はなはだしく不平等な教育を受けていた。遥か遠くのワシントンD・Cにあるインディアン問題局は、インディアンための田舎の学校のカリキュラムを一般的に定め、予算を管理していた。移動するメキシコ系の屋外労働者の子どもは散発的にのみ田舎の学校に通った。農村の白人農民は学校を運営したが、しばしば屋外労働者の教育を権利としてではなく時々の慈善であると考えていた。教室に通うメキシコ系の子どもたちは、しばしばイギリス系の教師と子どもが彼等をステレオタイプ化し、彼等の文化を侮辱するのをみていた。第一次世界大戦の時代、田舎の白人でさえ、それが移民である場合には、州の行政命令に基づく過酷な、「アメリカ的」思考様式への同化を迫られた。一人のノルウェー人の少年は単級学校の中で一人だけアウトサイダーであるという感覚にとらわれた。「彼の前に直接に黒板がかけられ、その一番上にはきれいな字で、『ここはアメリカの学校です。仕事でも遊びでも、私たちは英語だけを話します。』と書かれていた。彼はこの戒めを二度読んだ。恥ずかしさが襲ってきて彼は座席のなかで小さく蹲った(25)。」

しかしながら、最良の場合には、そしておそらく平均的にも、田舎の学校は改革者達が不平を訴えるような「問題」をまったくもっていなかった。現在の改革の多くのテーマは田舎の学区においてすでに予兆をもっていた。すなわち、小さいことの徳、学校をコミュニティとみ、コミュニティを学校とみること、地域市民の価値と関与に対して学校教育を応答的にすること、両親と教師の間に存する官僚的な緩衝物の除去。これらのものの特質のすべては、今日の保守派とリベラル派の両方が共鳴する「ローカルコントロール」に意味を与えるものである。おそらく大きくは自覚されてはいないけれども最も重要なことは、それが民主主義のレッスンとなったということであった。今日、都市と郊外における一部の活動家は、直接民主主義とローカルコントロールとが同じ語彙であるように思われたときに、田舎のコミュニティにおいて自発的に生じたような市民の参加を回復しようと試みている。

そして、教室の中では今日新しく、進歩主義的であると思われているような多くの命題は、過去のアメリカの田舎の学校における標準的な実践であった。すなわち、年上の子どもが下の子どもを教えること、学年のない学級、柔軟な時間割、教師が子どもを個人として知ることによって個別的なものとなる教授など。明らかに教師が一人しかいない小さな学校のすべてがこのような徳をもっていたのではない。しかし、田舎の学校はその批判者が無視した可能性をもち、今日のスモールスクールと分権化の賛同者を引きつけ続ける社会的バイタリティをもっていた(26)。

しかし、田舎の学校の統合をめぐる争いの勝者は、田舎の学校を統合し、学区を廃止するよう州の立法に働きかけた教育者であった。田舎の学区の統合は彼等の最も輝かしい勝利であった。彼等は都市モデルのうえにカリキュラムを標準化し、より多くの州の財政を供給させ、田舎の学校の教師の資質向上と監督を行うために働いた。改革者達は、農民の子どもによりコスモポリタン的な世界へのアクセスを与えつつ、不平等で遅れた教育システムの分野を専門職主義化し、改善したと信じていた。かつて彼等が都市の学校制度を改善した時、彼等は都市の子どもによって享受されているものと同じ教育を平等に与えようと望んだ。アメリカ人がより都市化するにしたがって、僻地においてさえも、教育の性格もまたそのように変化した。

政治無き民主主義

二〇世紀の経営的改革者達は、都市の教育の何が誤りであるかということについて、自らよくわきまえていると信じていた。すなわち、旧来の民主主義の概念と形式は破綻している、と。あまりに多くの誤った人びとが物事を動かしてきた。例えば、移民の政治家は、学校に彼等の文化を尊敬することと彼等の娘達を教師として雇用することを求めた。素人の学校理事者は学校を近視眼的に運営し、市全体を考えるのではなく、彼等の近隣住民を喜ばそうとのみ努めた。政治家はあらゆる街角に潜み、厄介な仕事、依怙贔屓、非効率を作り出した。学校の経営は専門職によって行われるべきであるが、学校が実際にどのように運営されているのかを実際の観察によって知っているものは誰もいなかった(27)。

そこで最初に経営的改革者とその同盟者は、政治的な情実主義を一掃し、区委員会を廃止し、大きな市中央委員会の規模を縮小し、理事者の選挙を地区別ではなく市全域を単位とするものとし、委員会へ「より望ましい市民」を引き寄せる方法を発見することによって、「学校を政治の中から取り出す」ことを望んだ。その結果、民主主義があるべき姿のものとなると彼等は考えた(28)。

経営的改革者達は理事者の数を削減すること、そのコミュニティの中の専門職や実業界のリーダーを選挙で選び出すことを望んだ。改革者達はホレース・マンが描き出したような、理想的な学校理事者の道徳的人格的な資質をを捨て去ろうとはしなかったが、これにさらに規範を付け加えた。彼等は教育委員会のメンバーに対して、「成功した」男性（女性ではなく）、望むらくは実業界と専門職のリーダー、教育を十分に受けたもの、そして富裕なものであることを望んだ。そのような理事者は「仕事に従事するうえで私利私欲をもたない」と連邦教育長官は述べている。彼等は学校教育に干渉するといった直接的な方法によってではなく、「科学的な経営」の訓練を受けた教育長を選抜するという間接的な方法によって統制しようとした。彼等は子どもの興味を理解し、「実際にそれを代弁する」ために最善の訓練を受けているような専門家に、学校教育の運営を委譲する方法を知っていた。ここには学校の民主的ガバナンスの概念の変容があった。それは有権者を代表する者として選挙で選出された公務員、あるいは市民の直接の参加、あるいは熟慮する民主主義というものから、専門家すなわち、生徒の最善の利益が何であるかを知っている専門職エリートによる意思決定への変容というものであった(29)。

希望的観測をいくら集めても、教育の政治を中立的な経営に変容させることはできない。なぜなら、学校教育は常に本質的に政治的であり、これまでもそうでありつづけてきたからである。問題は政治的かどうかではなくて、誰による政治かということなのである。教育委員会のメンバーがコミュニティの上層の人びとによって占められるようになるにしたがって、また彼等が意思決定を専門家に委ねるようになればなるほど、その「改革」は市民が旧来の、より地域的で、党派的で、多元的な、都市学校の政治統制のシステムのもとで人々が行使してきた選択の種類は制限されていった。

おそらくこの学区の新しいガバナンスの新しいシステムからもっとも大きな利得を得るはずのグループである教育長の間でさえ、この新しいエリート主義について疑いをもつものが幾人かは存在していた。ネブラスカ州オマハの校長は、次のように論じていた。「われわれはこれが代議制の統治であることを忘れてはいけない。それはすべての人びとによる統治なのであり、われわれが最良と考えるような人びとによる統治ということではないのである。われわれはいつも社会の最高のサークルのなかに入るような種類の人びとをメンバーすべてとすることはできない。おそらく、『地獄の半エーカー』の住人にも時には代表となる権利がある」。彼はまた、「すべての市民は学校に直接に関心をもつべきである。そして彼等に関心をもたせる最善の方法の一つは、彼等に学校を管理する人を選び出す際に、発言権を与えることである。学校政策全般が議論されることになる教育委員会メンバーの一般選挙がコミュニティに与える教育的影響は、善である(30)。」

この新しい教育ガバナンスの企業的理想は、それ自身が政治的であることを公然とさせるものである。教育委員会は理論的には銀行の理事者のように振る舞い、教育長は実業界のCEOの権威をもっていた。素人の代議的民主主義についての包括的な観念は都市の公教育においては頑迷なものであったと、コロンビアの委員長ニコラス・マレー・バトラーは考えていた。彼はシカゴの実業家に次のように話していた。「学校の民主化について語る」よりはむしろ、「盲腸の手術の民主化」を語るべきである、と。学校を運営するには「一つの最善の方法しかない。この中央集権的専門化されたシステムはあらゆるところで採用されるべきである」と、ある教育委員会の委員長は語っていた。公衆はよく管理された学校をもつに値する。それは人びとが民主主義から期待するものである[31]。

経営主義的改革者達は、彼等が公教育において民主主義を放棄しているとは信じていなかった。まったく正反対に、彼等はこの国の都市を満たす新しい種類の市民に適合する新しい、より効率的な民主主義の形式を導入しているのだと考えていた。ガバナンスの企業モデルは、学区がもはや暴風のなかの木の枝のように前に後ろにと揺さぶられる必要がなくなるということを意味していた。教育委員会に正しい人がおり、職業的な専門家が何が生徒の最良の興味に適うのかを決定するならば、政治の働く余地はどこに残されているだろうか？

第四章で論じたように、経営的進歩主義は、すべての生徒に同じカリキュラムを与えることが民主的な教授であるとすることはひどい間違いであると考えていた。都市の学校に通学している生徒の多様性を考慮するならば、改革者達は「すべては平等であり、われわれの社会は階級をもたないという行き過ぎた民主主義的アイディアは放棄するべきである」と、カバレーは述べている。これに代わる新しい民主的教育は、すべての生徒にその能力と進路に適合した選択の機会を与えるために十分に差異化されたものである。これが機会の平等であった。専門家によってデザインされた差異化は民主的な方法であった[32]。

都市公立学校についてのこれらの改革がガバナンスから政治を取り出し、政治から学校を取り出すようにデザインされていたとしても、一つの問題が残されていた。政治システムについて生徒に何を教えるのか？　進歩主義の時代には州の法律はますます多くの生徒に学校に出席することを要求し、社会科あるいは市民教育のカリキュラムを取ることを要求していった。しかし、それは主要な選挙において投票する有資格市民の比率が急激に低下していった時代でもあった。この時代の社会科の教科書とカリキュラムを分析して、ジュリー・リューベンは、市民教育の授業では、政治への積極的な参加よりも、権威に対する追従、専門家に対する尊敬、よい行いというものが強調されていたということを発見した(33)。

大都市のシステムが非効率で、混乱にみち、病的だと批判される今日では想像するのが困難ではあるが、世紀転換期の指導者達は、都市の教育制度が教育全体の制度改革のための道を導くことができると考えていた。彼等は今日人びとが「システム改革」と呼んでいるものを計画し、試験したのであった。カリキュラム構築の「科学的」方法を用いながら、専門家は成人として生徒が知るべきもの、できるようになるべきものを、決定しようとした。それは成人の責務と義務から逆算して得られた、若者に「生活」の準備をさせるために必要な学習計画であった。彼等は、それぞれのスペシャリストが明確に責任を課される複合的な組織を創出することによって、アカウンタビリティの問題を解決できると信じていた。そして、最後に、生徒が学んだ科目をどの程度よく修了したかを評価するために複合的な試験のシステムを開発した。こうして都市の学校システムの中で、彼等は目的、標準、カリキュラムの枠組み、教師教育、試験というものを一列に並べ、制度化しようとしたのである(34)。

二〇世紀初頭の経営的改革者は、学校がよい仕事をし、公共の役に立つならば、市民は満足するであろうし、問題を政治化はさせないであろうと確信していた。ガバナンスの企業モデルは、あまりにも耐久性のあるアメリカの都市学区の特徴であることが判明したため、一九五〇年代の政治学者は時に、日常業務において自治的であり、高度に安定していた地方学区を「閉鎖的なシステム」として言及するほどであった。それは政治的そして文化的民主主義の名においてこのシステムに挑戦した外部の者によって創り出された社会運動によって、急速に変化させられることになった。

古い秩序の変化

一九〇〇年から一九五〇年までの間は、学校の政治は静かであったようにみえるが、サーグッド・マーシャルのような指導者達は、人種差別と闘う法的戦略を発展させつつあった。多くの社会的グループが学校の政策決定の周辺で無視され、孤立させられていると感じていた。彼等は典型的には市民としてではなく、公教育の対象として扱われていた。二〇世紀の後半においては、学校ガバナンスの歴史は、その多くの部分、学校の周りに立っている障壁を破り、学校を新しい有権者に対して応答的なものにしようとする努力の物語である。排除され、あるいは不当に扱われていると感じたグループ、例えば、アフリカ系アメリカ人、ヒスパニック、障害者、女性は社会運動を組織して、政治活動を開始した。一九五四年のブラウン判決以後の三〇年間、これらの多くのグループは草の根レベルで、州および連邦の抵抗組織に、そして法廷において、学校政治に入り込んだ。教育における社会的正義を求める彼等のキャンペーンにおいて、彼等は専門家によって支配される民主主義を疑い、参加民主主義の復活を求め、人種、ジェンダー、階級の諸問題に挑戦し、再定義した。さらに、伝統的な民主主義的信念と政治戦略を採用しながら、彼等はまた民主主義の観念を拡大した。例えば、彼等は文化的民主主義、すべてのグループに対する平等な尊敬と平等な権利などを提唱した(35)。

アフリカ系アメリカ人はまだ教育の歴史には登場していなかったが、最も強力な社会的抵抗運動を組織した。それが公民権運動である。マーチン・ルーサー・キング・ジュニアのような雄弁な指導者達は、最初は平等と社会正義の共通の価値を訴えて黒人と白人の両方の市民を動員した。このイデオロギーが政治的な要求に変化していく中で、黒人指導者達は不正義に対する救済を、彼等が直面する多様な状況のそれぞれの環境にあわせて仕立て直した。彼等は生活においてより多くの力を求め、彼等の子どものためによりよい教育を求めた。南部では、生徒の人種的分離が保護者の公民権剥奪のように、抵抗のターゲットとなった。というのも、それは民主的市民の意義を否定するものであったからである。そして黒人指導者たちは地方コミュニティにおいて分離に対峙し、この人種的カーストシステムを覆すために連邦裁判所を活用した。北部のゲットーでは、このとき対照的に教育委員会が非分離のためにゆっくりと進んではいたが、黒人活動家はこれに代わって過激な分権化とコミュニティコントロールを要求して圧力をかけていた(36)。

旧来の秩序の下ではほとんど発言権をもたなかった他のグループ――ヒスパニック、ネイティブアメリカン、女性、特別な必要をもつ子どもの親――は、しばしば黒人指導者達のそれと同じような戦略を使った。ほとんど社会運動家達が一つの点についてはー致していた。すなわち地方教育委員会と官僚制は、しばしば非応答的である、と。建前では政治から学校を取り出すとする企業モデルのもとで、行政側には、教育の専門家による社会工学は別として、学校を「社会工学」に引き込もうとする「圧力団体」に対して過剰に応答〈しない〉ことが賞賛されていた(37)。

地域の役人たちが彼等の要求を無視したとき、活動家達は多様な戦術を追求した。彼等は街頭での抗議行動を行い、メディアに登場し、新しい法律のためのロビー活動を連邦議会と州議会で行い、連邦と州の裁判所で訴訟を起こした。彼等はケネディ政権とジョンソン政権のなかに、そしていくつかの州の議事堂のなかに同盟者を見いだした。判事の命令、立法、行政規則を通して、彼等は権利を守り、地域レベルで長いこと否認されてきた権利を勝ち取った(38)。

法律は学区レベルの変化をもたらす、集権化された梃子を提供した。それは明らかに、ほとんどの政策決定が選挙によって選出された地方の公務員によってなされていた時代の、旧来の力のバランスを変えるものとなった。連邦裁判所は南部でも北部でも、愚図愚図する学区に対して、人種による学校の非分離を要求した。フェミニストは性による学校の分離をやめさせ、制度的性差別を廃止するために、一九七二年に議会を通過したタイトルⅨを活用した。一九七五年の法律九四─一四二（Public Law 94-142（1975））は障害者に対するサービスと教室での活動について命じるものであった。一九七四年の連邦最高裁判所ラウ判決は、教育者に英語を話さない生徒に対する教育サービスを供給することを求めた。そして法律と規則を通して、連邦政府と多くの州政府はこの命令をバイリンガル教育計画として実行した。「貧困との闘い」の活動家は、貧困家庭出身の生徒に対する資金をターゲットにして、それが貧しい子どもに行き渡ることを確実にするための規則を考案した(39)。

これらの計画はその他のものもあわせて、教育のガバナンスについての連邦政府と州の役割を拡大し、複雑にした。ほとんどの改革戦略は集権化を促進した。同時に、一部のプロテストグループは人種的分権化を要求した。学校の政策決定への地域参加の要求に応えて、連邦と州の立法者は時には、新しい教育計画を監督し、あるいは学校政策を決定するための学校・地域委員会の設置を命令した。こうした学校を単位とした機関は、個々の学校において親の影響力と参加を強化するものであったが、全体的な力の配分を変更するものではなかった。シカゴの公立学校改革法が、すべてのシカゴの学校につくられた地方委員会に実質的な権限を与える計画を実行するまでは、どのような主要な学区も「民主的地方主義」の徹底した形態を導入しようとは試みなかった(40)。

シカゴにおける徹底した分権化の実験を除いて、教育の体制側は一般的にこうした要求に対して、分権化されたガバナンスや、「コミュニティ参加」の新しい形態の新しい層を付け加えることで応対した。それは現実的なものというよりも象徴的なものにすぎなかった。これらのすべての結果は、しばしば洗練されてはいるが対等なものではない─

――分権化された民主主義の現実のというよりは見せかけの――官僚制というものであった。ニューヨーク市は百万人をこえる生徒のために三二の学区を創造することを決定したが、その結果生まれた個々の学区は典型的には中程度の都市の規模であった(41)。

一九六〇年代から七〇年代初頭にかけての密度の高い社会運動は、学校ガバナンスの旧来の秩序にショックを与えたが、これらの要求に対する体制側の対応は往々にして、首尾一貫した新しい秩序を生み出すことはなかった。学区、州、連邦政府機関が異議申し立てに対応する一つの方法は、これを官僚化し、問題を特定化し、それを扱う新しい行政官を任命することであった。ジョン・メイヤーは、この不同意と改革の官僚化が集権化の断片的な形態を生み出したと記している(42)。

「アカウンタビリティ」は多数の色をもつマントとなった。時には、アカウンタビリティは連邦と州の補助を指示どおり行うことを意味していた。アカウンタビリティの別の概念は、自分たちのアジェンダに対する注目を求める多数の抗議団体に応答的になることを意味していた。そのような応答性は、カリキュラムに黒人の歴史を導入すること、あるいはジェンダーの不正義を正すためのタイトルIXの実行係を任命するといった形態をとった。アカウンタビリティはまた、教育における新しい訴訟の結果生じた法的命令に従うものとなった。なぜなら学区は人種的分離廃止について、性差別の廃止について、生徒と教師の適法手続き上の権利について裁判所の命令に従わなければならなかったからである。選択的なコースあるいはオルタナティブスクールという、生徒により選択の機会を与えるという意味の、別の種類のアカウンタビリティについては第六章で検討する。

一九八〇年代と九〇年代には政策の振り子は州レベルの集権化とテストスコアによるアカウンタビリティの方向に振れた。各州はより強化されたコースを規定し、子どもに長い時間学校に通うことを求め、ますます多くのテストを課し「世界標準」にシステムを高めることによって、生徒をより厳しく勉強させるための立法を可決させた(43)。

成功とは標準テストでよい成績をあげることを意味するようになった。学校教育における公共政策の均衡の中心は個人としての、そしてまた国家としての経済的成功になった。経済的合理性と基礎学力の強調は、混乱と緊張の半世紀の後で教育目的に一定の整合性を与えた。しかし、教育における民主主義にとって何が起きたのか。誰がそれを必要としているのか？ローカルコントロールを弱化させてきた一世紀間の後で、選挙によって選出される教育委員会には残されている仕事が何かあるのだろうか(44)。

最近の数十年

アメリカ合衆国の教育の政治はこの数十年の間ほど流動的で複雑であったことはない。それがどのようなものであったかを示すためには、過去の教育の政策を形作った一部の人々が、現代のリップ・バン・ウィンクルのように二〇〇一年に目を覚まして、しばらくは何が起きているか分からず、しかし、自らの生涯において勝利した改革を覚えているという状態を想像すればよい。彼等は現在の教育のガバナンスの改革について多様な問題を提起するだろう。

ホレース・マンは、アメリカ大統領を含む、多くの鍵的な政策立案者が、学校教育を親が消費者として子どもをどこに通わせるかを選択する開放された市場の一部となるべきであると考えていることを見いだすだろう。コモンスクールの理想のこの伝道者は、公教育は公共善だという観念に何が起きたのかと問うだろう。すべての市民が次の世代の社会科教育と道徳教育に関与していないではないか。そして、すべての子どものための学校を創ろうと骨の折れる仕事を何十年もしてきた後で、どうして多数の親が子どもを家庭で教えることを望むのだろうか。

一八九〇年代の単級学校の教育委員会のあるメンバーは——選挙で選出されたアメリカの学校の約五〇万人の素人の理事者の中の一人だが——、目を覚まして単級学校の数が千を下回り、学区が一万六千を下回るまでに統合されてしまっていることを知るだろう。学校理事者はもはや問題とされていないように見える。人々が学校の改善について語るとき、彼等は連邦政府と州政府が何をすべきであるかについて問題にして、学区理事者については忘れてしまっているようである。ローカルコントロールになにが起こったのだろうか。

エルウッド・P・カバレーは、目覚めて、二〇〇〇年のシカゴ改革が参加民主主義において一九〇四年のフィラデルフィアの事例を凌いでいることを知るだろう。それは五四二のそれぞれの学校に一一人の教育委員会メンバーをおいている。この区学校委員会の復活はよくないことであるが、市長に学校の統制を委ねる一九九〇年代の大都市における傾向はもっと悪いことだと主張するかもしれない。おやまあ、市民はそれが混乱と腐敗への道であったという過去から学ばなかったのだろうかと、彼は問うかもしれない(45)。

デラウェアにおける教育の再組織を行った(同時にゼネラル・モーターズとデュポン社の創始者でもあった)ピエール・デュポンは目を覚まし、実業界のエリートが集権化と官僚制を形式主義と停滞であると非難し、政策決定を学校現場に分権化するという方法で、実業界のように教育の「再構築」を求めていることを見いだすだろう。彼等は科学的な管理、規模の経済、統合、トップダウンによる調整の価値というものについて何も知らないのであろうか(46)。

何年もの間、学校改革者達は集権化と分権化の論点をめぐって、シーソーゲームのように行ったり来たりしてきた。しかし概ね、学校ガバナンスの変化は、地方学区の裁量の余地を狭め、その力を制限した。第四章で検討した最近のNo Child Left Behind Actもその例である。連邦政府は州に対して、学区、個別の学校、そして子どもが学術的にどのように成果を挙げているかを測定するために、テストに基づいたアカウンタビリティ制度を採用するように要求している。もし生徒が二年間テストの目的を満たすことに失敗した学校に通っているならば、彼らにはよりよい学校に通う機会が与えられる。もちろん、このアプローチは教育者達の関心を、教育の主要な目安としてテストの結果に集中させるものであり、よい学校に必要を満たす十分な席があることを前提としている。しかし、このようなことはほとんどの都市部の学区ではありえない。ロスアンゼルスではフルタイムで出席すべき生徒のための二〇万の席が不足している。「この特別の環境に対して、ワシントンで勝手にルールをつくることは不可能である」とロスアンゼルスの教育長ロイ・ルーマーは述べる。No Child Left Behind Act は「単一の法としては全国の教育システムに対する連邦政府の権限を最も大きく拡大する――そして最も打撃的な――ものである(47)」とリチャード・F・エルモアは書いている。

二〇世紀の半ばまで公立学校は、とりわけ田舎および小さな町のコミュニティでは、そしてそこには一九二〇年までは半数以上の生徒がそうした地域に住んでいたのだが、ほとんどが地域的に統制されていた。ダーウィン・アトウォーターの住んでいた町では、近隣住民が学校理事者の仕事を務めるために選挙でお互いを選出した。田舎のそして小さな町の学校システムは、子どもが読み書き算を学ぶだけの場所ではなかった。そこはまたすべての年代の人々が打ち解けるコミュニティであり、民主主義を学び実践する公共空間であった。自治による教育は、コモンスクールを取り巻き、民主主義が如何に機能するか(あるいは機能しないか)を教える公共生活のなかから生じた。学区においては、自らを〈代表する〉ために理事者を選び出す市民は、学校の生活に参加する機会を拡大し、学校政策を論議することによって、〈熟慮ある〉民主主義を実践することが可能となった(48)。

地方学区は依然として、民主的学校ガバナンスの基礎を築く積み石であった。自治に肩入れすることは、教育の政策決定における鍵となる信条であった。今日、人々は連邦政府あるいは州政府よりも学校のローカルコントロールに信を置いている。公立学校改革の政策論議においては、教育委員会はしばしば無視されているが、それは賢明なことではない。というのも、政策がほとんどの直接的な方法で実践を満足させることができるのは地方学区の中だからである。もし選挙によって選出された地方教育委員会が失われるならば、それにかわるようなものが再び考案される必要が出てくるだろう(49)。

私には学校のローカルコントロールを理想化する意図はない。地方学区は自立した、自律的な機関ではないし、またそうであるべきでもない。それは州が創出したものであり、マンの時代と同じように今でも広く全国的な目的に奉仕するものである。多くの学区はこれまでに人種とジェンダーの正義の達成に関して、経済階層上の公正を達成することに関して、宗教の自由と文化的多元性を尊重することに関して、悲しい記録をもっている。連邦と州の活動は、教育における市民の権利と自由を保証するために必須なものであった。これに加えて、連邦と州の政府だけが、学区間および州の間の財政能力の「野蛮な不平等」を是正することができるのである。統制は集権的であるべきか分権的あるべきかということは、問題にする事柄によるのである(50)。

すべての学区に適合するようなローカルコントロールの計画というものはない。学区はしばしば階層的に、また民族的な構成において同質化しており、コモンスクールが目指している多様性に欠けている。地域指導者は偏狭で不同意を許さないかもしれない。学区は規模において、資源において、紛争と合意のレベルにおいて、専門職の洗練さにおいて、とてつもなく多様である。一世紀に及ぶローカルコントロールへの攻撃と田舎の学校の統合の後でも、残存しているアメリカの学区はほとんど一枚岩のものではない。全学区の半数は千人足らずの生徒数であり、都市学区の上位五位までで、幼稚園から一二学年までの生徒の半数を抱えている。いくつかの望ましい学区では、少なくとも州の教育部局のほとんどと同じだけの教育専門家を擁しているが、他方その他の学区は革新の上昇機運からはるか後ろに取り残されている。彼等は上昇機運があることさえ知らないのである(51)。

まさに今、多数の地域レベルの学校活動家と専門職教育者は、ローカルコントロールを制約している外部的な規制に実際に気がついている。学校のガバナンスと再生のもっとも重要な課題のいくつかは、地方レベルでもっともよく実行することができる。例えば、親と市民をもっと地域の学校の仕事に従事させることを考えてみよ。機能しない学校において、親と教師は時に子どもをめぐって闘っている。決して収拾されないようにみえる——そして学区レベルでの調整に役立つ——一つの論争は、自律性を損なうことなく、また教師と校長の識見を軽視することなしに、学校への素人の参加をいかに促すかという問題である。親はしばしば参加から後退するが、それは彼等が関心をもっていないからではなくて、なにか重要なことをすることができるとは思っていないからである。地域市民が自ら学校を形成することができるという感覚を失った時には、彼等が学校の事柄に関与してこないとしても不思議ではない。

こうした問題への解答は、批判者や親から学校を守る障壁を多くすることではなくて、論争を呼んでいる問題について論議をする場を創り出すことだと、私は考える。元々は一つの利益グループにのみ対応する単一の論点の政治のように感じられていたものが、しばしば、より広い利害に関係する論点でもあるということが明らかになる。こうしたことの発見は、今度は専門職とボランティアが、相互の関心によって学校の問題に関して一緒に活動することを可能にする(52)。

学区の地域市民と専門的教育者の間のコミュニケーションは、教育改革を開始し、前進させる上で特に役に立つ。教授の改革を実践において成功させるためには、地域の市民と教師とがその革新を理解し、支援することが必要である。「真の学校」を構成するものについての公衆の観念は、教授学上の革新について制限速度を超える改革の文化的なブレーキとして力をもっている。学区は、教育思想と実践上の約束についての新しい流れに対して開かれているべきである。学区は外部の専門家から学ぶ必要がある。しかし、選挙によって選出された委員会と専門職スタッフを擁する学区はまた、教育計画をその目的に、そして地域市民の経験に関係づけることによって、普遍なものと地域的なもの、伝統的なものと新しいものを均衡させることが必要である(53)。

理事者はコミュニティのコモンセンスが、地域学校民主主義の熟達した観察者が書いているように、「しばらくは革新的なことは何もしない」ことを命じていると結論するのかもしれない。「改革の誘惑はなんであれ。オープンタイプの学校の壊れかけた壁の周りを一回りし、それを直そうとしてみるとか、（略）新しい数学のために古い数学を放り出したと思えばこんどは古い数学の一部の版のために新しい数学を放り投げるなどということをした後で、あなたは初めてのろのろとしていることの徳に気がつくのである」。この戦略は、ほとんどなんの改革もしないかもしれないが、コミュニティが必要であると決定する革新にとってはより長い、幸せな生活を結果するかもしれないのである(54)。

そして財政縮小が学区に打撃を与えるような時に、時には市民と専門職とは一緒になって、絶滅しかけた教育の種――例えば、生きた芸術プログラムのような――を、教育のゴミ箱に性急に廃棄することから守ることができるのである。教育的な熟慮において、われわれは革新的であるとともに保守的である必要がある。

ダーウィン・アトウォーターおよび多数のコモンスクールの理事者達が信じるように、地域レベルの教育における指導者達の鍵となる仕事は、子どもの教育についての共通の土台という感覚をコミュニティが達成することを助けることである。親だけではなくすべての市民が、次の世代の市民教育に利害をもっている。民主的学校ガバナンスの歴史に深く根付いているにも拘らず、この原理はしばしば最近、無視されているのである(55)。

第六章

選択についての諸選択：単純な解決などはない

ニューヨーク市教育委員会の一〇月高校フェアの間、マンハッタンの西北にあるマーチン・ルーサー・キング・ジュニア高校の講堂に親と生徒が集っていた。三六の高校からきた関係者はブースをつくって各学校の製品を陳列し、カレンダー、カップケーキ、校章を配っていた。特別なマグネットスクールからきた人々は彼等の教育計画を宣伝していた。ステージの中央にあるスタイブザント高校のブースを囲んだ家族は、入学試験について聞き、この学校が数学と理科の課程において卓越しているということについて学んでいた。地域の希望するものをすべて入学させることを求められている伝統的な高校のひとつであるスワードパーク高校は、講堂の隅にブースを構えていた。ニューヨーク市の生徒を獲得するための競争において、スワードパーク高校はほとんど明瞭な資源をもたず、南部イーストサイドに所在するという場所的なハンデに直面していた。「見てご覧なさい。あらゆる種類の呼び込みがある」とスワードパーク高校の教師であるジェシカ・シーゲルは、講堂のなかを見渡してつぶやいた。ここには選択の飾り立てた装いがある。しかし、隠れているものは「特定の学校が成功のために設計され、スワードパーク高校のようなその他の学校は失敗のために設計されているというシステムである」とサミュエル・G・フリードマンは観察している(1)。

高校フェアだけではなく、教育についての全国的な政策論議において、選択は魔法の呪文のようになっている。それは共和、民主両党の大統領および州知事、実業界の指導者、黒人活動家、自由主義者や保守主義者、さらに革新的および伝統的教育者を引きつけている。効率と公正への入り口として選択をみる人々とは別に、選択を公立学校の滑りやすい坂道とみて反対する者が存在する(2)。

アメリカ人はいつでもある程度は公立学校のなかで学校選択を実行してきた。しかし、選択についての現在の関心は先例のないものである。この一世紀以上の間、都市部の学区は特別な職業的な高校とスタイブザント高校のような学術的高校についての自由市場を提供してきた。一九六〇年代後半から一九七〇年代にかけて、公立学校の中で親と生徒に多様な教育理念の間での選択の機会を与える「オルタナティブスクール」というものが開花した。自由主義的教育学に基礎を置く「フリースクール」というものがその当時は流行であった。しかし、それらは後には私立の教会学校に数で圧倒された。学区は人種的分離廃止を達成するための戦略として、マグネットスクールを創設した。二一世紀の転換点には、公立のチャータースクールが多くの関心を引きつけた。自治的で、特別の目的（あるいはチャーター）を示しながら、それらは学校を改善することを約束することによって規制からの自由を獲得した。これらは公立学校の中で学校の選択を提供するオルタナティブ教育の形態の一つの見本にすぎない。こうした学校に学ぶ生徒の数は、しかしながら公立学校の全生徒の数のなかで極めて少数部分にすぎない。今日、公立のチャータースクールに通う数よりもはるかに多くの子どもが家庭で私的に教育を受けている(3)。

公教育のなかでの「選択の学校」の提唱者は、唯一最善の学校類型というものはないと論じている。彼等は、親、教師、そして生徒に特別の学校を創設するチャンスを与えることが、より多くの親の関与、教師によるより創造的な教授活動、生徒のより熱心な学習というものを生み出すと主張している。しかし、公立学校選択の擁護者は主流となっている公立学校を鋭く批判するが、彼等は公教育の基本的な教授に対して根底的に否定するというようなことはほとんどない(4)。

これとは対照的に、最近のバウチャー提唱者は公教育について基礎的な批判を開始し、徹底的な是正を求めている。彼らは「政府の学校」は失敗した、救済法は、子どもの教育のために私立学校でも公立学校でも使うことのできるバウチャー（奨学金）をすべての親に与えることで、学校教育に開放市場を創設することであると述べる。これらのバウチャー制度提唱者は公教育は浪費的で、過剰に規制され、囚われた顧客に対して非応答で、驚くほど非効率な「独占状態」となっていると述べる。必要とされているものは学校間の、それも私立学校と公立学校両方の学校間の競争であり、親がその子どもをどこで教育をするかを選択することができるような教育の開放市場が必要である。もしアメリカ人が教育において一枚岩のような独占から市場経済に移行するならば、成果の貧困な学校は庇護を失って退場し、効果的な学校の数は拡大するだろう。親と生徒が選択を実行するにつれて、弱い学校は篩にかけられ成功する学校は報償を受けるだろう。この結果、テストの点数は上昇し、アメリカ合衆国は経済的に、より競争力を高めるであろう(5)。

選択はアメリカ人がチェリー、アップル、ブルーベリーのどのパイを取るかを選択するようなものだと、教育の開放市場の提唱者は言う。消費者主権と市場は他の領域を支配してきた。真に驚くべきは、市民が今や学校教育の選択を望んでいるということではなく、かくも長い間公立学校の一枚岩に耐えてきたということである。失敗したシステムにつぎをあてるのでは駄目であろう。学校の財政と統治の根本的な変化が不可避である。もし親が子どものバウチャーで、あるいは授業料減税で教育を賄えるとすれば、優れた学校の供給は急速に需要を満たすために拡大するだろう。

教育の市場はガバナンスを変容させるであろう。親が学校を選択することができるようになるならば、政治的な問題は重要性を失うだろう。党派的な論議やさらには官僚的な規制の代わりに、バウチャーによって支援された選択のシステムは家庭に力を与え、根底的な規制緩和を通してお役所仕事を打破する。もし人々が不同意の場合、彼等は不満足な政治的妥協を受容する必要はない。彼等は彼等が高く評価する学校と彼等が同意する教育者を選ぶことができる。貧しい人々はこのような選択のシステムから富裕な人々よりも多くの利得を得るであろう。なぜなら、彼等はこれまで政治的発言権をもてず、私立学校あるいは豊かな郊外の公教育のような既存の教育のオルタナティブを利用する財政的資源を欠いていたからである(6)。

選択の市場モデルの批判者はこれらの議論のまさにこれらすべての問題点を取り上げている。それは教育における民主主義と民主主義における教育を損なうと主張する。

手始めに、公教育を「一枚岩のような独占」と呼ぶことは、スローガンとしては良いであろうが、それは政策分析としてはあいまいな概念規準であると批判者は言う。ジョン・F・ウィットは、規模において、生徒集団の階層、民族、人種構成において、学年の編制において、テストの利用法を含むカリキュラムと教授法において、そして富において、学区間に非常に大きな多様性があることを事実に基づいて明らかにした。彼はまた実際のガバナンスのパターンが「相対的に単純で一体的な、位階的で集権的な官僚制というもの」からははるかに遠いものであることを示した。彼は実際の「統制と影響システム」――連邦、州、地方当局、組合、組織化された利益集団、私的な商売人、専門職職員、諸組織、教師、親、生徒そして市民から構成されている――が、公立学校の目的と実践において大きな多様性を生み出す、政策決定の複雑な方法というものを帰結していることを描き出している(7)。

そのようなシステムがどうして一枚岩などとみなしうるのかとバウチャー批判者は問う。公立学校はガバナンスと財政において多様であるだけではなく、それらは個々の生徒と彼等の家族にカリキュラム上の驚くほど多様な選択を提供している。時間とともに、公立学校は数えきれない方法でその顧客の要求を受け入れてきた。もしヨーロッパの集権化された教育システムと、分権化されたアメリカの学校を比較するならば、入学と再入学そして学習コース間の移動の多くの点で、個々人は合衆国においてはるかにたくさんの選択を得ている。アメリカの学校は公衆の要求を満たすために何百もの新しいテーマを付け加えてきた。しかしながら選択が単純に善いものであるということは難しい。すべての選択が無制約であるべきだと信じている人はほとんどいない(8)。

一部のバウチャー批判者は、民主的政治哲学に基づいて、この市場モデルに反対して議論している。教育を教育市場で購入される私的な消費材と解釈することは、教育と民主主義の両方を不毛なものにすると批判者は言う。公的財政に裏付けられたバウチャーは親に選択を与えるかもしれないが、子どもをもたない市民はどうなのか？　教育における集合的政策決定と代議制民主主義はどうなるのか。次世代を教育することは社会全体に関する事柄であるから、教育は単なる消費財であるだけではなく、われわれが呼吸する空気と同じく公共的な財でもあるのである。教育に関する政治論議は、重要な事柄からの不快な迂回ではない。それは差異を緩和し、公共的な土台を求めるための伝統的な闘技場なのである。学校が消費者を引きつけることに、そしてよいテストの成績を生み出すことに成功しているかどうかという点で単純に判断されるとすれば、教育目的の破滅的な圧縮が起きることだろう。学校を単純に市場の力の産物として扱うことは、もっとも重要な民主主義の機関を死滅させることになる(9)。

学校選択についての最近の論議は、如何なる理由でわれわれが学校を持つのか、如何にしてわれわれは良い学校を手にすることができるかという、最も根本的な問題に携わるものとなっている。しかし、この論争の多くは、健忘症が美徳でもあるかのように、非歴史的なものになっている（おそらくそれは論争においては美徳となろうが、政策においてはそうではない）。選択を長い目でみるならば、風景は変わってくる。次のように問うことが必要である。何を選択するのか（もちろん学校の選択だが、選挙による代表制ということも選択であり、倫理的な雰囲気の選択ということもある）。〈誰による〉選択なのか（親、生徒、教師、投票者）。〈何を目的とした〉選択なのか（公正、自由、効率、良心、個人的な有利性、集合的利得）。

教育における選択は、こうして時代とともに変化し、多様なグループに対してまったく多様に機能する変幻自在な概念であることが明らかになる。私は以下の問いの検討を教育の選択の歴史のなかで行いたい。一九世紀のアメリカ人は公的サービスの供給についてはものぐさであったにもかかわらず、そして州政府をかなり疑いながら、なぜほとんどの人々が子どもの教育については私的な教育ではなく〈公的な〉教育を選択したのだろうか。

私が検討するその次の問題は、なぜ、およそ一〇％の家庭が子どもを〈非公立〉学校に通わせているのかというものである。私立学校へ子どもを通わせている親は、教育をあたかも消費者のための商品であるかのように扱って、単純に開放的な市場で最良の教育を掘り出そうとしているのだろうか。それとも、私立学校はほとんどの教会学校が今日そうであるように、そもそも異なった良心と文化を中心として組織されていたのだろうか。実際に、ほとんどの私立学校へ子どもを通わせる親は消費者としての選択を実行していると言うのは正確なことであろうか。あるいはまた宗教的義務が子どもの通う学校を決定していると言うほうが正確なのであろうか。

第三に、私は教育における選択が、どうして時に賢明な政策ではなくなるのかということを探求する。公立高校のカリキュラムは生徒に幅広い選択を認めているが、そのことと教育の改善とは別のことだという点について、ほとんどすべての教育の観察者は同意している。私は選択コースの増殖がどうしてあまりにしばしば学習を平凡なものにし、薄められたものにするのかを考察する。コースの選択がしばしば学術レベルを低下させ、社会グループの間の不公正に帰結するのであれば、なぜ学校の選択が高度の学術的達成とより大きな公正を導くのであろうか。どのような形態の選択が――もしあるとしてだが――現在もっとも目の行き届かない、取り残された子どもを助けるのであろうか。最後に、私は消費財としての教育という考えが、教育における民主主義の伝統と民主主義における教育の伝統にどのように影響を与えるのかを省察する。

コモンスクールの選択

一九世紀の初頭、アメリカ人は学校と教会を同じものと見る傾向があった。宗教と教育はともに重要であり、選択によって教会と学校へ通い、可能であればそのための費用を負担するということは妥当なことであった。学校と教育はともに非常に大きな多様性があった。「公的」なものと「非公的」なものの間の線は明快には引かれていなかった。両方の性格を合わせ持つ機関というのが一般的であった。博愛団体が貧しいもののために学校を経営した。エリート学校が富裕なもののために創設された。宗派学校は多数存在した。富裕な家庭の少女は営利的な通学制の学校で女性としての才芸を身につけた。そういった具合である。その時代の学校教育は学習のための種々雑多な市場として描き出すことができる(10)。

一九世紀の前半には、公立学校が私立学校に勝利することが不可避的であったようにはみえなかった。教育者の間の競争企業家的精神は、健全な私立教育のセクターを創出し、宗教的復古主義はすべてのタイプの宗派学校の成長の火に油を注いだ。マイケル・カッツが示したように、正規の学校教育を組織し統制する多様な方法は、田舎の学区の「民主的地方主義」から、団体的な計画によって組織された慈善学校、あるいは都市学校における初期官僚制まで、幅広いものであった(11)。

世紀の半ばまでには、しかしながら、学齢児童の半数以上が公立学校に通学し、一八九〇年までには彼等の約九〇%が公立学校に通うようになった。より画一的で正確な統計を得ることを求めて、一八九〇年の国勢調査は公立学校を「公的当局の手によって運営されている機関であり、公務員によって選抜され、直接にそうした公務員に責任を負う教師によって、公的な建物のなかで教えられる」機関であると定義した。コモンスクールがほとんどのアメリカの子ども達にとって一般的な（common）学校となった。教育に対する一般的な信頼は、公的に統治され財政を保障された特定の種類の学校教育に対するそれへと転換した。こうした〈公立〉学校教育の優勢は謎である。なぜならこの時代のアメリカ人は市場を好み、政府に信を置いていなかったからである(12)。

なぜアメリカ人は〈公立〉学校を選択したのか。第五章で言及したように、そこには実践的かつイデオロギー的理由があった。学校理事者に公的支出について市民に対して責任を負うことを投票者が望んだときのように、それはしばしば混ぜ合わさっていた。もっとも一般的な政治的統制の形態は、この本を通底しているおなじみのローカルコントロールのテーマである民主的地方主義であった。

近隣にあるすべての子どもたための単級学校というのは、一九世紀には経済的社会的に意味をもっていた。人口の半数を大きく超える人々が田舎に住んでいたのである。（例えば一八六〇年には八〇%の人々が非都市部に住んでいた。）道路がひどく、交通手段が未発達の時代には、そして地域の市民が学校の経費をほとんど自分自身の財布から支払い、少年と少女の学校を分けたり、バプティスト派とコングリゲーション派の学校を分けたり、富裕な家庭の子どもと着古しをきた子どもの学校を分けたりすることは高くつき、また時には不可能であった時代には、単級学校はよく機能した。理論的にはすべての宗教の公分母を教えるとされるコモンスクールをもつことを選択することによって、プロテスタントのアメリカ人は宗教教育を廃止し、そこに公教育を設立することに近づいたのである(13)。

一九世紀の市民がなぜ公立学校を選択し、これを運営するために近隣住民を選挙で選び出したのかについては実用的な関心からは別々の説明があるだろう。しかし、集合的自治への傾倒は、学校理事者に財政上の責任をもたせるという餌のついた釣り糸を離れて発展した。民主主義的地方主義は代議制の政府としての民主主義という広く行き渡った精神に適合するものであった。それは自らの手元に近く透明であるという望ましいものであった。この方法で人々が集合的な決定を行うとき、彼等は若者達に、自治を誇る政体のなかで集合的選択が如何に機能するか(あるいは、しないか)ということを示すことができた。一九世紀には、地域の多数決原理が——学校における宗教的実践あるいは教育において外国語を使用することなど——、後には法廷で裁かれ、あるいは州の法律によって定められることになる多数の問題を決定した。もし地域の市民が同意しなければ、州の法律が力を持つチャンスはほとんどなかった(14)。

良心と学校の選択

一九世紀の半ば以降、公立学校が支配的になったが、約一〇%の家庭が子どもを私立学校へ通わせていた。これらの市民はどのような市民であったのか。彼等は何を望んでいたのか。ここには歴史的に探索すべき、興味深い今日的問題が存在すると論じることができるだろう。教育における選択の市場は、実際には非公立学校を選択する個々の家族にとってどのように機能したのだろうか。多くのバウチャー提唱者に好まれる選択のモデルに従えば、親は彼等が支払える価格のなかで最良の学術的成果を求めて教育市場で買い物をすることを期待される。そうする親が一部にいたことは疑いがない。

しかしながら、この論点をこのように定式化することには問題がある。トマス・ジェイムズが観察したように、「私教育の世界を、あたかも個々人の自由選択から構成される不定形な市場とのみ」解釈することは誤りである。非公立学校を選択する大部分の親は、宗教的な志向をもつ特定の形態の学校を求めていた。そのような学校は典型的には宗教的な指導者たちや、会衆によって集合的に創り出されたものであった。彼等は学校を消費者に教育サービスを販売するためにではなく、彼等の子どもに宗教教義と徳のある習慣を教えるために発達させたのである[15]。

一八九〇年には初等中等学校の全生徒の約八％が特定宗派のあるいは教区の学校に就学しており、そのうちおよそ三分の二はカトリックの機関であった。二〇世紀には、非公立学校の生徒数はおよそ八％から一四％であるが、そのうちの八割から九割が宗教学校（大部分がカトリックである）に在学している[16]。

ほとんどの宗教学校は、異なった良心と特性を中心にして組織されてきた。実際、もし出席が宗教的な義務によって決定されているならば、親が子どもの教育を選択する自由を感じているというのは正確ではないだろう。親は彼等の子どもに、公立学校で教えられている授業内容と対立する特別の宗教的な信念を伝えることが、彼等の義務であると感じていたのである[17]。

一部の宗教グループは、公立学校の中で宗教的そして文化的マイノリティとして彼等の価値を実現することは不可能であることを発見した。コモンスクールの理事者による宗教的そして道徳的教育についての多数派の選択は、効果的にこれらを排除した。良心と文化――一人のカトリック信者が「神聖なものへの服従」と呼んだものを保持すべきであるという義務の感覚――は、これらの家族がもっとも大切にしているものであった。多数派の支配というルールとマイノリティの良心の権利を和解させようとする試みは、教育政策の中で不可避的な緊張を創り出してきた(18)。

コモンスクールの促進者は、明らかに、多様な生活の道筋と宗教的な信条をもった子どもたちを引きつけることを望んでいた。アメリカ社会が負っている宗派的政治的紛争にも拘らず、彼等は論争の余地のない、しかし影響力のある市民的道徳的徳の公分母を教えるということに望みをもっていた。高潔な市民を育てる以上に重要な教育目的はなかった。そしてそのための道徳教育は、宗教原理による教化にかかっていると彼等は信じていた。「宗教なしの教育は徳のない教育である(19)」と、一人の影響力のあるプロテスタントの改革者は述べていた。

しかし、多くの宗派が競合しているときに、道徳教育のための共通の宗教的基礎をもつことは可能だっただろうか。この答えは是であり否であった。プロテスタントは一般に可能であると答えた。なぜなら彼等はジェームズ一世欽定訳の聖書（プロテスタントとみなされる）を宗派のコメントなしで読むという行為に一般に同意することができるからである。プロテスタントはしばしば、ウィンスロップ・ハドソンが「文化宗教」と呼んだものを共有した。彼等はこの国（少なくともそのプロテスタントの部分）を、文字通り神の国とみなしていた。カトリックは一般的に不可能であると言った。共通の信仰というものは質が下がることになるので、それは結局は無信仰ということになる(20)。

多くのカトリックはコモンスクールの宗教―道徳教育はよそ者への強制であると見なしていた。彼等の指導者はジェームズ一世欽定英訳聖書の講読は――仮に注釈をつけないにしても――良心を侵害し、聖書の解釈における司祭の権威を貶めるものであると主張した。宗教的マイノリティとして、フィラデルフィアのカトリックは、バイブル問題をめぐる暴力的な反乱のさなかに憲法的保護を申し立てた。「われわれはマイノリティである。それゆえ、われわれのためにこの憲法が存在しているのだ。多数派はその保護を必要としない。なぜなら彼等は自らの利益を守る力をもっているのだから。（略）《どんなことがあっても多数派の裁量のもとでは良心の自由はない(21)》。」

立法府および地方教育委員会における多数派は、概して公立学校における宗教的実践を決定した。それは、ベンジャミン・ジャスティスが記しているように、時に友好的な妥協を成し遂げることもあれば、時には呪わしい闘いの引き金となることもあった。道徳的宗教的教授が問題になったときには、法廷は一般的には選挙によって選出された公職の決定にそれを委ねた。例えば一八五三年にメーン州エルスワースの教育委員会は、すべての生徒はジェームズ一世欽定英訳聖書から読まなければならず、さもなければ学校から退学させられるとの規則を決定した。その教区司祭は抗議し、一群の生徒が退学となった。この司祭は彼等のためにカトリックの学校を開いた。地域の暴徒は教会と学校を襲い、司祭にタールを塗り鳥の羽で覆うという私刑を加えた(22)。

退学させられた一人の少女の父親は訴訟を起こした。メーン州最高裁は、生徒は良心の自由を理由に、あるいは指示された本を読むことは〈罪〉であると司祭が言ったという理由で「プロテスタント版の聖書」を読むことを拒否することはできないとして、この訴訟を却下した。法廷は「ある者が〈良心的に〉正しいと考えるものを禁止し、あるいはその者が〈良心にしたがって〉悪であると考えるものを要求しているという理由では、法律は憲法違反とはならない。州はそれ自身の義務の見地によって統治される」と宣言した。マイノリティグループの権利と、不同意者の良心などはそれだけのものにすぎない。コモンスクールに対するオルタナティブがなければならなかった。多数のカトリックの指導者達はそれが教区学校であると主張した(23)。

アメリカ生まれのプロテスタントの教育委員会のメンバーとカトリックのリーダー達は、特に都市において、お互いを理解することができず、その差異を和解させることはもっとできずに、対立していた。カトリックがジェームズ王聖書を学校から取り除こうとし、あるいはまたカトリック版の聖書を代わりに用いようと試みたときに、プロテスタントはこれをシステム全体の道徳的基礎に対する攻撃であるとみなした。ノーナッシング党員は、聖書を「アメリカニズム」の主要な象徴として保持するために政治的に結束した。カトリックにとってはコモンスクールの汎プロテスタント主義は、宗教的な支配の体制であるように見えた。不愉快な聖書、賛美歌、礼拝が取り除かれたときでさえも、それらがどこかに場所を得ていたときと同じように、結果として世俗化された学校も依然としてカトリックを満足させなかった。というのは、彼等は究極的には、「単なる教授」に対抗するものとして、宗教に基礎を置いた「真の教育」を望んでいたのであるから(24)。

合衆国のカトリックの司教と司祭の多くはヨーロッパにおける世俗化と近代化に反対する聖戦になじんでいた移民であり、通常はアメリカのカトリックは、資源を得たならば可及的速やかに自分自身の学校を創設すべきであると主張する点でバチカンの指導に従っていた。一八五二年、反カトリシズムの悪意の中、バルティモア第一回全権総会は地方教区に学校を建設することを〈力説〉していた。しかし、一八八四年の第三回総会はそうすることを命令し、親に対してその子どもをそこに通わせることは宗教上の義務であると主張した。親と司祭の一部の反対にも拘らず、一八九〇年代までにはおよそ六〇％の教区が、しばしば相当の財政的犠牲のうえに、学校を建てるという宗教上の義務を実行した。多数のカトリック移民——例えばドイツ人、ポーランド人、フランス系カナダ人——は、それらの学校で自らの信仰を保護しただけでなく、自らの言語と文化も保護した(25)。

義務は非常に多くのカトリックに、公立学校を棄て、彼等自身の教区学校へ通わせることを強要したが、民族的宗教的戦闘状態を終わらせはしなかった。実際に、一八七〇年代にはカトリック学校への規制と教区学校への州の補助という問題が全国的、州、地方レベルで、プロテスタントとカトリックの間で、共和党員と民主党員の間で、アメリカ生まれの人々と移民の人々の間で、一触即発の問題となった。宗派的な学校に対する公的援助という問題は、周期的に、特に一九五〇年代に、過熱する論争として登場した。そして今日では教区学校にバウチャーを利用できるかどうかをめぐって法律論争が起こっている(26)。

もちろん、ローマカトリックが公立学校のオルタナティブとして分離した教育システムを創設した唯一のグループではない。プロテスタントは一般的にはコモンスクールに帰属意識をもっていたが、一部のプロテスタント宗派の指導者達と会衆は、「守られた」つまり分離した、教育システムによってのみ、彼等の特有の信仰と信者の結合を保護することができると信じていた。彼等自身の宗派的学校を正当化するために、彼等は個々人の選択という言葉ではなく、義務と集合的行為という言葉を使っていた(27)。

福音派クリスチャンの通学制学校が他のどの部分の初等教育よりも速い速度で拡大し、プロテスタント学校の最大の母体となった最近の数十年間まで、プロテスタント学校の最大のものはルター派および安息日再臨派によって創設されたものであった。保守的なルーテル教会のミズーリ宗教会議は、彼等自身の学校を通して教義の正統性を保護するために勤勉に働いた。ルター派学校は「会衆の面前で公然と厳かに任命された」教師を雇用したが、信者にとっては、その学校は「自明の、そして単純に必要なもの」であるように見えた。正統派ユダヤ人とブラック・ムスリムはもまた、彼等の若者に、防護された教育を供給するために、そして深刻な差別のただなかで、そのグループの宗教的文化的生存を保障するために、彼等自身の通学制学校を創設した(28)。

二〇世紀の初期には——カトリック、ルター派、そして少数の他の宗派が宗派の学校を建設し続けていたが——、一部のプロテスタント原理主義者が公立学校のなかでの世俗主義と自由主義の増大について警告を発するようになった。彼等はもはや、コモンスクールのなかでの聖書講読のような宗教的な問題について、地方教育委員会の決定に委ねておくことに満足できなくなった。——それはあまりに裁量の余地を残しすぎていた。彼等は宗教的実践について規則を設けることを望み、一一の州で公立学校における聖書の講読を〈要求〉した。政治的な原理主義は宗教的な正統主義と結びついていた。なぜなら、保守派はしばしば聖書の徳と同様に愛国心を教授することを命令したからである。一九二〇年代にはオレゴンで、すべての生徒に公立学校への出席を義務づけ、それゆえすべての宗教的な私立学校の存在を脅かす住民発議が可決されたとき、多数派がどれほど良心の自由についてのマイノリティの権利を侵害することができるかが争われることになった。(連邦最高裁はこの法律を違憲とした(29)。)

教育政策においては二つの避けがたい緊張があったし、今でもある。正確にはどのような形態の宗教的表現が公立学校において許されるのか、そして、宗派学校に対してどのような政府の補助を行うことができるのか。これらについては鋭い政策的な不合意が存在していた。一九六〇年代には、最高裁は公立学校における礼拝と聖書講読の儀式を禁止し、宗教的学校に対してどのような種類の公的援助が可能であるかについて審議した。人々は一般に公教育が道徳性とよき市民性を促進すべきであるということについては同意しており、それが宗教となんらかの関係をもっていることについても受け入れている。しかしそれはどのような関係であるのか。コモンスクールを選好するプロテスタントは、しばしば公立学校の倫理をマシュマロのような道徳性だとみなす多くのカトリックおよび保守的なプロテスタント教派のメンバーを排除してきた。聖書と礼拝を非合法化したことは、多くの福音派のプロテスタントに、クリスチャン通学制学校を創設するために団結することを奨励することになった。なぜなら彼等はもはや公立学校が彼等の宗教的価値を歓迎せず、支持もしないようになるだろうと恐れたからであった(30)。

今日、教育における「選択」についての議論は、ほとんどの非公立学校の創設の根底にある宗教的な命令というものについてしばしば軽視している。今日、多くの都市において親が、バウチャーによってではないとしても援助を受けながら、自らの宗教的な信念とは関係なく、信仰に基礎を置く学校を子どものために選んでいるという理由で、このことは理解のできることである。例えば、黒人のプロテスタントは、その教育が都市の公立学校よりも優れていると信じて、しばしば都市部のカトリックの教区学校に子どもを通わせている。しかし、過去においてアメリカのほとんどの私立学校は、最良の学術的な価値を個人的に追求するために組織されたのではなく、会衆や宗教的指導者達の保護の下で、集合的な道徳的行動としてつくられたのである。こうした集合的な教育観は市場としての学校教育という概念とはまったく違ったものである。

高校のカリキュラムにおける選択

教育の市場は、時々、選択すべきたくさんの「供給物」が並んでいるショッピングモールと比較されている。しかし、限りなく選択があるというカリキュラムは価値のあるモデルなのであろうか。人は、学校選択の擁護者はこの学校の中の市場を称賛するだろうと考えるかもしれないが、しかし、一般的にはそうではない(31)。

レーガン政権の時代の影響力をもった教育報告書である『危機に立つ国家』は、一九八三年に次のように宣言していた。中等教育におけるこの混乱――実際、知的な混乱騒ぎであった――は、「カフェテリアスタイルのカリキュラムから派生している。そこでは前菜とデザートが簡単にメインコースと間違えられてしまう。(略)生徒の過剰な選択と結びついたこのカリキュラムのバイキング料理は、今日われわれがいる場所がどこであるかをよく説明するものである」。このカフェテリアに並べられた多くのコースから個々人が選択するというのは、誤った政策である、とこのレーガン政権の委員会は言っていた(32)。

一九八〇年代に疑いをもたれるようになった新教科の増殖は、二〇世紀初頭の改革として始まった。それは高校が規模と複雑性において急速に成長し、生徒集団がより多様になった時代であった。第四章で論じたように、学校の外部の多くの団体がカリキュラムの追加のためにロビー活動を行った。職業的コース、実業的コース、「アメリカ化」クラス、体育などなどである。

たとえ変化のための刺激の多くが学校の外側からきたとしても、教育者は単なる外部の諸利害の受動的な仲介者だったわけではない。彼等は有権者の要求するものに応えようとして、彼等自身の議論をすすめていた。教育者のなかには、カリキュラムをドロップアウトする可能性のある生徒の利益に適合させようと熱心になっている者もいた。またあるものは生徒の創造性を発達させようとして、芸術教育を提唱した。職業訓練とガイダンスを専門とする教育者もいた。多様なカリキュラムの選択は生徒を階層、性、人種、民族といったもので分離する傾向があることに気がついていた者も少数いたが、教育者の大部分は、選択的プログラムとコースを、高校に押し寄せてきた新しい生徒の非常に大きな多様性に対応するための便利でうわべは民主的な方法として歓迎した(33)。

最近数十年間の高校におけるカリキュラムの選択の範囲の拡大は、信じ難いものである。一九七三年のある調査では、校長達は二千百以上の異なるコースのタイトルのリストを挙げている。それは一九六一年の場合のおよそ二倍であり、一九四九年の場合のほとんど三倍である。一九六一年には数学だけで一二五の異なるコースのタイトルがあった。一九八〇年代には一部の大規模な高校では四百を超えるコースを提供していた。カリキュラムの名前が増殖するにつれて、用語法の標準化も低下した。一九七三年にはわずか二つのコースのタイトル――英語と第一学年次タイピング――が九〇%あるいはそれ以上の高校でリストに挙げられていたにすぎない。統計表では、連邦政府は中等教育の学習コースを「offering(提供されるもの)」と呼んでいた。この用語は、過去一世紀の間、高校が次第に商品計画化された学習のための市場となってきたことを暴露している(34)。

一九六〇年代には、英語や社会科学のような分野での選択肢の増加が、伝統的な規範財を強調するコースへの履修者を衰退させた。一九六一年には一二学年の生徒の八四％が第四年次の英語をとっていたが、一九七三年には四八％の生徒がそうしているに過ぎなかった。英語の履修者総体の数は選択によって急上昇して全生徒数の一三〇％にまで増加していたのだが。社会学あるいは社会問題についてのコースを提供する学校の比率は二倍近くに達していた(35)。

一九六〇年代の終わりまでには、卒業のための必修科目というものは多くの州でないに等しいまでに緩和された。それは生徒に選択科目を選ぶ相当の自由を許すものであった。一九五八年には一三の州が英語のコースの履修を要求せず、一九の州では数学と理科のコースの履修を要求していなかった。一九七〇年代の末から一九八〇年代にかけて、全国レベルおよび州レベルの改革者達は、試験結果の低下について警鐘をならし、「基礎科目」にもどることを求めた。一つの対応はより厳しい卒業要件を要求して高校の学術市場を規制しようというものであった。一九八〇年代の半ばまでに、五州を除くすべての州で英語、数学、理科の履修が卒業のための必須要件となり、一つの州を除いてすべてに州で社会科の履修が卒業のための必須要件となった。一九八〇年代を通して、一つ一つの教科の履修年数についての要求は増大していった(36)。

こうして、アメリカ人は中等教育においてますます増加しつつあった規制の緩和と、種々雑多な学術市場というものに幻滅した。学術的怠惰に対する最初の矯正策は、州の規制の増加であった。それから改革者達は全国的な基準と、できるならば全国的試験というものを要求した。結局のところ、幅広い選択コースシステムによる選択というものは間違いだったのだろうか？　消費者志向のカリキュラムは、社会の多様性とアメリカ人が高校に求める複合的な要求を扱うための民主的な方法ではなかったのだろうか？

コースの選択制は抽象的な形では必然的に善でも、また悪というわけでもない。それは部分的にはそのコースの質にかかっている。――ジャンクフードのようなコースから選択する自由というものを賞賛するのは難しい。しかし、選択コースというのは、最良の場合には、教師にも生徒にも新しい方法で教科に挑戦することを可能にする。しかし、要求を高度にすれば知的な質が保障されるというものではなかった。なぜなら生徒はしばしば野心的なコースよりも、安易なあるいは一時的な流行を追うコースを選択したからである。一九二〇年代にジョージ・カウンツは、八百人以上の教師に対して生徒がどんなタイプのコースを選んでいるかを質問した。半数以上の答えは「より安易な教科」というものであった。こうした体制の下で、「われわれは難易度に幅のあるコースを提供するカリキュラムのなかでの生徒の選択では、より厳しいコースがより安易なコースによって追い出されるということができる[37]」と、ディヴィッド・K・コーエンは観察している。

カリキュラムについての新しい月並みな智慧は、政府が――州および地方学区が――生徒に一定のコースを履修することを義務づけるべきだと主張する。この政策はコースを選択する生徒の自由を制限するものである。学校教育の市場システムの擁護者は、対照的に、学校の選択がより学術的厳しさと試験の成績を高めることになると議論している。これは矛盾することだろうか？　最近の高校についての調査は、「生徒の（コースについての）選択は、学術的な内容と結果の水準を高めているというよりは、それらの凡庸さ、低水準さを強めるために機能している」ことを示しているとリチャード・エルモアは論じている。高校の食堂で栄養価の高くない〈コース〉をよく選んでいるような生徒や親が、機会が与えられたからといって、厳格な〈学校〉を選択するだろうなどという保障はどこにあるのだろうか[38]。

別の関心も存在する。カリキュラムの市場というものは、諸個人はすべて「選択の自由」を保障されているという想定によって偽装された、不平等な教育の隠れた形態に結果するのではないだろうか。「膨張するアメリカの高校では寛大さが存在する。そこではすべての関心と感覚が敬意をもって迎えられ、すべてのもの（あるいはほとんどすべてのもの）が仮想的、象徴的に平等なものとして卒業していく」とセオドア・サイザーは観察している。表面的にはこれは賞賛すべきポピュリズムである。しかし、高校の「騒々しい折衷主義――教育プログラムと同様水準についても――はこれまでも、またこれからも問題のある結果をもち続けている」とサイザーは指摘している。選択はしばしば中立的な道具ではなく、偽装された社会的フィルターとなった(39)。

生徒の階級的背景、ジェンダー、民族性、人種というものは選択的コースと教育プログラムへの参加の仕方を深く決定している。例えば、職業訓練については、少女たちは少年たちよりもはるかに選択肢が少ない。また白人は黒人よりも選択肢を多くもっている。著しく学術程度の異なるカリキュラムコースの選択――例えば学術的なものか一般的なものかという選択――は、生徒の階級的背景を反映している。「学校でもっとも大きな可能性をもつとみなされるような生徒はもっとも選択の自由が認められず、学術的な能力がもっとも少ないとみなされる生徒はもっとも多くの選択が許される(40)」という皮肉をコーエンは記している。

高校のコース選択の価値は、生徒と家庭が利用可能な情報の質に大きく依存している。教師、親、カウンセラー、そして生徒仲間が良い助言を与えたか？生徒は大学入学を勝ち取るのに、あるいはある職業に就くのに必要なコースを履修していないことに気がつくのが遅過ぎたというようなことが起こるというように、情報の不足した選択が一度行われると、しばしばそれがその後の選択の機会を制約してしまう。高校における〈コース〉の選択についてよりも、おそらく〈学校〉を選択することについてのよい情報のほうがより重要である。しかし、エルモアが言うように、「学校の内容と質について良質の情報を得ることは困難で、経費のかかるものである。それは注意深く集められなければならず、集められた後は冷静さと懐疑心をもって解釈されなければならない。というのもそれは学校というものについての限定された姿しか示さないものであるから」。学校を売込む側は、「生産物を売り込み、効果について表面的あるいは不正確な情報を提供しようとする（略）強い誘惑[41]」をもっていると、エルモアは指摘している。

一部のアメリカ人が学校を選び取る際の魔法のような金言として選択というものを見いだすまさにその時に、他のアメリカ人は、それが実際に実行されるにつれて、これに疑いをもち始めている。なぜ、学術の市場における学校の選択が、しっかりとした教育をもっとも必要としている生徒を助けるであろうと想定できるのであろうか[42]。

選択：変幻自在な概念

「選択」についてなされる多数の選択がある。そしてすべての環境に対する一つの正しい解答というものは存在しない[43]。バウチャーの提唱者が今日学校選択について語るとき、彼等は通常は個々の家庭がその子どもをどこの学校に通わせるかを選択するということを念頭においている。彼等は消費者が整然と並んだ学校教育の選択肢から学校を選びとる（そして公衆がその経費を支払う）ような、教育の市場というものを認識している。彼等はそれがアメリカの公立学校教育の伝統との関係を絶つものであるだけではなく、同じくそれ以上に一世紀にも及ぶ私立宗教学校の伝統と関係を絶つものであるということについてほとんど気がついていない。

実際、アメリカ教育において選択は長いこと卓越した意味を有していた。――それは親が個人的な選択を行うのではなく、教育政策を決定する教育委員会を選挙で選出することによって、また投票によって学校の予算と債務の上下を決定するというやり方によって、学校教育についてコミュニティが集合的な選択を行うというものであった。アメリカ人はコミュニティの子どもの教育は親だけの関心ではなく、すべての市民の関心であるべきであるということを確信してきた。それ以来ずっと今まで、どこのコミュニティでも教育を供給するために最善の方法はなにかということについて、集合的な選択をしてきた。

早くからおよそ一〇%の親は子どもを公立学校ではなく私立学校に通わせていた。しかし、そこでもまた教育の大部分は集合的選択を反映するものであった。私立学校に通う生徒の一〇人に九人までが、宗教的な信念とそのグループの文化的価値が単に寛容にも認められるというのではなく、それが強化されるような特定宗派の、そして教区の学校に出席していた。彼等は、ルター派信徒がいうところの「守られた学校」を子どもに与えることによってのみ、彼等の信仰の特別さと信仰をもつものの連帯を保持することが可能になると信じていた。これらの学校の本質は、そしてこれらの学校に出席することを決定することですら、個々人の消費者としての選好なのではなく、集合的な宗教的義務なのであった。

それならば消費者の選択にあふれた学術的市場の実例を発見するために、どこに行けばよいのだろうか。もっともそうしたものに近接しているのは、個々の生徒が提供されるコースついて幅広い選択を行うことのできるアメリカの公立高校であろう。しかし、皮肉なことに、それは学校選択の擁護者がしばしば馬鹿げたものとして忘れ去っているものである。

数十万の子どもが、気の滅入るような公立の（そして私立の）学校に出席している。理論的には、教育を補助するためにバウチャーを提供することは、貧困なコミュニティに数千の新しい、効果的な学校を生み出すことになるはずであった。そうしたコミュニティこそそうした学校がもっとも必要なところであった。しかし、そこに難を逃れるのに十分な数のよい学校ができるだろうか。とてもよい学校を創り出し、維持するということは簡単な事ではない。それは時間、エネルギー、財政援助、専門的知識といったものを必要とする。またオルタナティブスクールというものは、小さなビジネスのように、失敗率の高いものである。仮にバウチャーや学校のための新しい市場というものが多くのよい学校を創り出すことができたとしても、もっとも貧しい子ども達がそうしたよい学校を卒業することができるだろうか。情報、影響力、資源において出発からして非常に不平等な家庭間での、とてもよい学校という希少資源を求める競争が、持てるものと同じように持たざるものの利益にもなるというのは疑わしいのである(44)。

しかし、もっとも貧しい子ども達が上等な学校を得ることを保障するために、市民はなにかを始める必要がある。公立学校についてもっと親に選択を与えるというやり方で、公立学校システムを揺さぶることは、変化をもたらすために役立つかもしれない。例えば、チャータースクールの擁護者は、学校のより大きな選択は官僚制的停滞を緩和し、より民主的なガバナンスを奨励し、多様な価値と文化を尊重する、より想像力のある、そして競争力のある方法を発展させ、より高い学術的達成を生み出すであろうと論じている。

親の選択と親、教師、行政官による集合的政策決定が、貧しい生徒の教育を改善することができるという有望な実例が存在する。例えば、ニューヨーク市スパニッシュハーレムの第四学区は、一九七〇年代の初めには学業成績で市のほぼ底辺にあり、ニューヨークの二六位のもっとも貧しい学区のなかで福祉家庭の数で第八番目にランクされていた。セイモア・フリーゲルは、第四学区の指導員が「リスクを負い、そして革新的であることを選択した。なぜならそこでは上昇する以外に進むべき道はどこにもなかったからである」と書いている。よい学校は有機的なものであり、はっきりとしたビジョンをもった教育者と親によって内側から創造されるものであるということを信じて、改革者達はオルタナティブスクールを一つ、また一つとつくっていった。最初につくられた学校は「学校不適応」の生徒のためのものであり、もう一つは舞台芸術の勉強のための学校であった(45)。

セントラル・パーク・イースト学校（ＣＰＥ）はデボラ・Ｗ・マイヤーのリーダーシップの下に、この学区だけではなく全市から革新的な教師を引き付けた。時間が経つとともに、他の教師や校長もオルタナティブスクールを計画するようになり、そのうちの多数は小さなものであり、そして一つの学校の建物の一角を占めて開かれた。（CPEとマイヤーは「学校」と「建物」とを区別した。それによって教師と生徒のより小さなコミュニティを創造しようとしたのである。）一〇年間に、二〇の学校の建物のなかに五一の学校がつくられた。そしてすべての中学校は選択の学校となった。親は第三希望まで選択するように求められる。九〇％がその選択による学校に子どもを通学させることができている(46)。

このような改革の結果は印象的である。第四学区は数学と読解の試験において全市の学区の中で中位の成績を残し、特別選抜の高校に入学できた中学校卒業生の数は一〇人から二五〇人を超えるまでに上昇した。教師達はより大きな自由が与えられ、革新的な学術的プログラムを発展させた。彼等は政策決定の民主的形態を強調する。「公教育は産業政策としても有用であろうが、それは民主主義における健全な公的生活にとっては必須のものである」とマイヤーは述べている(47)。

第四学区は親により大きな選択を与え、教師により大きな自治を与えることが、如何にして都市内部の学校を学術的に生き返らせることができ、教育における民主主義の意味を広げ、深めることができるかということの一つの実例を提供している。公教育の民主的構造と目的の中で採用されるのであれば、選択はイーストハーレムの人々のような、学習する公正な機会を否定されてきた人々にとって機会を拡大させるための多数のなかの一つの道具でありうる。しかし、選択は万能薬ではない(48)。

最善の場合には、公教育は市民に個人のためだけでなくコミュニティのためにも機能するような学校に対する選択を許すものである。市場の比喩によって、今日市民の前にある教育の選択の全体像を曖昧にしてはならない。

省察

公教育は「アメリカの中でも最もアメリカ的なものである」と、アドレー・スティーブンソンは信じていたけれども、多くの人々は今日ではこうした見解を共有していない。一部の市民は「公立学校」について、長い間近隣社会に存在してきた機関ではなく、疎遠な侵入者であるかのように語っている。二一世紀への転換点に、人々は、学校教育の金銭的な価値について、あるいは最新の革新というものについて論じているが、しかし、公教育をわれわれの政治的な過去と未来に関連づける強力なアイデアとしてはほとんど語らない。

毎日のように、一攫千金のような利口な学校改革案が現れてくる。生徒は教師に対して礼儀正しく接すべきである。学校の生徒は制服を着用すべきである。学区は校内での勧誘と販売の排他的権利をコカコーラに与えることによって、資金を得ることができる。生徒は標準テストの適切な空欄をＨＢの鉛筆で埋めるべきであり、それができないものは原級留め置きとすべきである。社会的上昇は廃れ、非社会的非上昇がはやっている。

一世紀以上の間、公立学校は堅固な機関であり、戦争にも、不況にも、大量の人口動態的変化にも、そして改革者に対してさえも生き残ることができた。こうした闘いのなかで、人々は教育は問題の解答の一部であり、問題それ自身ではないという強い感覚を保持し続けてきた。しかし、最近の数十年においては、学校が多数の社会的政治的葛藤の渦に巻き込まれるにつれて、そして民営化のイデオロギーが急速に広がるにつれて、疑いが生じてきている。公教育がこの国を失敗させたのではないのだろうか。それとも、この国は教育に失敗したのだろうか。以前には公教育に影響を与えた政治的、道徳的目的は沈黙し、かつてはコモンスクールを支持していた有権者は、どこに教育的な忠誠を投資すべきか意見が分かれ、混乱している。

私は、この本で示したように公立学校に対して〈批判的な〉者の一人であるけれども、公立学校のための一人のパルチザンである。私は、私立学校よりも公立学校の方が市民を教育する上でより良い――あるいはより悪い――仕事をするというような議論はしない。（ともかく、公立にしろ私立にしろ、われわれは生徒が必要としているような良い学校を決して十分な数もってはいない。）しかし、子どもを有しているかいないかに関係なく、市民が支持するに値する特別な市民的空間を、公立学校は代表しているということを、私は信じている。もし公立学校が廃虚になるようなことがあれば、合衆国はいっそう不毛になるだろう。そしてこうした不毛に至る道は、教育の〈目的〉が私事化されるということによって始まるであろう。

公教育の規模と包摂性は動揺している。この国ではほとんどどこの場所でも学齢児童は出席の権利を認められる公立学校というものを見つけることが出来る。アメリカ人のほぼ四人に一人は、生徒か教職員として学校で学び働いている。学校は市民にとって生徒を教育する場としてと同様に、投票を行い、会合をひらく場所として親しまれている。学校は、公立私立を問わず、他のほとんどの機関よりも政策決定への参加が開かれている。かつて、――学区の統合以前には――世界でもっとも数の多い公共職員だった学区理事者は、今でも公教育を導くために彼等を選挙した市民を代表している。地域の市民は、彼等の子どもにとって望まれる教育の種類を熟慮するとき、彼等は事実上は彼等が望む将来について討議しているのである。参加、代表、熟慮――これらは学校を成人が市民としての義務を実行することができる場所とすることに役立つ。

この本において、私はこの市民的空間を創造するうえでの三つの論点を検討した。第一は、指導者達は如何にして共和国市民を教育しようとしたか。第二は、彼等は社会の多様性をどのように扱ったか。そして第三は学校ガバナンスの方法である。これらのそれぞれの論点に共通するテーマは、論争と民族的宗教的多様性のただ中で共通の土台(コモングラウンド)を探求することである。

この歴史は価値と政策をめぐる根の深い闘いの物語の一部である。誰の価値観が教えられるべきであるのか、誰の歴史が学ばれるべきであるのか。生徒は基本的には同じであるのか異質であるのか、どの程度学校教育はすべての生徒に同じであるべきであり、差異的であるべきなのか。学業成績の失敗をどのように診断し、救済すべきなのか。学校ガバナンスはどの程度集権化されるべきなのか。学校は専門家が統治すべきなのか、それとも素人が統治すべきなのか。長い視野でみれば、これらの紛争は真に決着したとは思えない。それだから私はそれを不可避的な緊張と呼んでいるのである。コモンスクールと多様な社会と開放的な政治システムを一緒にすれば、どうしても不和と葛藤が生じることになる。周期的に各グループは勝者がすべてを取ってしまうような政治闘争に従事することになる。とくに一九世紀の聖書講読や、一九六〇年代の人種統合のような過熱した論点についてはそうであった。

しかし、公教育によって占められた市民的空間においては、和解と調停を好む政治文化が一般的であった。一世紀以上の間、公立学校は子どもの市民的道徳的生活について教えるという公的な要請を有していた。ホレース・マンは、学校の関係者はすべての人びとが合意する市民的道徳的教授――公分母――をのみ教えるということによって、市民的教育において論争を避けることが出来ると考えた。しかし、しばしば、ある人の疑いのない真実は、他の人の宗派的神話あるいは政治的物語となってしまうのである。マンのいう論争のない徳という解決策は、ほとんどの道徳的市民的問題について市民が合意するような、社会的に同質のコミュニティにおいてもっともよく機能した。

社会的に多元的な場所においては、学校政策におけるコモングランドの追求はしばしば手続き的なものに、つまり決定に到達するまでの民主的ルールの遵守というようなものになる。最善の場合には、次の世代をコミュニティは如何に教育すべきかということについて市民がお互いに論議したとき、学校ガバナンスはそれ自身が教育的なものであった。

教育政策上必要な論点についての熟慮、妥協、再定義は、革新と保守の、前方を見ることと過去を振り返ることとの均衡を要請する。政策上の装いの振り子の揺れを穏やかにすることが重要である。学校はより大きなものとなるべきである（逆により小さなものになるべきである）、カリキュラムのコースはもっと選択を増やすべきであるか、もっと選択をなくすべきであるか。ガバナンスはもっと集権化すべきであるか、分権化すべきであるか。教育政治と政策においてもうひとつの重要な仕事は――しばしば無視されるのだが、――学校において機能しているものを保持するということである。教育的問題に対して確証ある解答をもっていると自称する革新家に不足することはない。しかし、こうした改革者が教育実践を改革したいと望むとき、その過程でなにが失われることになるのかを問う人はほとんどいない。

市民が、害されていない習慣や古い立派な建物を保存するために格闘するとき、「保守派」という言葉は名誉あるものである。不動産屋が湿地を舗装しようと提案するとき、環境問題の活動家はこれを阻止して賞賛される。人びとが教育においてよいものを保存するために活動するとき、しかしながら、彼等はしばしば時代遅れとか現状維持派とか非難される。政府は建設計画に対しては環境アセスメントを要求するが、教育改革については生徒と教師への影響についての調査報告は求められていない。教育の進歩がジグザグ行進をするのであれば、誰が、その過程の厳しさから生じる、良い学校あるいはよい教育のプログラムの種の絶滅の危機を防ぐのだろうか。

機能していないもの——悪い学校の不協和音——に心を奪われて、多数の学校が歌っていることを忘れるということは容易に起こることである。よい学校を創造し育てることは困難である。なぜなら、それは信頼、挑戦、尊敬の健全な関係というものを必要とするが、それを発達させるのには時間がかかるである。これらの価値は学校の構成員を結びつけるコモングランドの一部として、その機関に埋め込まれているものである。教師、生徒、親、行政官がそのような学校を創造するとき、学校を機能させているものを保持し、破産していないものを修理しようとする無知な努力を妨げ、よい学校をもっと多く生み出すための知識を共有することが重要である。

学校教育についての決定は多くの場所で行われる——ホワイトハウスと法廷で、連邦議会と州議会で、実業界の第一級の人びとによる委員会で、教師の談話室で。ジェファーソンは、面とむかい合う人びとによって共通の必要と価値とについて熟慮するということ以上に、成人と若者の両方にとって市民性を教えるよりよい学校はないと論じていた。彼の学校ガバナンスのモデルは、タウンミーティングであった。人びとはこうした実践を通して民主主義を学ぶことができた。私は依然として、地方学区、あるいは個々の学校においてでさえ、教育についての決定を出来得る限り、その決定の結果を直接に受けとって生活しなければならない人びとに委ねることが望ましいと考えている。

民主主義は賢明な集合的な選択をしようとすることに関わっている。教育における民主主義と民主主義における教育は、古き佳き時代の古風な遺産なのではない。それが賢明な自治にとって必須なものであるときは、今日以上にはないのである。

謝　辞

本研究及び出版に援助を与えたスペンサー財団、そして本書の仕事を始めるために研究休暇を与えたスタンフォード人文センターに対して深甚な感謝を捧げるものである。

本書の中心的な論点を扱った次の四つのワークショップに参加の機会を得られたことに対して感謝するものである。第一のものはアメリカ社会において文化葛藤と共通の土台を分析するもので、スタンフォード大学行動科学上級研究センターで行われたものである。第二のものは、社会科学研究カウンシルの賛助のもとでサンタフェで開催された、移民の政治的な統合を扱ったものである。第三のものは、教育における共通善の再構築を扱うもので、スタンフォード大学で開かれたものである。そして、第四のものは、教育における民主主義に焦点をあてたもので、ペンシルバニア大学教育学部で開催されたものである。

見直しにあたって時宜を得た激励と鋭敏な示唆をまじえた思慮深い会話と批判を与えられた友人と同僚に多くを負っている。Mark Brilliant, Eammon Callan, Larry Cuban, Patricia Albjerg Graham, Elisabeth Hansot, Benjamin Justice, Michael Katz, Rob Kunzman, Susan Lloyd, Ray McDermott, Rob reich, John Rury, Ingrid Seyer, Dorothy Shipps, Julie Williams, Joy Williamson, Jonathan Zimmerman は原稿をすべて読み、議論を書き直す援助をしてくれた。Sarah Deschenes, Ruben Donato, Paula Fass, David Gamson, Gary Gerstle, Harvey Kantor, David Labaree, Ellen Lagemann, Marvine Lazerson, Bob Lowe, John Meyer, Ted Mitchell, Craig Peck, Daniel Perlstein, William Reese, Neil Smelser, Sandy Stein, Guadalupe Valdes, Diane Wood は本書の全身について、それぞれの部分にコメントをし、別の解釈の可能性を示唆してくれた。これらの

すべての良き助言と温かな援助について感謝するものである。

本書は編集者のNancy Clementeと私の協力で刊行した五冊目の本である。最初は一九六七年のことであり、これは私にとってとても幸運なことであった。私は彼女の率直さとウイット、スキルとセンス、インディアナとニューイングランドの徳の複合に感謝している。

私は、元々は雑誌および編著の一章として書いた下記の論文を本書に収録することを許していただいたことに感謝をするものである。

"Preserving the Republic by Educating Republicans," in Neil J. smelser and Jeffrey C. Alexander, eds., *Diversity and Its Discontents: Cultural Conflict and Commom Ground in Contemporary American Society* (Princeton: Princeton University Press, 1999), pp. 63-83.

"School for Citizens: The Politics of Civic Education from 1790 to 1990," in Gary Gerstle and John Mollenkopf, eds., *E Pluribus Unum? Contemporary and Historian Perspectives on Immigrant Political Incorporation* (New York: Russell Sage Foundation, 2001), pp. 331-370; (c)2001 Russell Sage Foundation, 112 East 64th Street, New York, NY 10021.

"Monuments between Covers: The Politics of Textbooks," *American Behavioral Scientist* 42 (March 1999): 992-931; (c) 1999 Sage Publications, Inc.

"Constructing Difference: Historical Reflections on Schooling and Social Diversity," *Teachers College Record* 95 (Fall 1993): 1-34.

With Sarah Deschenes and Larry Cuban, "Mismatch: Historical Perspectives on Schools and Students Who Don't Fit Them," *Teachers College Record* 103 (August 1999): 525-547.

訳者あとがき

本書はDavid Tyack, *Seeking Common Ground: Public Schools in a Diverse Society*, Cambridge, Massachusetts:Harvard University Press, 2003の全訳である。

本書の著者デイヴィッド・タイヤック（David Tyack）はスタンフォード大学教育学部のヴィーダ・ジャックス記念講座教授であり、名誉教授である。タイヤックは一九七四年の著書*The One Best System*においてアメリカ教育制度の歴史的発展の過程を、移民・人種・階級に対して不平等の機会と不正義を提供したものと描き出し、現在の制度の原型が都市化の進行とともに形成され、教育の官僚化という思惟と行為として確立したという新しい解釈を示して大きな影響を与えた。The One Best Systemという言葉は、現行公立学校制度の共通の問題点として、今日教育改革に携わるほとんどすべての人々によって語られ、意識されているといっても言い過ぎではないであろう。

本書は、アメリカ公教育制度が、「市民が啓発された時にはじめてアメリカという共和国は存続することができる」という建国の礎を築いた人々の信念から生まれたものであり、多様な宗教信条、多元的な文化的伝統、多数の言語を話す人々、異なる「人種」から構成される社会において公立学校のなかに共通の市民的土台を探し出すための困難な道のりを歩んできたものであることを明らかにしようとしたものである。タイヤックは、これまでのそれぞれの世代が、政治的統一性と社会的多様性を結びつけるという困難な課題に、いかに苦闘してきたかということを鮮やかに描き出している。

本書は、教育における民主主義をめぐる解きがたい難問と革新のための紛争を歴史的に解明している。

アメリカ人は政府に信を置かなかったが、子どもたちの市民教育については公立学校に依存してきた。アメリカの歴史教科書はひどく退屈なものであるが、同時に極めて論争的なものであった。人々は学校の地域統制（ローカルコントロール）を選好していたが、専門家はそれを「時代遅れの民主主義」と呼んで、「学校から政治を排除する」ことを強調していた。改革者たちは、生徒にすべて同一の教科を教えることが民主的なのか、それともカリキュラムを個人に応じたものとすることがより民主的なのかをめぐって議論してきた。そして教育者たちは移民の「アメリカ人化」の最良の方法として、強制的な同化か民族的な異質性への尊重かということについて問い続けてきた。

タイヤックはこれらの問題をめぐる議論について、広い視野と細部をとらえる目をもって、学校の目的に関わる論議を行うことは民主的文化の必須な一部なのであり、その社会の将来に密接に結びついたものであることを指し示している。

本書においてタイヤックは現代社会の教育改革の主要な理念を僭称するかにみえる「教育の選択」の主張について、独特のアプローチを示している。「選択の主張は良しとしても、どのような選択なのか？」これはタイヤックが一九九九年に著わした論文のタイトルであるが、この立場を発展させて、「選択——単純な解決策などひとつもない」という言葉を本書の第六章のタイトルとしている。タイヤックは本書において、学校選択制度の唯一の成功例と呼ばれることもあるニューヨーク市第四学区（イーストハーレム）の公立学校改革について、「第四学区は親により大きな選択を与え，教師により大きな自治を与えることが、如何にして都市内部の学校を学術的に生き返らせることができ、教育における民主主義の意味を広げ，深めることができるかということの一つの実例を提供している」と述べた後で、「しかし、選択は万能薬ではない」とも述べて、「最善の場合には，公教育は市民に個人のためだけでなくコミュニティのためにも機能するような学校に対する選択を許すものである。市場の比喩によって、今日市民の前にある教育の選択の全体像を曖昧にしてはならない」と指摘している。この指摘は、アメリカの教育の独自の問題にのみ意義をもつものではなく、おそらく、公立学校制度改革の一つの手法として学校選択制度のもつ意義についてこれまで論じられてきたもののなかで、もっとも適切なものであるよう思う。訳者は、この一節を読んで、本書の翻訳を思い立った。日本における教育改革のあり方を模索するものにとって、本書の広い歴史的視野に立った分析は、現代の教育改革が直面する問題に対して豊かな示唆を与えるものであることを確信する。

＊原著におけるイタリック体による強調部分は〈〉で示した。なお、本書には引用文献に関する詳細な注が付されている。このため巻末のかなりの頁をほとんど英文による記述が占めることになり、あるいは読みにくさを感じる向きがあるかもしれない。しかし、これは読者の今後の発展的な研究にとって有益なものであると考えて一切の簡略化を行わなかった。索引についても同じく詳細にわたるものであるが、これについては翻訳書にとっては必ずしも適切とは思われないものもあるので、大幅に簡略化した。

二〇〇五年七月

黒崎　勲
清田夏代

日日《にちにち》教育文庫の発刊に際して

われわれは価値の多元化を特徴とする現代社会のなかで、公教育の新しい姿を見いだすという課題に迫られている。公教育の根幹とされてきた諸制度が解体され、新しい教育の意思形成の道筋が求められる状況にあって、日日《にちにち》教育文庫は、教育学の既存の枠組みを問い直す、内外の有為の研究成果を刊行することを目的として創刊される。

「教育的」発想に自閉する傾向を打破し、教育への理論的関心を社会諸科学の展開の中に積極的に位置づける教育研究の発展を期待する。

◉訳者紹介◉

黒崎　勲（くろさき　いさお）

1944年　東京都生まれ
1967年　東京大学教育学部卒業
1974年　東京大学大学院教育学研究科博士課程満期退学
1978年　教育学博士（東京大学）
現在　日本大学文理学部教授
著書　『新しいタイプの公立学校』同時代社、2004年;『デュルケムと現代教育』（共訳）同時代社＝日日教育文庫、2003年；『教育の政治経済学』東京都立大学出版会、2000年；『教育行政学』岩波書店、1999年他

清田夏代（せいだ　なつよ）

1968年　新潟県生まれ
1992年　国際基督教大学教養学部卒業
2003年　東京都立大学大学院人文科学研究科博士課程満期退学
2005年　博士（教育学）（東京都立大学）
現在　首都大学東京他非常勤講師
著書　『現代イギリスの教育行政改革』勁草書房、2005年；『デュルケムと現代教育』（共訳）同時代社＝日日教育文庫、2003年

共通の土台を求めて——多元化社会の公教育

2005年9月30日　初版第1刷発行

著　者　デイヴィッド・タイヤック
訳　者　黒崎　勲
　　　　清田夏代
発行者　日日《にちにち》教育文庫
発行所　株式会社 同時代社
　　　　〒101-0065 東京都千代田区西神田2-7-6　川合ビル3F
　　　　電話 03-3261-3149　FAX 03-3261-3237
表紙デザイン　藤原邦久
制　作　ルート企画
印　刷　藤原印刷㈱

ISBN4-88683-560-0

索引

ア行

カ行

サ行

タ行

ナ行

ハ行

マ行

ヤ行

ラ行

ワ行

注

訳者注

(1) 教育委員会を設置し，地域住民が直接の選挙によって教育委員を選び出し，公立学校の管理運営にあたるのがアメリカ公立学校制度の卓越した特徴である．この教育委員会制度の構造と機能の歴史的変容については本書が詳しく描き出しているとおりである．この教育委員会のメンバーを示す言葉について，「school trustees」にはすべて「学校理事者」の訳語をあて，「school board representatives」，「school board members」などには「教育委員」あるいは「教育委員会のメンバー」の訳語をあてた．

第1章

(1) Jefferson to William C. Jarvis, September 28, 1820, in Paul L. Ford, ed., *The Writings of Thomas Jefferson* (New York: G, P. Putnam Sons, 1899), vol. 10, p. 161; Charles Z. Lincoln, ed., *State of New York: Messages from the Governors. . . to and including the Year 1906* (Albany: J. B. Lyon Co,, 1909), vol. 2, p.1100; Horace Mann, Twelfth Annual Report. p. 78, as quoted in Lawrence A. Cremin, ed., *The Republic and the School: Horace Mann on the Education of Free Men* (New York: Teachers College Press, 1957), pp. I5, 14.

(2) David Tyack, "Forming the National Character, Paradox in the Educational Thought of the Revolutionary Generation," *Harvard Educational Review* 36 (Winter 1966): 29-41.

(3) Merle Curti, *The Social Ideas of American Educators* (New York: Charles Scribner's Sons, 1935); Larry Cuban and Dorothy Shipps, eds., *Reconstructing the Common Good in Education: Coping with Intractable American Dilemmas* (Stanford: Stanford University Press, 2000); Rush Welter, *Popular Education and Democratic Thought in America* (New York: Columbia University Press, 1962).

(4) Jonathan Messerli, *Horace Mann: A Biography* (New York: Knopf, 1972); Mary Mann, *Life of Horace Mann* (Boston, 1865); Thomas James, "Rights of Conscience and State School Systems in Nineteenth Century America," in Paul Finkelman and Stephen E. Gottlieb, eds., *Toward a Usable Past: Liberty under State Constitutions* (Athens, Ga.: University of Georgia Press, 1991); Charles Leslie Glenn, Jr., *The Myth of the Common School* (Amherst, Mass,: University of Massachusetts Press, 1988).

(5) Carl F. Kaestle, *Pillars of the Republic: Common Schools and American Society, 1780- 1860* (New York: Hill and Wang, 1983), ch, 5; David Tyack and Elisabeth Hansot, *Managers of Virtue: Public School Leadership in America, 1820-1980*

(New York: Basic Books, 1982), pt. 1.

(6) Michael B. Katz, *The Irony of Early School Reform: Educational Innovation in Mid-Nineteenth Century Massachusetts* (Cambridge: Harvard University Press, 1968); James W. Fraser, *Between Church and State: Religion and Public Education in a Multicultural America* (New York: St. Martin's Press, 1999).

(7) Tyack and Hansot, *Managers of Virtue*, pt. I ; Cuban and Shipps, eds., *Reconstructing the Common Good.*

(8) Benjamin Justice, "Peaceable Adjustments: Religious Diversity and Local Control in New York State Public Schools, 1865-1900" (Ph.D. diss., Stanford University, 2002); Wallace D. Farnham, "The Weakened Spring of Government: A Study in Nineteenth Century American History," *American Historical Review* 68 (1963): 662-680.

(9) Tyack, "Forming the National Character," pp.29-41; 本章の一部は次の研究に負うところがある．Prederick Rudolph, ed., *Essays on Education in the Early Republic* (Cambridge: Harvard University Press, 1965),

(10) Andrew Lipscomb and Albert E. Berg, eds., *The Writings of Thomas Jefferson* (Washington, D.C.: Thomas Jefferson Memorial Association of the United States, 1903), vol. 10, p. 319; Jefferson on literacy quoted in Lorraine Smith Pangle and Thomas L, Pangle, *The Learning of Liberty: The Educational Ideas of the American Founders* (Lawrence: University Press of Kansas 1993), p. 115 (emphasis added); on ideological rather than ethnic criteria for identity, see Philip Gleason, "American Identity and Americanization," in Stephan Thernstrom, ed., *Harvard Encyclopedia of Ethnic Groups* (Cambridge: Harvard University Press, 1980), pp. 32-33, 31-S8.

(11) Lyman H. Butterfield, ed., *Letters of Benjamin Rush* (Princeton: Princeton University Press, 1951) vol. l, p. 388; Harry R. Warfel, *Noah Webster: Schoolmaster to America* (New York: The Macmillan Co., 1936) p. 285; Allen O. Hansen, *Liberalism and American Education in the Eighteenth Century* (New York: The Macmillan Co,, 1926).

(12) "An Ordinance for Ascertaining the Mode of Disposing Lands in the Western Territory," May 20, I785, *Journals of the American Congress*, 1785 (Washington, D.C.: Way and Gideon, 1823), p.520; Northwest Ordinance of 1787 quoted in Charles Kettleborough, ed., *Constitution Making in Indiana: A Sourcebook*, 3 vols. (Indianapolis: Indiana Historical Commission, 1916), vol. 1, pp. 31-32.

(13) David Tyack, Thomas James, and Aaron Benavot, *Law and the Shaping Public Education, 1785- l954* (Madison: University of Wisconsin Press, 1987), chs. 1-2.

(14) Robert Wiebe, *The Opening of American Society: From the Adoption of the Constitution to the Eve of Disunion* (New York: Knopf, 1984), pp, 7-20; U.S. House of Representatives, Committee on Public Lands, "Report on Edu-cational Land Policy," Feb. 24, 1826, as published in *Barnard's American Journal of*

Education 28 (1878): 939, 942, 944; J. Ross Browne, *Report of the Debates in the Convention on the Formation of the State Constitution [in California] in September and October, 1848* (Washington, D.C. : J. T. Towers, 18SO), pp.18, 210; *Congressional Globe*, 40th Congress, I st Session, March 16, 1867, pp.166-167.

(15) Elisabeth Hansot, "Civic Friendship: An Aristotelian Perspective," in Cuban and Shipps, eds., *Reconstructing the Common Good* pp. 173-185; Washington quoted in Edgar W. Knight, ed., *A Documentary History of Education in the South before 1860* (Chapel Hill: University of North Carolina Press, 1950), vol. 2, p.4-also see pp, 17, 21-22; Julian P. Boyd, ed., *The Papers of Thomas Jefferson* (Princeton: Princeton University Press, 1950-) vol. 8, pp. 636-637.

(16) Noah Webster, *The American Spelling Book* (Boston, 1798), pp.154-ISS, 145-152; Ruth Miller Elson, *Guardians of Tradition: American Schoolbooks of the Nineteenth Century* (Lincoln: University of Nebraska Press, 1964).

(17) Noah Webster, *A Collection of Essays and Fugitive Writings on Moral. Historical, Political, and Literary Subjects* (Boston, 1790), pp. 3, 17-21. 23, 25; Rush as quoted in Harry Good, *Benjamin Rush and His Services to American Education* (Berne, Ind.: Witness Press, 1918) p.61 (emphasis added).

(18) Gordon C. Lee, ed., *Crusade against Ignorance: Thomas Jefferson on Education* (New York: Teachers Coliege Press, 1961), pp. 66, 97-100; for John Dewey's selections and commentaries on Jefferson, see Dewey, ed., *The Living Thoughts of Thomas Jefferson* (New York: Premier Books, 1957).

(19) Lipscomb and Berg, *Jefferson*, vol. 12, p. 456; Leonard W. Levy, *Jefferson and Civil Liberties: The Darker Side* (Cambridge: Harvard University Press, 1963), p, 146; for a justification of Jefferson's attempted prescription of textbooks, see Arthur Bestor's argument in Three Presidents and Their Books (Urbana: University of Illinois Press, 195S), pp, 12-35, 39-44.

(20) Jefferson to Governor John Tyler, May 26. 1810, quoted in Garrett Ward Sheldon, *The Political Philosophy of Thomas Jefferson* (Baltimore: The johns Hopkins University Press. 1991), pp. 71, 60-82; James Bryant Conant, *Thomas Jefferson and the Development of American Public Education* (Berkeley: University of California Press, 1962),

(21) Benjamin Rush, *A Plan for the Establishment of Public Schools and the Diffusion of Knowledge in Pennsylvania, to Which Are Added Thoughts upon the Mode of Education, Proper in a Republic* (Philadelphia: Thomas Dobson, 1786) pp.14, 27, 20-22.

(22) Horace Mann, *Life and Works of Horace Mann* (Boston: Lee and Shepard, 1865-1868), vol, 4, pp, 34S, 3S4-356,

(23) Calvin Stowe in *Transactions of the Fifth Annual Meeting of the Western Literary Institute and College of Professional Teachers* (Cincinnati: Executive Committee,

1836), pp.75, 66-82.

(24) John Higham, "Hanging Together: Divergent Unities in American History," *Journal of American History* 61 (1974): 13-14; Tyack and Hansot M. , Managers. pt. 1.

(25) John Swett, *Methods of Teaching: A Hand-book of Principles, Directions, and Working Models for Common-school Teachers* (New York: American Book Co., 1885), p. 21, ch. 10; Steve Farkas and Jean Johnson, Given the Circumstances: Teachers Talk about Public Education Today (New York : Public Agenda, 1996).

(26) Cremin, ed., *Republic and the School*, pp. 97, 94-97.

(27) Bessie *Pierce, Public Opinion and the Teaching of History*, p. 29, chs. I -2.

(28) Stanley W. Lindberg, *The Annotated McGuffey: Selections from the McGuffey, Eclectic Readers, 1836-1920* (New York: Van Nostrand Reinhold, 1976); David Tyack, ed., *Turning Points in American Educational History* (Waltham, Mass.: Blasdell Publishing Co., 1967), p, 178.

(29) Waliace D, Farnham, "The Weakened Spring of Government: A Study in Nineteenth Century American History," *American Historical Review* 68 (1963): 662-680; the German immigrant Carl Schurz as quoted in George Fredrickson, *The Inner Civil War: Northern Intellectuals and the Civil War* (New York: Harper & Row, 1965), p, 8.

(30) Justice, "Peaceable Adjustments"; James, "Rights of Conscience," pp.117-147; the intense localism of American education is apparent in the census study by James H. Blodgett, *Report on Education in the United States at the Eleventh Census: 1890* (Washington, D.C.: Government Printing Office, 1893).

(31) Robert Baird, *Religion in America* (New York: Harper and Brothers, 1844); Bessie Pierce, in *Civic Attitudes in American School Textbooks* (Chicago: University of Chicago Press, 1930), p.85. 同書は教区学校の生徒が使用した教科書のなかで反カトリック暴動の理由を鮮やかに描き出している.

(32) Kaestle, *Pillars*, ch. 7; Fraser, *Church and State*.

(33) Thomas Nast. cartoon of "The American River Ganges," *Harper's Weekly*, April 1871; Robert D. Cross, "The Origins of the Catholic Parochial Schools in America," *American Benedictine Review* 16 (1965): 194-209-Vincent Lannie, *Public Money and Parochial Education: Bishop Hughes, Governor Seward, and the New York School Controversy* (Cleveland: The Press of Case Western Reserve University, 1968); National Center for Educational Statistics, *120 Years of American Education: A Statistical Portrait* (Washington, D.C.: Government Printing Office, 1993).

(34) Kansan quoted in James Carper, "A Cornmon Faith for the Common School? Religion and Education in Kansas, 1861-1900," *Mid-America: An Historical Review* 60 (1978): 149-150.

(35) Isaac Hecker, "Unification and Education," *The Catholic World* 13 (1871): 6, 1-14.

(36) Robert Ulrich, "The Bennett Law of 1889: Education and Politics in Wisconsin"

(Ph.D. diss., University of Wisconsin, 1965).

(37) Joshua Fishman, *Language Loyalty in the United States* (The Hague: Mouton. 1966), pp. 234-236.

(38) Harris quoted in *St. Louis School Report for 1875*, pp, 114-15, I1-13; Lloyd Jorgenson, *The Founding of Public Education in Wisconsin* (Madison: State Historical Society of Wissconsin, 1956), p.145; Tyack, James, and Benavot, *Law*, pp. 170- 171; Selwyn Troen, *The Public and the Schools: Shaping the St. Louis System, l838- 1920* (Columbia: University of Missouri Press, 1975).

(39) National Education Association, *Addresses and Proceedings. 1891*, pp.294-297; Tyack and Hansot, *Managers*, pt. 2.

(40) Ellwood P. Cubberley, *Changing Conceptions of Education* (Boston: Houghton Mifflin, 1909), pp. 63, 56-57.

(41) Ibid.; on assimilation as a central theme in twentieth-century education, see Patricia Albjerg Graham, "Assimilation, Adjustment, and Access: An Antiquarian Vlew of American Education," in Diane Ravitch and Maris A. Vinovskis, eds., *Learning from the Past: What History Teaches Us about School Reform* (Baltimore: The Johns Hopkins University Press, 1995), pp. 3-24,

(42) Eilwood P. Cubberley, "Organization of Public Education," *NEA Addresses and Proceedings*, 1915, pp. 91-97.

(43) David B. Tyack, *The One Best System: A History of American Urban Education* (Cambridge: Harvard University Press, 1974), pp. 103-105.

(44) Paula S. Fass, *Outside In: Minorities and the Transformation of American Education* (New York: Oxford University Press, 1989), p.16, ch. I ; Cubberley, *Changing Conceptions*; John Dewey, *The School and Society* (Chicago: University of Chicago Press, 1899).

(45) Julie A. Reuben, "Beyond Politics: Community Civics and the Redefinition of Citizenship in the Progressive Era," *History of Education Quarterly* 37 (Winter 1997): 399-420; Mary Antin, *The Promised Land* (Boston:Houghton Mifilin, 1912); David Tyack and Michael Berkowitz, "The Man Nobody Liked: Toward a Social History of the Truant Officer, 1840-1940," *American Quarterly* 26 (Spring 1977): 321-254; Adele Marie Shaw, "The True Character of New York Public Schools," *World's Work* 7 (December 1903): 4204-4221; Julia Richman, "The Immigrant Child," *NEA Addresses and Proceedings*, 1905, pp. 113-121.

(46) Sarah O'Brien, *English for Foreigners* (Boston: Houghton Mifflin, 1909), pp. 140-141, 149; in 1965 one of my students lent me a copy of O'Brien's book that had been handed down in her family from generation to generation, like a family Bible.

(47) Hannah Arendt, "The Crisis in Education," Partisan Review 25 (1958): 493.

(48) "The American Policy," Judge, April 20, 1901 (cover picture).

(49) Thomas James, *Exile Within: The Schooling of Japanese Americans, 1942-1945*

(Cambridge: Harvard University Press, 1987); Mary Bonzo Suzuki, "American Education in the Philippines, the Early Years: American Pioneer Teachers and the Filipino Response, 1900-1935" (Ph.D. diss. University of California at Berkeley, 1990); David Wallace Adams, *Education for Extinction: American Indians and the Boarding School Experience, 1875-1928* (Lawrence: University Press of Kansas, 1995); Margaret Szasz, *Education and the American Indian: The Road to Self-Determination,1928-1973* (Albuquerque: University of New Mexico Press, 1974), ch. I ; Toshio Nishi, *Unconditional Democracy: Education and Polities in Occupied Japan, 1945-52* (Stanford: Hoover Institution Press, 1982); William D. Zeller, *An Educational Drama: The Educational Program Provided the Japanese-Americans during the Relocation Period, 1942-l945* (New York: The American Press, 1969).

(50) James, *Exile*; Kenton I, Clymer, "Humanitarian Imperialism: David Prescott Barrows and the White Man's Bvrden in the Philippines," *Pacific Historical Review* 45 (November 1976): 49S-517; James D. Clayion, *The Years of MacArthur*, vol. l, 1880-1941 (Boston: Houghton Mifflin, 1970); Douglas MacArthur, *Reminiscences: General of the Army* (New York: Mc-Graw Hill, 1964); Judith Raftery, 'Textbook Wars: Governor-General James Francis Smith and the Protestant-Catholic Conflict in Public Education in the Philippines, 1904-1907," *History of Education Quartery* 38 (Summer 1998): 143-164.

(51) Francis Paul Prucha, ed., *Americanizing the American Indians: Writings by the '"Friends of the Indlan." 1880-1900* (Cambridge: Harvard University Press, 1973); David Wallace Adams, "Fundamental Considerations: The Deep Meaning of Native American Schooling, 1880-1900," *Harvard Educational Review* 58 (1988): 3, and passim; Brian W. Dippie, *The Vanishing American: White Attitudes and U.S. Indian Policy* (Middletown, Conn.: Wesleyan University Press, 1982). ch. 2; Robert H. Keller, Jr., *American Protestantism and United States Indian Policy* (Lincoln: University of Nebraska Press, 1983); Francis Paul Prucha, *American Indian Policy in Crisis, l865-1900* (Nonnan : University of Oklahoma Press, 1976.

(52) Richard H. Pratt, "The Advantages of Mingiing Indians with Whites," in Prucha, ed., *Americanizing*, pp. 260-261; Commissioner of Indian Affairs quoted in David Wallace Adams, "Schooling the Hopi: Federal Indian Policy Writ Small, 1887-1917," *Pacific Historical Review* 48 (August 1979): 341; Secretary of the Interior quoted in Elaine Goodman Eastman, *Pratt: The Red Man's Moses* (Norman: University of Oklahoma Press, 1935). p. 95.

(53) Richard Henry Pratt, *Battlefield and Classroom: Four Decades with the American Indian, 1867-1904*, ed. Robert M. Utley (New Haven: Yale University Press, 1954); missionary quoted by Adams, "Fundamental Considerations," p.3.

(54) T. J, Morgan, "Instructions to Indian Agents in Regard to Inculcation of Patriotism in Indian Schools," *Fifty-Ninth Annual Report of the Commissioner of Indian*

Affairs to the Secretary of the Interior (Washington, D.C,. 1890), p. clxvii; Morgan's comment at Hampton quoted in Adams, "Schooling the Hopi," p.350.

(55) West Virginia State Board of Education v. Barnette, 319 U. S. 624 (1943).

(56) Minersville School District v. Gobitis, 310 U.S. 586 (1940).

(57) Bessie Louise Pierce, *Public Opinion and the Teaching of History in the United States* (New York: Knopf, 1926), p. 18.

(58) Steve Farkas and Jean Johnson, *Given the Circumstances: Teachers Talk about Public Education Today* (New York: Public Agenda, 1996), pp. 27-31, 42-43; Michael Frisch, "American History and the Structures of Collective Memory: A Modest Exercise in Empirical Iconography," *Journal of American History* 75 (1989): I 147, 1130-55; Steven Brint, Mary F. Contreras, and Michael T. Matthews, "Socialization Messages in Primary Schools : An Organizational Analysis," *Sociology of Education* 74 (July 2001): 157-180; Brint and his colleagues find that the dominant socialization ideology of the teachers they studied could be called "pluralist neo-traditionalism," a mixture of old and new values, with special attention to traits such as industry that maintain organizational stability and steady output.

(59) Willard Waller, *The Sociology of Teaching* (New York: Wiley, 1965); Katherine G. Simon, *Moral Questions in the Classroom: How to Get Kids to Think Deeply about Real Life and Their Schoolwork* (New Haven : Yale University Press, 2001); Ronald Takaki, "The Unities in Pluralism," in National Endowment for the Humanities, *A National Conversation on American Pluralism and Identity: Scholars' Essays* (Washington, D.C.: National Endowment for the Humanities, 199S), p. 31.

(60) Jonathan Zimmermann, *Whose America? Culture Wars in the Public Schools* (Cambridge: Harvard University Press, 2002), p. 228.

第2章

(1) Immigration and Naturalization Service, Department of Justice, *100 Typical Questions*, WR709 2211 (Washington: Government Printing Office, 1993); 2002 version avaiiable from htte://www.ins.usdoj.gov/graphics/ services/natz/100g. pdf.

(2) Michael Frisch, "American History and the Structures of Collective Memory: A Modest Exercise in Empirical Iconography," *Journal of American History* 75 (1989): I147, 1130-1155.

(3) *Congressional Record*, Jan. 18, 1995, S 1080; Linda Symcox, "A Case Study in the Politics of Educational Reform in the U.S.: The Storm over The National Standards for History. " *Annali di Storia Moderna e Contemporanea* 4 (1998): 493, 479-501; Gary B. Nash, Charlotte Crabtree, and Ross E. Dunn, *History on Trial: Culture Wars and the Teaching of the Past* (New York: Knopf, 1998), pp.

231-233.

(4) Frances Fitzgerald, *America Revised: History Schoolbooks in the Twentieth Century* (New York: Vintage Books, 1979), p. 7.

(5) David Tyack, "Monuments between Covers: The Politics of Textbooks," *American Behavioral Scientist* 42 (March i999): 922-932; Michael Schudson, "Textbook Politics," Journal of Communication 44 (1994): 43-51.

(6) Jonathan Zimmerrnan, *Whose America? Culture Wars in the Public Schools* (Cambridge: Harvard University Press, 2002).

(7) Catherine Cornbleth and Dexter Waugh, *The Great Speckled Bird: Multicultural Politics and Education Policy-Making* (New York: St. Martin's Press, 1995); James W. Loewen, *Lies My Teacher Told Me: Everything Your American History Textbook Got Wrong* (New York: Touchstone Press, 1995); Michael W. Apple and Linda Christian-Smith, eds., *The Politics of the Text-book* (New York: Routledge, 1991).

(8) Emma Willard, *Abbreviated History of the United States* (New York: A. S. Barnes & Co., 1852), p. vi. I examined thirty-five American history texts at the Special Collections in the Teachers College Columbia Library and several each at four other collections. I cite many of these books here. I found the prefaces of these texts particularly useful in revealing the intent of the educators of the nineteenth century.

(9) Charles A, Goodrich, *History of the United States of America; For the Use of Schools; Revised and Brought Down to the Present by William H. Seavey* (Boston: Brewer and Tileston, 1867), pp. 3-4; H. A. Guerber, *The Story of the Great Republic* (New York: American Book Co., 1899), preface.

(10) Guerber, *Great Republic*, preface; C. A. Goodrich, History of the United States, 1828, p. 6, as quoted in William F. Russell, *The Early Teaching of History in the Secondary Schools of New York and Massachusetts* (Philadelphia: McKinley Publishing Co., 19i5), p. 13.

(11) Elizabeth P. Peabody, *Chronological History of the United States* (New York: Sheldon Blakeman Co,, 1856), p. 7; Michael Schudson, *The Good Children: A History of American Civic Life* (New York: The Free Press, 1998), ch, 4.

(12)「取捨選択」という言葉が多くの教科書の題名や序言にしばしば表れている.これは教科書が独自に書かれたものというよりは編纂されたものであることを示している.

(13) Ruth Miler Elson, *Guardians of Tradition: American Textbooks of the Nineteenth Century* (Lincoln: University of Nebraska Press, 1964); Bessie L. Pierce, *Public Opinion and the Teaching of History in the United States* (New York: Knopf, 1926); Zimmerman, *Whose America?*

(14) Michael V, Belok, *Forming the American Minds: Early School-Books and Their Compilers, 1783-1837* (Moti Katra, India: Satish Book Enterprise, 1973); Elson,

Guardians, ch, I.

(15) On plagiarism in compilations see Jean H. Baker, *Affiairs of Party: The Political Culture of Northern Democrats in the Mid-Nineteenth Century* (Ithaca: Cornell University Press, 1983), p. 81.

(16) Pierce, *Public Opinion and the Teaching of History*, p. 29, chs, I-2.

(17) Ibid.

(18) Fitzgerald, *America; Harriet Tyson-Bernstein, A Conspiracy of Good Intentions: America's Textbook Fiasco* (Washington, D,C. : Council for Basic Education, 1988).

(19) Hillel Black, *The American Schoolbook* (New York: William Morrow & Co., 1967), pp. 132-140; Charles A, Madison, *Book Publishing in America* (New York: McGraw-Hill Book Co., 1966), pp. 122-125.

(20) Edward Channing, *First Lessons in U.S. History* (New York: Macmillan Co,, 1906), preface; Edward Eggleston, *A First Book in American History with Special Reference to the Lives and Deeds of Great Americans* (New York: American Book Co., 1899); Thomas Wentworth Higginson, *Young Folks' History of the United States* (Boston: Lee and Shepard, 1887).

(21) C. A. Goodrich, as quoted in Russell, *Early Teaching*, p. 20; L. J. Campbell, *A Concise School History of the United States Based on Seavey's Goodrich History* (New York: J. S. Schermerhorn, 1870); for the desiccated style in a popular text, see A. S. Barnes, *A Brief History of the United States* (New York: A. S. Barnes & Co., 1886).

(22) Joseph Alien, *Easy Lessons in Geography and History, Designed for the Use of the Younger Classes in the New England Schools* (Boston: Hilliard, Gray, Little, and Wilkins, 1829), p. 20; Noah Webster, *The American Spelling Book* (Boston: Isaiah Thomas and Ebenezer Andrews, 1798), pp. 145-1S2, 154-155.

(23) John J. Anderson, *A Grammar School History of the United States* (New York: Clark & Maynard, 1874).

(24) Student note in Alexander Johnson, *A History of the United States for Schools* (New York: Henry Hall & Co., 1902), inside front cover.

(25) For Bunyan's Pilgrim's Progress as an allegory favored by Protestant educators, see David Tyack and Elisabeth Hansot, *Managers of Virtue: Public School Leadership in America, 1820-1980* (New York: Basic Books, i982), p. 16.

(26) Goodrich, *History*, pp. 227, 352.

(27) As examples of two antislavery texts see Edward S. Ellis, *Young People's History of Our Country* (New York: Thomas R. Shewell & Co., 1899); Thomas Hunter, *A Narrative History of the United States for the Use of Schools* (New York: American Book Co., 1896); Hunter called slavery "a sin against God and a crime against men"; see below for pro-southern books.

(28) Henry E. Chambers, *A Higher History of the United States for Schools and*

Academies (New York and New Orleans: University Publishing Co., 1889), p. 357; M. E. Thalheimer, *The New Eclectic History of the United States* (New York: American Book Co., 1881); Allen C. Thomas, *A History of the United States* (Boston: D.C. Heath, 1900), p. 63.

(29) William Swinton, *A Condensed School History of the United States* (New York: Ivison, Blakernan, & Co., 1871), p. iv.

(30) Charles Leslie Glenn, *The Myth of the Common School* (Amherst, Mass.: University of Massachusetts Press, 1988).

(31) John Gilmary Shea, *A School History of the United States, from the Earliest Period to the Present Time* (New York: Edward Dunigan and Brothers, 1858), preface, pp. 4, 9, 11, 62-64, 72, 282.

(32) Chambers, *A History*, pp. 175-177, quote on 354, 357; Susan Pendleton Lee, *A School History of the United States* (Richmond, Va.: B. J. Johnson Publishing Co., 189S); I. Branson, *First Book in Composition Applying the Principles of Grammar to the Art of Composing; Also Giving Full Direction for Punctuation Especially Designed for the Use of Southern Schools* (Raleigh: Branson Farrar & Co 1863); Lee, *A School History*; Anon, *The Confederate First Reader; Containing Selections in Prose and Poetry, As Reading Exercises for the Younger Children in the Schools and Families of the Confederate States* (Richmond: G. L, Bidgood, i864).

(33) As quoted in Pierce, *History*, pp. 66-67.

(34) Pierce, *Teaching of History*, p. 102, ch. 4; Zimmerrnan, *Whose America?* Walter Lippmann, *American Inquisitors: A Commentary on Dayton and Chicago* (New York: Macmillan, 1928); Edmund Hartmann, *The Move-ment to Americanize the Immigrant* (New York: Columbia Universit Press, 1948).

(35) Lippmann, *American Inquisitors*; historian as quoted in Fitzgerald, *America*, p, 35.

(36) Bessie Louise Pierce, *Citizens' Organizations and the Civic Training of Youth* (New York: Charles Scribner's Sons, 1933); Jonathan Zimmerman "Storm over the Schoolhouse: Exploring Popular Influences upon the American Curriculum, 1890-1941," *Teachers College Record* 100 (Spring 1999): 602-626.

(37) Micheline Fedyck, "Conceptions of Citizenship and Nationality in High School American History Textbooks, 1913-1977" (Ph.D. diss., Columbia University, 1980), pp. 109, 101-114.

(38) Text quoted in Bessie Louise Pierce, *Civic Attitudes in American School Text-books* (Chicago: University of Chicago Press, 1930), pp. 87-88,

(39) Fedyck, "Conceptions of Citizenship," pp. 110-114.

(40) Mary Antin, *The Promised Land* (Boston: Houghton Mifflin, 1912), p.223; Jacob Riis, *the Children of the Poor* (New York: Charles Scribner's Sons, 1892), pp.53-54.

(41) Louis Adamic, *From Many Lands* (New York: Harper & Brothers 1939) pp. 243-244.

(42) Zimmerman, *Whose America?* pp. 65-80; Herbert M. Kliebard and Greg Wegner, "Harold Rugg and the Reconstruction of the Social Studies Curriculum: The Treatment of the 'Great War' in His Textbook Series" in Thomas S. Popkewitz, ed., *The Formation ofSchool Subjects: The Struggle for Creating an American Institution* (New York, Falmer Press, 1987) pp. 268-287; the Rugg papers in the Teachers College archives give rich documentation on Rugg's battles.

(43) Zimmerman, *Whose America?* and personal communication to David Tyack, Sept. 4, 2002.

(44) Gary B. Nash, "American History Reconsidered: Asking New Questions about the Past," in Diane Ravitch and Maris A. Vinovskis, eds., *Learning from the Past: What History Teaches Us about School Reform* (Baltimore: The Johns Hopkins University Press, 199S), pp. 13S-163.

(45) Jean Anyon, "Ideology and United States History Textbooks," *Harvard Educational Review* 49 (August 1979): 361-386; Christine E, Sleeter and Carl A. Grant, "An Analysis of Multicultural Education in the United States," *Harvard Educational Review* 57 (November 1987): 421-444; Mary Kay Tetrault, "Thinking about Women: The Case of United States History Textbooks," *History Teacher* 19 (1986): 211-262.

(46) Nathan Glazer and Reed Ueda, *Ethnicity in History Textbooks* (Washington, D.C.: Ethics and Public Policy Center, 1983); Anyon, "Ideology"; Tetrault, "Thinking about Women,"

(47) Feiffer quoted by Nash, "American History Reconsidered," p. 144; for studies of blue-collar and white ethnic patriotism, see John Bodnar, ed., *Bonds of Affection: Americans Define Their Patriotism* (Princeton: Princeton University Press, 1996), and Bodnar, *Remaking America: Public Memory, Commemoration, and Patriotism in the Twentieth Century* (Princeton: Prince-ton University Press, 1992).

(48) Nash, Crabtree, and Dunn, *History on Trial;* Tyack, "Monuments between Covers," pp, 922-932.

(49) Cornbleth and Waugh, *Speckled Bird*, p. 79; Richard Rothstein, "In School-books, History Often Gets a Lift and a Tuck," *New York Times*, Oct. 2, 2002, p. A23.

(50) Harriet Tyson-Bernstein, *A Conspiracy of Good Intentions: America's Textbook Fiasco* (Washington, D.C.: Council for Basic Education, 1988).

(51) Loewen, *Lies My Teacher Told Me*, p. 279.

(52) A. Stille describes a happy exception, a brilliant textbook, in "The Betrayal of History," *New York Review of Books*, June 11, 1998, pp. 15-20.

(53) Greg Winter, "More Schools Rely on Tests, But Big Study Raises Doubts," *New York Times*, Dec. 28, 2002, pp. A1, A13.

(54) Loewen, *Lies My Teacher Told Me*, pp. 286-288,
(55) Joan Delfattore, *What Johnny Shouldn't Read: Textbook Censorship in America* (New Haven: Yale University Press, 1992); Tyson-Bernstein, Conspiracy; Stille, "Betrayal."
(56) Patricia Nelson Limerick, "The Battlefield of History," *New York Times*, July 28, 1997, p, A19.
(57) Katherine G. Simon, *Moral Questions in the Classroom: How to Get Kids to Think Deeply about Real Life and Their Schoolwork* (New Haven: Yale University Press, 2001).

第3章

(1) Marilyn Halter, *Between Race and Ethncity: Cape Verdean American Immigrants, l860-1965* (Urbana and Chicago: University of 1llinois Press 1993), p. 146 on the 250 phenotypical categories; David Tyack, "Cape Verdean Immigration to the United States," (B.A. thesis, Harvard University, 19S2).
(2) Arthur Mann, *The One and the Many: Reflections on the American Identity*, (Chicago: University of Chicago Press, 1979); Gunnar Myrdal, *An American Dilemma: The Negro Problem and Modern Democracy* (New York: Harper & Bros., 1944).
(3) Robert K. Fullinwider, ed., *Public Education in a Multicultural Society: Policy, Theory, Critique* (Cambridge: Cambridge University Press, 1996); Lawrence A. Cremin, *Popular Education and Its Discontents* (New York: Harper & Row, 1990), pp. 85-125; Molefi Kete Asante, *The Afrocentric Idea* (Philadelphia: Temple University Press, 1987); Paul Gray, "Whose America?" *Time*, July 8, 1991, pp. 13-17; Karen De Witt, "Rise Is Forecast in Minorities in the Schools," *New York Times*, Sept. 13, 1991, p. A8; Jane Gross, "A City's De-termination to Rewrite History Puts Its Classrooms in Chaos," *New York Times*, Sept. 18, 1991, p. B7 (on Oakland, California, see also Gary Yee, "Values in Conflict," unpublished study of ethnic conflict over curriculum Stanford University, June 10, 1991); Eleanor Armour-Thomas and William A, Proefriedt. "Cultural Interdependence and 'Learner-Centrism,'" *Education Week*, Dec. 4, 1991, pp. 36, 27.
(4) 憲法に関しては次を参照．David L. Kirp and Mark G. Yudof, *Educational Policy and the Law: Cases and Materials* (Berkeley: McCutchan, 1974); 階級問題に関しては次を参照．Benjamin DeMott, *The Imperial Middle: Why Americans Can't Think Straight about Class* (New York: Williarn Morrow and Co., 1990), and Richard Rubinson, "Class Formation, Politics, and Institutions: Schooling in the United States," *American Journal of Sociology* 92 (November 1986): S19-548.
(5) Michael B. Katz, *The Undeserving Poor From the War on Poverty to the War on Welfare* (New York: Pantheon Books, 1989), pp. 5-6; Minow quoted in Katz, *Poor*,

p, 167; Renato Rosaldo, "Others of Invention: Ethnicity and Its Discontents," *Village Voice Literary Supplement*, February 1990, no. 82, pp. 27-29.

(6) Horace Mann Bond, "Main Currents in the Educational Crisis Affecting Afro-Arnericans," *Freedomways* 8 (Fall 1968): 308; カースト制度を当然と考える一部の白人を狼狽させるナチスの事件については次を参照. Morton Sosna, "Stalag Dixie," *Stanford Humanities Review* 2 (Spring 1990): 38-64; Barbara Jeanne Fields, " Slavery, Race, and Ideology in the United States of America," *New Left Review* 181 (May-1une 1990): 95-119.

(7) Clifford Geertz, *Local Knowledge* (New York: Basic Books, 1983), pp. 80-84.

(8) Tessie Liu, "Teaching the Differences among Women from a Historical Perspective: Rethinking Race and Gender as Social Categories," *Women Studies International Forum* 14, no. 4 (1990): 265-276.

(9) Joel Perlmann, *Ethnic Difference* (Cambridge: Cambridge University Press, 1988); Nicholas V. Montalto, *A History of the Intercultural Educational Movement,1924-1941* (New York: Garland Publishing Co., 1982); Stephan F. Brumberg, *Going to America. Going to School: The Jewish Immigrant Public School Encounter in Turn-of-the-Century New York City* (New York: Praeger, 1986); Renato Rosaldo, "Assimilation Revisited," in *In Times of Challenge: Chicanos and Chicanas in American Society* Mexican American Studies Monograph Series no. 6 (Houston: University of Houston, 1988), pp. 43-49; Gary Gerstle, *Working-Class Americanism: The Polities of Labor in a Textile City, 1914-1960* (New York: Cambridge University Press, 1989); John Bodnar, *The Transplanted: A History of Immigrants in Urban America* (Bloomington: Indiana University Press, 198S); David A. Hollinger, *Postethnic America: Beyond Multiculturalism* (New York: Basic Books, 1995).

(10) Henry Louis Gates, Jr., commencement address at Emory University, May 8, 1995, cited in *Emory Report.*, May IS, 1995.

(11) David Tyack, "Pilgrim's Progress: Toward a Social History of the School Superintendency," *History of Education Quarterly* 16 (1976): 29S-300; Paula Fass, *Outside In: Minorities and the Transformation of American Education* (New York: Oxford University Press, 1989); Paul Peterson, The Polities of School Reform, 1870- 1940 (Chicago: University of Chicago Press, 1985).

(12) *Addresses and Proceedings of the NEA*, 1891, pp. 39S, 398, 393-403.

(13) George T. Balch, *Methods of Teaching Patriotism in the Public Schools* (New York: D. Van Nostrand Co., 1890). John Higham, *Strangers in the Land: Pat-terns of American Nativism* (New York: Athenaeum, 1966); Oscar Handlin, *Race and Nationality in American Life* (Boston: Little, Brown, i957),

(14) U,S. Immigration Commission, *Children of Immigrants in Schools* (Washing-ton, D,C.: Government Printing Office, 1911), vol. l, pp. 14-15; David Tyack and Michael Berkowitz, "The Man Nobody Liked: Toward a Social History of the

Truant Officer, 1840- 1940," *American Quarterly*, 26 (Spring 1977): 321 3S4; Ellwood P. Cubberley, *Changing Conceptions of Education* (Boston: Houghton Mifflin, 1909), pp. 63-64; Adele Marie Shaw, "The True Character of New York Public Schools," *World's Work* 7 (Decernber 1903) : 4204-4221 ; Michael Olneck, "Americanization and the Education of Immigrants, 1900- 192S: An Analysis of Symbolic Action," *American Journal of Education* 98 (August 1989): 398, 398-423.

(15) Helen M. Todd "Why Children Work: The Children's Answer " *McClure's Magazine* 40 (April 1913): 68-79; William H. Dooley, *The Education of the Ne'er-Do-Well* (Boston: Houghton Mifflin, 1916); Robert A. Carlson, *The Americanization Syndrome: A Quest for Conformity* (London: Croom Helm, 1987); Leonard Covello, "A High School and Its Immigrant Community-a Challenge and an Opportunity," *Journal of Educational Sociology* 9 (February 1936): 331-346; Peter Roberts, *The Problem of Americanization* (New York: Macmillan, 1920).

(16) William J. Reese, *Power and the Promise of School Reform: Grass-Roots Movements during the Progressive Era* (Boston: Routledge & Kegan Paul, 1986), p. 231.

(17) Edward G Hartrnann, *The Movement to Americanize the Immigrant* (New York: Columbia University Press, 1948).

(18) John Dewey, "Nationalizing Education," *NEA Addresses and Proceedings, 1916*, PP.185, 183-189; John F. McClymer, "The Americanization Movement and the Education of the Foreign-Born Adult, 1914-2S," in Bernard J. Weiss, ed., *American Education and the European Immigrant: l840-1940* (Urbana: University of Illinois Press, 1982), pp. 97, 96-116.

(19) Jesse K. Flanders, *Legislative Control of the Elementary Curriculum* (New York: Teachers College, 1925), pp. 62; David Tyack, Thomas James, and Aaron Benavot, *Law and the Shaping of Public Education, 1785-l954* (Madison: University of Wisconsin Press, 1987), chs. 6-7.

(20) Stephan F. Brumber, "New York City Schools March Off to War: The Nature and Extent of Participation of the City Schools in the Great War, April 1917-June 1918," *Urban Education* 24 (January 1990): 440-475; McClymer, "Americanization."

(21) Horace M. Kallen, *Culture and Democracy in the United States: Studies in the Group Psychology of the American Peoples* (New York: Boni and Liveright, 1924), PP.139, 122, 124, 12i-124; for a critique of Kallen's proposals, including his racist attitudes toward African-Americans, see Werner Sollors " A Critique of Pure Pluralism," in Sacvan Berkovitch, ed., *Reconstructing American Literacy History* (Cambridge: Harvard University Press, 1986). pp. 250-279.

(22) Todd, "Why Children Work"; Bodnar, Transplanted: Timothy L. Smith,

"Immigrant Social Aspirations and American Education, 1880-1930," *American Quarterly* 21 (Fall 1969): 523-543; David K. Cohen, "Immigrants and the Schools," *Review of Educational Research* 70 (February 1970): 13-26; Weiss, ed., *Immigrant*; Jonathan Zimmerman, "Ethnics against Ethnicity: European Immigrants and Foreign-Language Instruction, 1890-1940," *Journal of American History* 88 (March 2002): 1383-1404.

(23) Nicholas V. Montalto, "The Intercultural Education Movement, 1924-41: The Growth of Tolerance as a Form of Intolerance," in Weiss, ed,, *Immigrant*, pp. 144, 142- 160; John Daniels, *America via the Neighborhood* (New York: Harper & Brothers, 1920).

(24) Albert Shiels, "Education for Citizenship," *NEA Addresses and Proceedings, l922*, pp. 934-940; Marcus E. Ravage, "The Immigrant's Burden," *The New Republic* 19 (June 1919): 209-211 ; Daniel E. Weinberg, "The Ethnic Technician and the Foreign-Born: Another Look at Americanization Ideology and Goals," *Societas* 7 (Summer i977): 209-227; William C. Smith, *Americans in the Making* (New York: D. Appleton-Century, 1939); Ronald D. Cohen, *Children of the Mill: Schooling and Society in Gary, Indiana, 1906- 1960* (Bloomington: Indiana University Press, 1990); Montalto, *Movement*, chs. I-2.

(25) Department of Supervisors and Directors of Instruction, NEA, *Americans All: Studies in Intercultural Education* (Washington, D.C.: NEA, 1942).

(26) Montalto, "Movement"; Rachel Davis DuBois, "Our Enemy-the Stereotype," *Progressive Education* 12 (March 1935): 146-15O.

(27) Louis Adamic, "Thirty Million New Americans," *Harpers Monthly Magazine* 169 (November 1934): 684-694; Park quoted in Montalto, *Movement*, p. 22; Robert Schaffer, "Multicultural Education in New York City during World War II," *New York History* (July 1996): 301-332.

(28) Montalto, "Movement," p. 147.

(29) Critic and superintendents quoted in *Montalto*, Movement, p. 249;「グループ間」カリキュラムについての批判は次を参照．Theodore Brameld, "Intergroup Education in Certain School Systems," *Harvard Educational Review* I5 (March 194S): 93-98, and Ronald K. Goodenough, "The Progressive Educator, Race, and Ethnicity in the Depression Years: An Overview," *History of Education Quarterly* 15 (Winter 1975): 365-394.

(30) Olneck, "Symbolism and Ideology," pp, 147-174; Julie A. Reuben, "Be-yond Politics: Community Civics and the Redefinition of Citizenship in the Progressive Era," *History of Education Quarterly* 37 (Winter 1 997): 399-420.

(31) Carol D. Lee, Kofi Lomotey, and Mwalimu Shujaa, "How Shall We Sing our Sacred Song in a Strange Land? The Dilemma of Double Consciousness and the Complexities of an African-centered Pedagogy," *Journal of Education* 172, no. 2 (1990): 45-61; Christine E. Sleeter and Carl A. Grant, "An Analysis of

Multicultural Education in the United States," *Harvard Educational Review* 57 (November 1987): 421-444; James Banks, *Teaching Strategies for Ethnic Studies* (Boston: Allyn and Bacon, 1991); オーストラリアにおける多文化教育については次を参照. Fazal Rizvi, *Ethnicity, Class, and Multicultural Education* (Deakin Victoria ' Deakin University Press, 1986)

(32) Joyce Elaine King and Gloria Ladson-Billings, "Dysconscious Racism and Multicultural Illiteracy: The Distorting of the American Mind," paper presented at the annual meeting of the American Educational Research Association, April 16-20, 1991, Boston; Gross, "Classrooms in Chaos " p B7; Laurie Olsen, *Crossing the Schoolhouse Border: Immigrant Students' and the California Public Schools* (San Francisco' California Tomorrow 1988); David L. Kirp, "Textbooks and Tribalism in California," *The Public Interest* 104 (Summer 1991): 20-36; Diane Ravitch, "Diversity and Democracy: Multicultural Education in America," *American Educator* 14 (Spring 1990): 16-20, 46-48.

(33) James D. Anderson, *The Education of Blacks in the South, 1860- 1935* (Chapel Hill: University of North Carolina Press, 1988); W.E.B. Du Bois, *The Negro Common School* (Atlanta: Atlanta University Press, 1901); Louis R. Harlan, *Separate and Unequal: Public Schools and Racism in the Southern Seaboard* States (New York: Athenaeum, 1968).

(34) Ronald Takaki, *Strangers from a Different Shore: A History of Asian Americans* (New York: Penguin Books, 1989); Thomas James, *Exiles Within: The Schooling of Japanese Americans, 1942-1945* (Cambridge: Harvard University Press, 1987); Elliott Grinnell Mears, *Resident Orientals on the Pacific Coast: Their Legal and Economic Status* (Chicago : University of Chicago Press. 1928).

(35) Meyer Weinberg, *A Chance to Learn: A History of Race and Education in the United States* (New York: Cambridge University Press 1977) 165-166; Guadalupe San Miguel, *"Let Them All Take Heed": Mexican Americans and the Campaign for Educational Equality in Texas, 1910-1981* (Austin: University of Texas Press, 1987); Albert Camarilio, *Chicanos in a Changing Society* (Cambridge: Harvard University Press, 1984),

(36) Superintendent quoted in Weinberg, *Chance to Learn*, p. 146; Ruben Donato, *The Other Struggle for Equal Schools: Mexican Americans daring the Civil Rights Era* (Albany: State University of New York Press, 1997).

(37) Fields "Race", Horace Mann Bond, *The Education of the Negro in the American Social Order* (1934; reprint, New York: Octagon Books, 1966); Richard Wright, *12,000,000 Black Voices* (New York: Viking, 1941); George M. Frederickson, *The Arrogance of Race: Historical Perspectives on Slavery, Racism, and Social Inequality* (Middletown, Conn. : Wesleyan University Press, 1988).

(38) Rolland Dewing, "Teacher Organizations and Desegregation," *Phi Delta Kappan* 49 (January 1968): 257-260.

(39) Bond, *Education of the Negro*, chs. 15-16; Doxey A. Wilkerson, "A Determination of the Peculiar Problems of Negroes in Contemporary American Society," *Journal of Negro Education* 5 (July 1936): 324-3SO; W. E. B. Du Bois, *The Philadelphia Negro* (Philadelphia: University Press, 1899); Williarn L, Buckley, "The Industrial Condition of the Negro in New York city," *Annals of the American Academy of Political and Social Science* 27 (May 1906): 590-596; for a study of the persistence of black faith in schooling, however, see Timothy Smith, "Native Blacks and Foreign Whites : Varying Responses to Educational Opportunity in America, 1890-1950," *Perspectives in American History* 6 (1972): 309-33S,

(40) Goodenough, "Progressive Educator."

(41) W. E, B. Du Bois, "Pechstein and Pecksniff," *The Crisis* 36 (September 1929): 313-314; Du Bois, "Does the Negro Need Separate Schools7" *Journal of Negro Education* 4 (uly 1935): 328-335.

(42) Bond, *Education of the Negro, preface; Paula Fass, Outside In: Minorities and the Transformation of American Education* (New York: Oxford University Press, 1989), ch. 4; David Tyack, Robert Lowe, and Eiisabeth Hansot, *Public Schools in Hard Times: The Great Depression and Recent Years* (Cambridge: Harvard University Press, 1984), pp. 122, 12S, 126, 182, 196.

(43) Fass, Outside In, ch. 4.

(44) W. E. B, Du Bois, 'Two Hundred Years of Segregated Schools," in Philip S. Foner, ed., *W E. B, Du Bois Speaks: Speeches and Addresses, 1920-1963* (New York: Pathfinder Press, 1970), p. 238; Weinberg, *Chance to Learn*, ch. 3; Richard Kluger, *Simple Justice: The History of Brown v. Board of Education and Black America's Struggle for Equality* (New York: Vintage Books, 1977).

(45) J. Harvie Wilkerson III, *From Brown to Bakke: The Supreme Court and School Integration, 1954-l978* (New York: Random House, 1979).

(46) Weinberg, *Chance to Learn*, pp. 122-124, 131; Dorothy Jones, "The Issues at I.S. 201 : A View from the Parents' Committee," in Meyer Weinberg, ed., *Integrated Education: A Reader* (Beverly Hills: The Glencoe Press, 1968), pp. 155-157; Robert C. Maynard, "Black Nationalism and Community Schools," in Henry Levin, ed., *Community Control of Schools* (Washington, D,C.: The Brookings Institution, 1970), pp. 100-101.

(47) Robert Newby and David Tyack, "Victims without 'Crimes': Some Historical Perspectives on Black Education," *Journal of Negro Education* 40 (Summer 1971): 192-206; この主題についてはBob Newbyとの30年来の会話に負っている.

(48) Du Bois, "Segregated Schools," p. 238; A. Wade Boykin, "The Triple Quandary and the Schooling of Afro-American Children," and John U. Ogbu, "Variability in Minority Responses to Schooling: Nonimmigrants v. Immigrants," in Ulric Neisser, ed., *The School Achievement of Minority Children* (Hillsdale, N.J.:

Lawrence Erlbaum Associates, 1986), pp. 57-92, 255-278; Joyce Elaine King and Thomasyne Lightfoote Wilson, "Being the Soul-Freeing Substance: A Legacy of Hope in Afro Humanity," *Joumal of Education* 172, no. 2 (1990): 9-27; Molefi Kete Asante, "The Afrocentric Idea in Education," *Journal of Negro Education* 60 (Spring 1991): 170-180.

(49) Nancy Frazier and Myra Sadker, Sexism in School and Society (New York: Harper & Row, 1973), p. 2; 多くの公民権運動の女性活動家はこの運動のなかで女性に対する差別について抗議した.

(50) William Chafe, *Women and Equality: Changing Patterns in American Culture* (New York: Oxford University Press 1977) ch 3; E. R. Feagin and Clairese Booher Feagin, *Discrimination American Style: Institutional Racism and Sexism* (Englewood Cliffs, N.J.: Prentice-Hall, 1978); David Tyack and Elisabeth Hansot, *Learning Together: A History of Coeducation in American Schools* (New Haven, Yale University Press and The Russell Sage Foundation, 1990), chs. 2-3.

(51) Horace Mann, *A Few Thoughts on the Powers and Duties of Women* (Syracuse: Hall, Mills, and Co., 1853), p. 57; Tyack and Hansot, *Learning Together*, chs. 2-3.

(52) Tyack and Hansot, *Learning Together*. chs. 8-9.

(53) フェミニズム問題に対する男性，女性双方の保守的反対についての分析は次を参照. Theresa Cusick, *A Clash of Ideologies: The Reagan Administration versus the Women's Educational Equality Act* (Washington, D.C.: PEER, 1983).

(54) Wiiliam D. Lewis. "The High School and the Boy," *The Saturday Evening Post* 184 (April 6, 1912): 8-9, 77-78; Thomas Woody, *A History of Women's Education in the United States*, 2 vols. (New York: Science Press 1929).'

(55) Emma Willard, *A Plan for Improving Female Education* (1819; reprint, Middlebury, Vt.: Middlebury College, 1919); Edward D. Mansfield, *American Education: Its Principles and Elements, Dedicated to the Teachers of the United States* (New York: A. S. Barnes, 1851), ch. 14.

(56) Leta S, Hollingsworth, "Comparison of the Sexes in Mental Traits," *The Psychological Bulletin* 15 (1918): 428; Rosalind Rosenberg, *Beyond Separate Spheres: Intellectual Roots of Modern Feminism* (New Haven: Yale University Press, 1982).

(57) Feagin and Feagin, *Discrimination American Style*, chs. I-2, 5; Janice Pottker and Andrew Fishel, eds., *Sex Bias in the Schools: The Research Evidence* (Rutherford, N.).: Farleigh Dickinson University Press, 1977); Susan S. Klein, ed., *Handbook for Achieving Sex Equity through Education* (Baltimore: The Johns Hopkins University Press, 1985).

(58) Margaret B. Sutherland, "Whatever Happened to Coeducation?" *British Journal of Educational Studies* 33 (1986): 156-157; Carol Gilligan, *In a Different Voice: Psychological Theory and Women's Development* (Cambridge: Harvard University Press, 1982); Madeline Arnot, "A Cloud over Coeducation: An Analysis of the

Forms of Transmission of Class and Gender Relations," in Stephen Walker and Len Barton, eds., *Gender, Class, and Education* (New York: Falmer Press, 1983), pp. 69-92.

(59) Jane Roland Martin, *Reclaiming a Conversation: The Ideal of the Educated Woman* (New Haven: Yale University Press, 198S), p. 19S.

(60) John Higham, "Integration v. Pluralism: Another American Dilemma," *Center Magazine* 7 (August 1974): 68. 71 speaks of pluralist integration; Sollars, "Pluralism," p. I56- I58, notes that ethnic groups are neither static nor homogeneous; Renato Rosaldo, "Assimilation," notes that it was not necessary to be culturally assimilated to get ahead economically; Tyack and Hansot, *Learning Together*, ch. 9 and conclusion.

第4章

(1) Helen Todd, "Why Children Work: The Children's Answer," *McClure's Magazine* 40 (April 1913); 68-79, 73-75.

(2) Ibid., 74.

(3) Ibid., pp. 74, 76, 68-79.

(4) Todd, "Children," pp, 73-78; Edith Waterfall, *The Day Constitution School in England: Its Function and Future* (London: George Allen and Unwin, 1923), pp. 154-155.

(5) Children's Defense Fund, *Children Out of School in America* (Cambridge: Children's Defense Fund, 1974), pp. 3-4.

(6) For recent studies of how schools produce failure and resistance, see Raymond P. McDermott, "Achieving School Failure 1972- 1997," in George D. Spindler, ed., *Education and Cultural Process: Anthropological Approaches* (Prospect Heights, Ill.: Waveland Press, 1997); Herve Varenne and Ray McDermott, *Successful Failure: The School America Builds* (Boulder: West-view Press, 1998); William Glasser, *Schools without Failure* (New York: Harper & Row, 1969); Henry A. Giroux, *Theory and Resistance in Education* (South Hadiey, Mass.: Bergin and Garvey, 1983); Sherman Dorn, *Creating the Dropout; An Institutional and Social History of School Failure* (Westport, Conn.: Praeger, 1996).

(7) Stanley J. Zehm, "Educational Misfits: A Study of Poor Performers in the English Class, 1825-1925," (Ph.D. diss., Stanford University, 1973); 生徒の呼び方については，Stan Zehmに負っている．本章は次の論文を部分的に使用している．Sarah Deschenes, Larry Cuban, and Tyack, "Mismatch : Historical Perspectives on Schools and Students Who Don't Fit Them," *Teachers College Record* 103 (August 1999): 525-547.

(8) Zehm "Educational Misfits"; William Reese, *Power and the Promise of School Reform : Grass-Roots Movements during the Progressive Era* (Boston: Routledge

& Kegan Paul, 1986).

(9) Workingmen quoted in John Commons, ed., *American Industrial Society* (Cleveland: Arthur H. Clark Co., 1910), vol. 5. pp, 114, 116.

(10) Carl F. Kaestle, *Pillars of the Republic: Common Schools and American Society, 1780-l860* (New York: Hill and Wang, 1983); Lawrence A. Cremin, *The American Common School: An Historic Conception* (New York: Bureau of Publications, Teachers College, Columbia, 1951).

(11) Alvin Johnson, *Pioneer's Progress, An Autobiography* (New York: Viking Press, i952), p. 104; David Tyack and Elisabeth Hansot, *Learning Together: A History of Coeducation in American Public Schools* (New Haven: Yale University Press and Russell Sage Foundation, 1990), ch. 3.

(12) Zehm, "Educational Misfits," appendix A.

(13) Warren Burton, *The Distrct School As It Was: By One Who Went to It* (Boston: Carter, Hendee, and Co., 1833), p. 14.

(14) Wayne Edison Fuller, *The Old Country School: The Story of Rural Education in the Middle West* (Chicago: University of Chicago Press, 1982); Andrew Gulliford, America's Country Schools (Washington, D.C.: Preservation Press, 1986.

(15) As quoted from the Brooklyn Daily Eagle. April 13, 1846, in Florence Bernstein Freedman, *Walt Whitman Looks at the Schools* (New York: King's Crown Press, 1950), p. 102.

(16) U.S. Commissioner of Education, "Classification and Promotion of Pupils," *Report for 1898-99*, pp. 305-356; David Angus, Jeffrey Mirel, and Maris Vinovskis, "Historical Development of Age Stratification in Schooling," *Teachers College Record* 90 (Winter 1988): 211-236; David B. Tyack, *The One Best System: A History of American Urban Education* (Cambridge: Harvard University Press, 1974), pt. ll.

(17) William Reese, *The Origins of the American High School* (New Haven : Yale University Press, 1995); David F. Labaree, *The Making of an American High School: The Credentials Market and the Central High School of Philadelphia, 1838-1939* (New Haven: Yale University Press, 1988).

(18) Buffalo Public Schools, Annual Report of the Superintendent of Public Instruction, 1873, pp. l0-12; Tyack, *One Best System*, p. 71.

(19) Zehm, "Educational Misfits," appendix A; Barbara Jean Finkelstein, "Governing the Young: Teacher Behavior in American Primary Schools, 1820- 1880: A Documentary History" (Ph.D. diss., Teachers College, Columbia University, 1970), pp. 134- 135.

(20) John B. Peaslee, *Thoughts and Experiences In and Out of School* (Cincinnati: Curts and Jennings, 1899), p. 253.

(21) Annual Report of the Board of Education, Cleveland, 1894, p. 70.

(22) Leonard Ayres, *Laggards in Our Schools: A Study of Retardation and Elimination*

in City School Systems (New York: Survey Associates, 1909), p. 3.

(23) Ibid., pp. 14, 72, 88.

(24) Detroit Public School Staff, *Frank Cody: A Realist in Education* (New York: Macmillan, 1943), p. 265. Joel Perlmann points out that the transformation of urban high schools was a gradual process-- "Curriculum and Tracking in the Transformation of the American High School: Providence, R.I. 1880-1930," *Journal of Social History* 19 (Fall 1983): 29-55.

(25) Horace Mann Bond, *The Education of the Negro in the American Social Order* (New York: Prentice-Hall, 1934).

(26) Robert Hunter, *Poverty* (New York: Harper & Row, 1905), p. 209; William Wirt, "Ways and Means for a Closer Union between the School and the Non-School Activities," NEA, *Addresses and Proceedings*, 1923, p. 46; see also Thomas Eliot, "Should Courts Do Case Work?" *The Survey* 60 (September 15, 1928): 601-603.

(27) Leonard Covello, *The Heart Is the Teacher* (New York: McGraw Hill, 1958), p. 124.

(28) Michael Sedlak and Robert Church, *A History of Social Services Delivered to Youth, 1880-1977* (Final Report to the National Institute of Education) (Washington, D.C.: National Institute of Education, 1982); Michael W. Sedlak, "Attitudes, Choices, and Behavior: School Delivery of Health and Social Services," in Diane Ravitch and Maris Vinovskis, eds., *Learning from the Past: What History Teaches Us about School Reform* (Baltimore: The Johns Hopkins University Press, 1995), pp. 57-94; David Tyack, "Health and Social Services in Public Schools: Historical Perspectives," *The Future of Children* 2 (1992): 19-31; Tyack, "The High School as a Service Agency: Historical Perspectives on Current Policy Issues," *Educational Evaluation and Policy Analysis* I (1979): 45-57.

(29) Reese, *Power*, p. 225.

(30) Sol Cohen, *Progressives and Urban School Reform: The Public Education Association of New York City, 1895-l954* (New York: Teachers College Press, 1964); Murray Levine and Adeline Levine, *A Social History of the Helping Services* (New York: Appleton-Century-Crofts, 1970).

(31) Reese, *Power*, p. 218; Robert J. Taggart, *Private Philanthropy and Public Education: Pierre S. DuPont and the Delaware Schools, 1890- 1940* (Newark: University of Delaware Press, 1988), pp. 67-70.

(32) Michaei Sedlak and Stephen Schlossman, 'The Public School and Social Services: Reassessing the Progressive Legacy," *Educational Theory* 35 (Fall 1985): 371-383; Reese, *Power*, pp, 162-163.

(33) Diane Claire Wood, "Immigrant Mothers, Female Reformers, and Women Teachers: The California Home Teacher Act of 1915" (Ph. D. diss., Stanford University. 1996); Levine and Levine, *Social History*; for the change in functions and attitudes of school social workers as they became incorporated into the

bureaucratic structure of schools, see L. A. Costain, "A Historical View of School Social Work," *Social Casework* 50 (October 1969): 441, 442, 444, 439-453.

(34) Stephen Schlossman, JoAnne Brown, and Michael Sedlak, *The Public School in American Dentistry* (Santa Monica, Cal.: Rand Corporation, 1986); Lawrence A. Cremin, The *Transformation of the School* (New York: Knopf, 1961).

(35) Reese, *Power*, p. 225.

(36) J. Rogers, *Health Services in City Schools* (Washington, D.C.: Government Printing Office, 1942); Louis Terman, *The Hygiene of the School Child* (Boston: Houghton Mifflin, 1929), p, 211, ch.1; Taggart, *Private Philanthropy*, pp. 67-70; David Tyack and Michael Berkowitz, "The Man No-body Liked: Toward a Social History of the Truant Officer, 1840-1940," *American Quarterly* 26 (Spring 1977): 321-354; Joel Spring, *Education and the Rise of the Corporate State* (Boston: Beacon Press, 1972).

(37) David Alexander Gamson, "District by Design: Progressive Education Reform in Four Western Cities" (Ph.D. diss., Stanford University, 2001).

(38) Jonathan Zimmerman, *Whose America? Culture Wars in the Public Schools* (Cambridge: Harvard University Press, 2002); David Tyack, James, and Aaron Benavot, *Law and the Shaping of Public Education, 1785-195*4 (Madison: University of Wisconsin Press, 1987), ch, 6.

(39) Jesse K. Flanders, *Legislative Control of the Elementary Curriculum* (New York: Teachers College Press, 1925); Bessie Pierce, *Public Opinion and the Teaching of History in the United States* (New York: Knopf, 1926); Zimmermann, *Whose America?*

(40) David L. Angus and Jeffrey E. Mirel, *The Failed Promise of the American High School* (New York: Teachers College Press, 1999); Diane Ravitch, *Left Back: A Century of Failed School Reforms* (New York: Simon & Schuster, 2000); Arthur Powell, Eleanor Farrar, and David K. Cohen, *The Shopping Mall High Schools: Winners and Losers in the Educational Marketplace* (Boston: Houghton Mifflin, 1985).

(41) Herbert M. Kliebard, *Schooled to Work: Vocationalism and the American Curriculum, 1876-1946* (New York: Teachers College Press, 1999),

(42) Margaret M. Alltucker, "What Can the Secondary School Do for the Student of Low I.Q.?" *The School Review* 31 (1923): 656, 661, 653-661.

(43) Gamson, "District by Design," pp. 162-165; Jeannie Oakes, *Keeping Track: How Schools Structure Inequality* (New Haven: Yale University Press, 1985).

(44) On Baltimore, see Ellwood P, Cubberley, *Public Education in the United States* (Boston: Houghton Mifflin, 1919), p.525; Lewis Terman, *Intelligence Tests and School Reorganization* (Yonkers-on-Hudson: World Book, 1922); Paula Fass, *Outside In: Minorities and the Transformation of American Education* (New York: Oxford University Press, 1989); Clarence J. Karier, Paul Vlolas, and Joel Spring,

Roots of Crisis: American Education in the Twentieth Century (Chicago: Rand McNally, 1973).

(45) Terman, *Tests*; Zehrn, "Educational Misfits," appendix A.

(46) E. L. Thorndike, "The University and Vocational Guidance," in Meyer Bloomfield, ed., *Readings in Vocational Guidance* (Boston: Houghton Mifflin, 1915), p. 100; Spring, Education and Corporate State.

(47) David B. Corson, "Classification of Pupils," *Journal of Educational Administration and Supervision* 6 (September 1920): 86; Paul Davis Chapman, *Schools as Sorters*: Lewis M. Terman, *Applied Psychology, and the Intelligence Testing Movement, 1890-1930* (New York: New York University Press, 1988); Fass, *Inside Out*.

(48) Detroit Public School Staff, *Frank Cody*, p, 26S.

(49) Federation quoted in Tyack, *One Best System*, p, 215.

(50) Richard Kluger, *Simple Justice: The History of Brown v. Board of Eduation and Black America's Struggle for Equality* (New York: Knopf, 1977); Guadalupe San Miguel, Jr., *"Let All of Them Take Heed": Mexican Americans and the Campaign for Educational Equality in Texas, l910-1981* (Austin: University of Texas Press, 1987).

(51) William Ryan, *Blaming the Victim* (New York: Pantheon Books. 1971); David Tyack and Elisabeth Hansot, *Managers of Virtue: Public School Leadership in America. 1820- l980* (New York: Basic Books, 1982), pt. 3; Ruben Donato, *The Other Struggle for Equal Schools: Mexican Americans during the Civil Rights Era* (Albany: State University of New York Press, 1997); Tyack and Hansot, *Learning Together*, ch. 9.

(52) Zehm, "Misfits," appendix A.

(53) Lany Cuban, "Yet to Be Taught: The Teacher and Student as Slow Learners," *Social Education* 34 (February 1970), 145-146; Kenneth B. Clark, *Dark Ghetto: Dilemmas of Social Power* (New York: Harper & Row, 1965).

(54) James A. Banks and Cherry A. McGee Banks, eds., *Handbook of Research on Multicultural Education* (San Francisco: Jossey-Bass, 2001).

(55) Executive Summary of the No Child Left Behind Act of 2001, Jan. 7, 2002, (PL 107-110) at www. ed.gov/offices/oese/esea/summary.html

(56) Thomas B. Fordham Foundation, *No Child Left Behind: What Will It Take?* (New York: Thomas B. Fordham Foundation, 2002).

(57) William C. Symonds, "How to Fix America's Schools," *Business Week*, March 19, 2001, pp. 67, 67-80.

(58) No Child Left Behind Act of 2001, p. 1.

(59) Lauren B. Resnick, "The Mismeasure of Learning: Poorly Designed High-Stakes Tests May Undermine the Standards Movement" *Education Next* (Fall 2001): 78-83.

(60) *New York Times*, Oct. 24, 2001, A20; Abigail Thernstrom, "Comments," in Fordham Foundation, *No Child*, pp. 103, 106.

第5章

(1) Atwater quoted in Lewis C. Turner, "School-Board Minutes of One Hundred Years Ago," *The American School Board Journal* 100 (June 1940): 18, 91.

(2) The American School Board Journal の誌面とコミュニティにおける政治紛争がこの問題に共鳴している．理事者についての自己定義については次を参照．William George Bruce, "The Story of How We Got Our Start," *First in Education: The American School Board Journal—A Century of Service in School Leadership, 1891-1991*, supplement to *The American School Board Journal*, November 1991, p. A7 and passim; J. Leroy Thompson, "The Changing Concept of the Board of Education," *The American School Board Journal* 117(October 1948): 20, 19-20; Martin E. Williams, "Qualities of a Good School Officer," *The American School Board Journal* 101 (August 1940): 25-26; J. R. Shannon, "What 1,000 Terre Haute Citizens Look for in Voting for School Board Members," *The American School Board Journal* 114 (February 1947): 29-30.

(3) アメリカ合衆国の各分野を超越した魅惑的な観点は次のものに表されている James H. Blodgett, "Education," in Report on *Population of the United States at the Eleventh Census: l890* (Washington, D.C.: Government Printing Office, 1897); 彼の論評は彼が提供する統計によって明らかにされている．

(4) Republican Senators John Ashcroft and Trent Lottの地域統制への讃辞については次を参照．Kathryn A. McDernott, *Controlling Public Education: Localism versus Equity* (Lawrence: University Press of Kansas, 1999), p, 13; Waliace D. Farnham, "The Weakened Spring of Government: A Study in Nineteenth Century American History," *American Historical Review* 68 (1963): 662-680; George F. Will, "Presidential Minimalism," *Newsweek*, March 20, 199S, p. 72; Stanley M, Elam, Lowell C. Rose, and Alex M. Gallup, "The 24th Annual Gallup / Phi Delta Kappa Poll of the Public's Attitudes toward the Public Schools," *Phi Delta Kappan* 74 (September 1992): 41-53.

(5) William E. Chancellor, *Our Schools: Their Administration and Supervision* (Boston: D. C. Heath, 1915).

(6) David Martin, "What Critics Won't See: If School Boards Vanished, We'd Have to Reinvent Them," *The American School Board Journal* 174 (April 1987): 29-30.

(7) Charles H. Judd, "School Boards as an Obstruction to Good Administration," *The Nation's Schools* 13 (February 1934): 13-15; Judd, "The Place of the Board of Education," *Elementary School Journal* 33 (March 1933): 497-501; Myron Lieberman, *The Future of Public Education* (Chicago: University of Chicago Press, 1960), pp. 34-3 6; Rickover quoted in *First in Education*, p. A43; Chester

E. Finn, "Reinventing Local Control," *Education Week*, January 23, 1991, pp. 40, 32; Dennis P. Doyle and Chester E, Finn, "American Schools and the Future of Local Control," *The Public Interest* 77 (Fall 1984): 77-95. School board advocates responded to Judd in M. R, Keyworth, "Why Boards of Education Are Both Desirable and Necessary," *The Nation's Schools* 13 (April 1934): 21-22.

(8) Jacqueline P. Danzberger, "School Boards: Forgotten Players on the Education Team," *Phi Delta Kappan* 69 (September 1987): 53-59; Kennedy as quoted in Elaine Exton, "Will Local School Boards Flourish or Fade in the Great Society?" *The American School Board Journal* 150 (June 1965): 8, 7-8, 66-67.

(9) David Tyack, Thomas James, and Aaron Benavot, *Law and the Shaping of Public Educatio, 1785-1954* (Madison: University of Wisconsin Press, 1987), epilogue; Susan H. Fuhrman and Richard F. Elmore, "Understanding Local Control in the Wake of State Education Reform," *Educational Evaluation and Policy Analysis* 12 (Spring 1990): 82-96; FuhrmanとElmoreは，州と地方学区との関係は州が統制を獲得すれば地方学区が失うと行ったゼロサム・ゲームではないと記している．両者の影響の実際のパタンはより複雑なものである．時には州によって法制化される改革はすでに学区が行うと試みていたことを強化し，また時には州の法制の不整合と不分明は指導者に粉飾の余地を与えていた．ここ最近の十数年では，多くの州の教育当局は職員を減少され，法制を専門的に強化する十分な時間をもつ州機関はほとんどない．

(10) 例外的な事例については次を参照．Milbrey Wallin McLaughlin, "How District Communities Do and Do Not Foster Teacher Pride," *Educational Leadership* 50 (September 1992): 33-35; Stewart C. Purkey and Marshall S. Smith, "School Reform: The District Policy Implications of the Effective Schools Literature," *Elementary School Journal* 85, no. 2 (1985): 353-389; Richard F. Elmore, "The Role of Local School Districts in Instructional Improvement," in Susan H. Fuhrman, ed., *Designing Coherent Education Policy* (San Francisco: Jossey-Bass, 1993), pp. 96-124; Kathryn A. McDermott, *Controlling Public Education: Localism versus Equity* (Lawrence: University Press of Kansas, 1994).

(11) ジェファーソンとジェファーソンについてのデューイの論評については，次を参照．John Dewey, ed., *The Living Thoughts of Thomas Jefferson* (New York: Fawcett World Library, 1957), pp. 32, 30-32; ジェファーソンの著作についてのデューイの選定とジェファーソンについてのデューイの論評は二人の哲学者の間の会話となっている．

(12) Wayne E, Fuller, *One-Room Schools of the Middle West* (Lawrence: University Press of Kansas, 1994), pp. l, 4.

(13) Farnham, "Weakened Spring"' Noel Sargent, "The California Constitutional Convention of 1878-79," *California Law Review* 6 (1917) : 12; James Bryce, *The American Commonwealth* (New York: Macmillan and Co., 1888), vol. 2, pp. 238-241.

(14) *The Marble Booster*, Jan. 29, 1916, in Oscar McCollum, Jr., *Marble: A Town Built on Dreams* (Silverton, Colo.: Sundance Publications, 1993), vol. 1. pp. 235-236.

(15) Per Siljestrom, The Educational Institutions of the United States: Their Character and Organization (London: John Chapman, 1853), pp. I l, 39-42; David Tyack, "School Governance in the United States: Historical Puzzles and Anomalies," in Jane Hannaway and Martin Carnoy, eds., *Decentralization and School Improvement: Can We Fulfill the Promise?* (San Francisco: Jossey-Bass Publishers, 1993), pp. 7-10.

(16) Horace Mann, "Duties of School Committees," in *Educational Writings of Horace Mann* (Boston: Lee and Shepard, 1891), pp. 24S-246.

(17) Mann, "Duties," pp. 245-246; Theodore Lee Reller, *The Development of the City Superintendency of Schools in the United States* (Philadelphia: The Author, 1935); David B. Tyack, *The One Best System: A History of American Urban Education* (Cambridge: Harvard University Press, 1974), pp. 148-I52,

(18) Stanley K. Schultz, *The Culture Factory: Boston Public Schools, 1789-1860* (New York: Oxford University Press, 1973), pp. 34-39; Tyack, *One Best System*, pp. 154-156.

(19) Adele Marie Shaw, "The Public Schools of a Boss-Ridden City," *World's Work*, 7 (October 1904): 5405-5414.

(20) Ellwood P. Cubberley, *Rural Life and Education: A Study of the Rural-School Problem* (Boston: Houghton Mifflin, 1914); Cubberley, "Organization of Public Education," *NEA Addresses and Proceedings, 1915*. p, 95, pp. 91-97; Cubberley, *Public Education in the United States* (Boston: Houghton Miffli, 1919), pp. 316, 321, 719.

(21) First in Education, p. A51; Williams, "Good School Officer," p. 25; Michael W, Kirst, "School Board: Evolution of an American Institution," in *First in Education*, pp. A 13, A I11-A14; Frank Slobetz, "The Village School-Board Member," *The American School Board Journal* 103 (July 1941): 16, 68.

(22) Cubberley, *Rural School Problem*.

(23) Wayne E. Fuller, *The Old Country School: The Story of Rural Education in the Middle West* (Chicago : University of Chicago Press, 1982).

(24) Perry G. Holden, '"Our Rural Schools," *NEA Addresses and Proceedings, l915*, p.97は三分の二の生徒は農村部の学校で教育を受けていると述べている. Newton Edwards and Herman G. Richey, *The School in the American Social Order: The Dynamics of American Education* (Boston: Houghton Mifflin, t 947), pp. 635, 688-699.

(25) Andrew Gulliford, *America's Country Schools* (Washington, D,C.: Preserva-tion Press, 1991), pp. 109, 108-111.

(26) Ibid.; Fuller, *Old Country School*.

(27) Joseph M. Cronin, *The Control of Urban Schools: Perspectives on the Power of*

Educational Reformers (New York: The Free Press, 1973).

(28) Ira Katznelson and Margaret Weir, *Schooling for All: Class, Race, and the Decline of the American Ideal* (New York: Basic Books, 1985); Raymond E. Callahan, *Education and the Cult of Efficiency: A Study of the Social Forces That Have Shaped the Administration of the Public Schools* (Chicago: University of Chicago Press, 1962).

(29) William T. Harris, "City School Supervision," *Educational Review* 3 (February 1892): 168-169; Chancellor, *Our Schools*, pp. 12-13; in the actual politics of progressive reform, as compared with the idealized blueprint of Cubberley, many grass-roots groups did participate: see William J. Reese, *Power and Promise of School Reform: Grassroots Movements during the Progressive Era* (Boston: Routledge and Kegan Paul, 1986).

(30) C. G. Pearse, "Comment," *NEA Addresses and Proceedings, 1903*, p. 162. 別の教育長は，すべての教育委員会が行うべき事は学校を専門家にまかせ，コミュニティから発する問題をすべて扱わせるだけだと冷笑している．「これは戯画である．誰一人こういうようなことは信じていない．ただそのように話しているにすぎない．われわれは委員会の現状についていくじがない．」(John W. Carr, "Comment," *NEA Addresses and Proceedings, 1903*, p. 159)．教育委員会の代表制についての批判的研究については次を参照．George S. Counts, *The Social Composition of Boards of Education* (Chicago: University of Chicago Press, 1927). 1920年代のGeorge Countsや1930年代のHoward K. Bealeといった左派の学者は，学校理事者が，エリートの利害と価値を代表するために，組合の問題から人種の問題まで，多くの問題について保守的な立場をとっていると述べている．カウンツはより代表制民主主義が実現することを求めている．「地獄の半エーカー」も同じように代表される必要がある．

(31) Butlerについては次のなかで引用されている．Chicago Merchants' Club, *Public Schools and Their Administration: Addresses Delivered at the Fifty-Ninth Meeting of the Merchants' Club of Chicago* (Chicago: Merchants' Club, 1906), p. 40; W, S. Ellis, "School Board Organization," *NEA Addresses and Proceedings, 1900*, pp. 633, 631-634; Lewis H. Jones, "The Best Methods of Electing School Boards," *NEA Addresses and Proceedings, 1903*, pp. 158-163; W. S. Deffenbaugh, "Practices and Concepts Relating to City Boards of Education," in U.S. Commissioner of Education, *Biennial Survey of Education in the United States, 1938-40* (Washington, D.C.: Government Printing Office, 1941), vol. l, ch. 7.

(32) Ellwood P. Cubberley, *Changing Conceptions of Education* (Boston: Houghton Mifflin, 1909), pp. 63, 56-57; David Alexander Gamson, "District by De-sign: Progressive Education Reforrn in Four Western Cities, 1900-1940" (Ph.D. diss., Stanford University 2001). この点についてはDavid Gamson の博士論文に負っている．

第5章

(33) Julie A. Reuben, "Beyond Politics: Community Civics and the Redefinition of Citizenship in the Progressive Era," *History of Education Quarterly* 37 (Winter 1997): 399-420,

(34) Ellwood P. Cubberley, *Public School Administration: A Statement of the Fundamental Principles Underlying the Organization and Administration of Public Education* (Boston: Houghton Mifflin, 1916); George D. Strayer, "Progress in City School Administration during the Past Twenty-Five Years," *School and Society* 32 (September 1930): 375-378; Theodore V. Quinlivan, "Changing Functions of Local School Boards," *The American School Board Journal* 98 (April 1939): 19-21; Lewis M. Terman, *Intelligence of School Children* (Boston: Houghton Mifflin, 1919), p. 73; Terman, ed., *Intelligence Tests and School Reorganization* (Yonkers-on-Hudson: World Book, 1922); Judith Rosenberg Raftery describes opposition to testing by teachers in Land of Fair Promise: Polities and Reform in *Los Angeles Schools, 1885-1941* (Stanford: Stanford University Press, 1992), ch. 5.

(35) Jonathan Zimmerman, *Whose America? Culture Wars in the Public Schools* (Cambridge: Harvard University Press, 2002); Martin Luther King, *Why We Can't Wait* (New York: Harper & Row, 1964); David Kirp, *Just Schools: The Idea of Racial Equality in American Education* (Berkeley: University of California Press, 1982).

(36) Vincent Harding, "Tue Black Wedge in America: Struggle, Crisis, and Hope, 1955-1975," *The Black Scholar* 7 (1975): 33; Robert Newby and David Tyack, "Victims without 'Crimes' : Some Historical Perspectives on Black Education," *Journal of Negro Education* 40 (1971): 192-206.

(37) Lany Cuban, *Urban School Chiefs under Fire* (Chicago: University of Chicago Press, 1976).

(38) Ray Rist and Donald Anson, *Education, Social Science, and the Judicial Process* (New York: Teachers College Press, 1977); Kirp, *Just Schools*; Craig Peck, "'Educate to Liberate': The Black Panther Party and Political Education" (Ph.D.diss., Stanford University, 2002).

(39) Henry Levin, "A Decade of Policy Developments in Improving Education and Training for Low-Income Populations," in Robert H. Havemann, ed., *A Decade of Federal Anti-Poverty Programs* (New York: Academic Press, 1977), pp. 123-188.

(40) Anthony S. Bryk et al., *Charting Chicago School Reform: Democratic Localism as a Lever for Change* (Boulder: Westview Press, 1998); Henry Levin, ed., *Community Control of Schools* (Washington, D.C,: Brookings Institution, 1 970); Michael B. Katz, "Chicago School Reform as History," *Teachers College Record* 94 (1992): 56-72.

(41) David Tyack and Larry Cuban, *Tinkering toward Utopia: A Century of Public School Reform* (Cambridge: Harvard University Press, 1995), ch. 3.

(42) John W Meyer, *The Impact of the Centralization of Educational Funding and Control on State and Local Educational Governance* (Stanford: Institute for Research on Educational Finance and Governance, Stanford University, 1980).
(43) William A, Firestone, Susan H. Fuhrman, and Michael W. Kirst, *The Progress of Reform: An Appraisal of State Education Initiatives* (New Brunswick, N.J.: Center for Policy Research in Education, 1989); David F. Labaree, *How to Succeed in School without Really Learning: The Credential Race in American Education* (New Haven: Yale University Press, 1997).
(44) Labaree, *How to Succeed in School without Really Trying.*
(45) Bryk et al., *Chicago School Reform*; Larry Cuban and Michael Usdan, *Powerful Reforms with Shallow Roots* (New York : Teachers College Press, 2002).
(46) Robert J. Taggart, *Private Philanthropy and Public Education: Pierre S. DuPont and the Delaware Schools, 1890-1940* (Newark: University of Delaware Press, 1988).
(47) Richard F. Elmore, "Testing Trap: The Single Largest－and Possibly Most Destructive-Federal Intrusion into America's Public Schools," *Harvard Magazine*, September-October, pp. 35, 3S-37, 97; Romer は次に引用されている. Diana Jean Schemo, "Rule on Failing Schools Draws Criticism," *New York Times*. NOVL 28, 2002, p, A25.
(48) Blodgett, "Education," p. 17.
(49) Martin, "What Critics Won't See."
(50) Jonathan Kozol, *Savage Inequalities: Children in America's Schools* (New York: Crown, 1991); McDermott, *Controlling Public Education.*
(51) U.S. Department of Education, *Digest of Educational Statistics* (Washington, D.C.: Government Printing Office, 1997), table 90.
(52) William W Cutler III, *Parents and Schools: The 150-Year Struggle for Control in American Education* (Chicago: University of Chicago Press, 2000).
(53) Mary Haywood Metz, "Real School: A Universal Drama amid Disparate Experience," in Douglas E. Mitchell and Margaret E. Goertz, eds., *Education Politics for the New Century* (New York: Falmer Press, 1990), pp. 75-91; Tyack and Cuban, Tinkering, ch. 4.
(54) Martin, "What Critics Won't See," p. 29.
(55) Garrett Ward Sheldon, *The Political Philosophy of Thomas Jefferson* (Baltimore: The Johns Hopkins University Press, 1991), pp, 60-62; David Mathews, *Is There a Public for Public Schools?* (Dayton, Ohio: Kettering Foundation Press, 1996).

第6章

(1) Samuel G. Freedman, *Small Victories: The Real World of a Teacher, Her Students, and Their High School* (New York: Harper Perennial, 1990), pp. 100-101.

(2) For a sampling of writings on choice, see *America 2000: An Education Strategy* (Washington, D.C.: U.S. Department of Education, 1990); *Voices from the Field: 30 Expert Opinions on America 2000, the Bush Administration Strategy to "Reinvent" America 's Schools* (Washington, D.C,: William T. Grant Foundation, 1991); Isabel Wilkerson, "Private Schools Open Doors to Poor in Test," *New York Times*, Dec. 19, 1990, B9; John Leo, "School Reform's Best Choice," *U.S, News & World Report*, 110 (January 14, 1991): 17; "The Education President," *The New Republic* 198 (May 9, 1988): 5-7; Ben Wildavsky, "Hero of Choice," *The New Republic* 203 (October 22, 1990): 14-18; Joe Nathan, "The Rhetoric and the Reality of Expanding Educational Choices," *Phi Delta Kappan* 66 (March 1985): 476-481; Robert T. Carter, Faustine C. Jones-Wilson, and Nancy L. Arnez, "Demographic Characteristics of Greater Washington, D.C. Area Black Parents Who Chose Nonpublic Schooling for Their Young," *Journal of Negro Education* 58, no. I (1989): 39-49; Lewis W. Finch, "Choice: Claims of Success, Predictions of Failure," *The Education Digest* 55 (November 1989): 12-15; Paul E. Peterson, "Choice in American Education," in Terry Moe, ed., *A Primer on America's Schools* (Stanford: Hoover Institution Press, 2001), pp. 249-284; Andrew J. Coulson, *Marker Education: The Unknown History* (New Brunswick: Transaction Publishers, 1999); Amy Stuart Welis, *Time to Choose: America at the Crossroads of School Choice Policy* (New York: Hill and Wang 1993).

(3) Mario D. Fantini, "Options for Students, Parents, and Teachers: Public Schools of Choice," *Phi Delta Kappan* 52 (May 1971): 541-43; Peter W. Cookson, Jr., *School Choice: The Struggle for the Soul of American Education* (New Haven: Yale University Press, 1994); Rob Reich, *Bridging Liberalism and Multiculturalism in American Education* (Chicago: University of Chicago Press, 2002), ch. 6.

(4) For a variety of studies of choice plans within public education see Williarn H. Clune and John F. Witte, eds., *Choice and Control in American Education: The Practice of Choice, Decentralization, and School Restructuring* (New York: The Falrner Press. 1990), vol. 2, pp. 1-222; John F, Witte, *Choice in American Education* (Madison, Wisc.: Robert M. LaFollette Institute of Public Affairs, 1990); Association for Supervision and Curriculum Development, *Public Schools of Choice* (Alexandria, Va.: ASCD, 1990).

(5) Milton and Rose Friedman, *Free to Choose: A Personal Statement* (New York: Harcourt Brace Johanovich, 1979), ch. 6; John E. Chubb and Terry M. Moe, *Politics, Markets, and America's Schools* (Washington, D.C.: The Brookings Institution, 1990); Myron Lieberman, *Privatization and Educational Choice* (New York: St, Martin's Press, 1989).

(6) James R. Rinehart and Jackson F. Lee, Jr., *Public Education and the Dynamics of Choice* (New York: Praeger, 1991); for an argument for choice that relies more on the child's interest and the rights of families than on claims about the market,

see John E. Coons and Stephen D. Sugarman, *Education by Choice: The Case for Family Control* (Berkeley: University of California Press, 1978).

(7) John F. Witte, "Choice and Control: An Analytic Overview," in Clune and Witte, eds., *Choice and Contrlol*, vol. l, pp. 22, 13, 11-46; Robert B, Ever-hart, ed., *The Public School Monopoly: A Critical Analysis of Education and the State in American Society* (Cambridge: Ballinger Publishing Co., 1982).

(8) Richard Rubinson, "Class Formation, Politics, and Institutions: Schooling in the United States." *American Journal of Sociology* 92 (November 1986): 519-543; Arthur G. Powell, Eleanor Farrar, and David K. Cohen, *The Shopping Mall High School: Winners and losers in the Educational Marketplace* (Boston: Houghton Mifflin, 1985).

(9) Larry Cuban and Dorothy Shipps, eds., *Reconstructing the Common Good la Education : Coping with Intractable American Dilemmas* (Stanford : Stanford University Press, 2000); Henry Levin, "The Theory of Choice Applied to Education," in Clune and Wltte, eds., *Choice and Control*, vol.1, pp. 247-284; Abigail Thernstrom, "Is Choice a Necessity?" *The Public Interest* 101 (Fall 1990): 124-132; Nicholas Lemann, "A False Panacea," *The Atlantic Monthly* 267 (January 1991): 101-105; David Kirp, "School Choice Is a Panacea, These Authors Say," *The American School Board Journal* 177 (Sep-tember 1990): 38, 41 ; Robert Lowe, "Neither Excellence Nor Equity for AII: The Perilous Consequences of Choice," *Rethinking Schools* (January-February 1991): 3-4; Susan Anderson, "Drawn off Course: Like a Seductive Siren Song the Market Rhetoric of School Choice Lures Us Away from Facing our True Educational Crisis," *California Tomorrow* 4 (Fall 1989): 6-13.

第6章

(10) Carl F. Kaestle, *Pillars of the Republic Common Schools and American Society, l780- l860* (New York: Hill and Wang, 1983), ch. 3; E. G. West, "The Political Economy of American Public School Legislation," *Journal of Law and Economics* 10 (October 1967): 101-128.

(11) Theodore R. Sizer, ed., *The Age of the Academies* (New York: Teachers College Press, 1964); Michael B. Katz, *Reconstructing American Education* (Cambridge: Harvard University Press, 1987), ch. 2.

(12) James H, Blodgett, "Education," in *Report on Population of the United States at the Eleventh Census: l890* (Washington, D.C.: Government Printing Office, 1987), p. 17, pp. I-I 16; William T. Harris や Duane Dotyなどといった教育指導者は，多くの同僚によって合意されつつあった公立学校の原理について述べている．このことについては次を参照．*A Statement of the Theory of Education in the United States as Approved by Many Leading Educators* (Washington, D.C.: Government Printing Office, 1874); 統治についての一般的な不信については次を参照．David Tyack. Thomas James, and Aaron Benavot, *Law and the Shaping of Public Education, 1785-l954* (Madison: University of Wisconsin Press,

1987), pt. 2.

(13) Wayne E. Fuller, *The Old Country School: The Story of Rural Education in the Middle West* (Chicago: University of Chicago Press, 1982).

(14) Blodgett, "Education," p, 21; Robert H. Wiebe, *Self Rule: A Cultural History of American Democracy* (Chicago: University of Chicago Press, i99S).

(15) Thomas lames, "Questions about Educational Choice: An Argument from History," in Thomas James and Henry M. Levin, eds., *Public Dollars for Private Schools: The Case of Tuition Tax Credits* (Philadelphia: Temple University Press, 1983), p. 64.

(16) 非公立学校についての統計はよくて概数である．19世紀後半の資料については次のもの．James H. Blodgett, *Report on Population of the United States at the Eleventh Census: 1890*, pt. II, pp. I-116. 学校からの報告に基づいてBlodgettは，初等中等学校の生徒の８パーセントが宗派学校，教区学校（このうち65パーセントはカトリックであった）に通っていたことを発見している．宗派的グループは大きい方から，カトリック，メソディスト，長老派，バプティスト，会衆派などBlodgettは，しかしながら，これらの宗派的な学校が純粋に「私立」であるとか「公立」とかいうのは難しい．20世紀には私立学校の生徒の比率は時期的に変動する．Otto F. Kraushaar, the percent of students in private schools fluctuated over time: 1900, 7.6; 1910 8.6; 1920. 7.3; 1930, 9.4; 1940, 9,3; 1950, 11.9; 1960, 13.6; 1970, 11－*American Nonpublic Schools: Patterns of Diversity* (Baltimore: The Johns Hopkins University Press, 1972), p. 14, table l, pp. 5-6. Two useful surveys of nonpublic schools in 1960-61 by Diane B. Gertler showed that 94 percent of private elementary schools and 60 percent of secondary schools were church-related－*Statistics of Nonpublic Elementary Schools, 1960-6, and Statistics of Nonpublic Secondary Schools, 1960-61* (Washington, D.C.: Government Printing Office, 1961). Also see James C. Carper and Thomas C. Hunt, *Religious Schooling in America* (Birmingham, Ala.: Religious Education Press, 1984), pp. ix, 1.

(17) James W. Fraser, *Between Church and State: Religion and Public Education in a Multicultural America* (New York: St. Martin's Press, 1999).

(18) The Catholic is quoted in Robert D. Cross, "Origins of the Catholic Parochial School in America," *The American Benedictine Review* 16 (June 1965): 197, 194-209; for a perceptive critique of the current discourse on choice, see Eric Bredo, "Choice, Constraint, and Community," in William Lowe Boyd and Charles Tayior Kerchner, eds., *The Politics of Excellence and Choice in Education* (New York: The Falmer Press, 1987).

(19) Horace Bushnell "Christianity and Common Schools " *Common School Journal* 2 (February 15, 1940): 58; Lloyd P. Jorgenson, *The State and the Non-Public School, 1825-1925* (Columbia: University of Missouri Press, 1987), chs. 2-4.

(20) Winthrop Hudson, *American Protestantism* (Chicago: University of Chicago

Press, 1961), ch. 2; David Tyack, "The Kingdom of God and the Common School: Protestant Ministers and the Educational Awakening in the West," *Harvard Educational Review*, 36 (Fall 1966): 447-469.

(21) Thomas James, "Rights of Conscience and State School Systems in Nineteenth-Century America," in Paul Finkelman and Stephen E, Gottlieb, eds., *Toward a Usable Past: Liberty under State Constitutions* (Athens, Ga.: University of Georgia Press, 1991), pp. 128, I17-147.

(22) Donohue v. Richards, 38 Me. 376 (1854); William Kailer Dunn, *What Happened to Religious Education? The Decline of Religious Teaching in the Public Elementary School, 1776-1861* (Baltimore: The Johns Hopkins University Press, 195 8), pp. 373-375; Benjamin Justice, "Peaceable Adjustments: Religious Diversity and Local Control in New York State Public Schools. 1865-1900" (Ph.D. diss., Stanford University, 2002).

(23) Donohue v. Richards, 38 Me. 376, 410 (1854); Fraser, Church and State. アイルランド系カトリックはボストン教育委員会の共通のターゲットであった．ボストン教育委員会は，アイルランド系の新参移民は「日常的で国内の道徳的暗闇のなかで彼らを正道に置くのに十分に力のある道徳と宗教教育のもっとも強力な一服」を必要とすると述べていた.「われわれがこの人口を子どものうちに道徳的手段によって回復することができなければ，われわれは成人になってから，彼らを力によって管理しなければならないし，貧民として支援しなければならない」，「多くの市において使用される教科書がローマ・カトリックを中傷し，新しい移民を侮辱しているのは驚くべきことではない.」次を参照．Charles Leslie Glenn, *The Myth of the Common School* (Amherst: The University of Massachusetts Press, 1988), p. 202.

(24) For analysis of the different world-views of these groups, see Glenn, *Myth,* and Jorgenson, *Non-Public School*, chs. 5-6; for studies of religious conflict in cities, see Diane Ravitch, *The Great School Wars: New York City, 1805-1973* (New York: Basic Books, 1976); James W. Sanders, *The Education of an Urban Minority: Catholics in Chicago, 1833-1965* (New York: Oxford University Press, 1977); F. Michael Perko, *A Time to Favor Zion: The Ecology of Religion and School Development on the Urban Frontier, Cincinnati, 1830-1870* (Chicago: Educational Studies Press, 1988).

(25) Cross, "Origins of the Catholic Parochial School, in America," pp. 201-202, 194-209; Neil G. McCluskey, S.J., *Catholic Education Faces Its Future* (Garden City, N.Y.: Doubleday, 1969), pp. 82-83; Kraushaar, Non-public Schools, p, 24.

(26) Ward M. McAfee, *Religion, Race, and Reconstruction: The Public School in the Politics of the 1870s* (Albany: State University of New York Press, 1998); Thomas Nast, "The American River Ganges," *Harper's Weekly*, September 1871; Jorgenson, *Non-Public Schools*, ch. 6; David Tyack. "Onward Christian Soldiers: Religion in the American Common School, 1870-1900," in Paul Nash, ed,, *History*

and Education (New York: Random House, 1970), pp. 212-255; ルター派のような自分自身の宗派学校を運営しているプロテスタントは公的な補助から利益をえられたかもしれない．しかし，彼らがそのような政府の補助金を強く要求しなかった理由の一つは，そうした場合にはカトリックもまたその教区学校に対して政府の補助金を受けることになるということを恐れたためであろう．次を参照．August C. Stellhorn, *Schools of the Lutheran Church-Missouri Synod* (St. Louis: Concordia Publishing House, 1963), p. 239, passim, and Walter H. Beck, *Lutheran Elementary Schools in the United States: A History of the Development of Parochial Schools and Synodical Educational Policies and Programs* (St. Louis : Concordia Publishing House, 1939); on the anti-Catholicism of liberal intellectuals, see John T. McGreevy, "Thinking on One's Own: Catholicism in the American Intellectual Imagination, 1928-1960," *Journal of American History* 84 (June 1997): 97-131.

(27) 宗派学校の指導者が義務と集団的行為という言葉を使っているということに注意をはらうことを示唆してくれたのは William Tobin である．Carper and Hunt, *Religious Schooling*.

(28) Stellhorn, *Schools of the Lutheran Church*, pp, 66, 58, 89, 239, passim; Beck, *Lutheran Elementary Schools*; Victor C. Krause, ed., *Lutheran Elementary Schools in Action* (St. Louis: Concordia Publishing Co.,.d.); Kraushaar, *Nonpublic Schools*, pp. 34, 33-35; Joseph Kaminetsky, "The Jewish Day Schools-Rapidly Growing Movement," *Phi Delta Kappan* 45 (December 1963): 141-44; Clernmont E. Vontress, "The Black Muslin Schools-Threat, Blessing, or Both?" *Phi Delta Kappan* 47 (October 1965): 86-90; Jon Diefenthaler, "Lutheran Schools in America," in Carper and Hunt, *Religious Schooling*, pp. 35-57; George R. Knight, "Seventh-Day Adventist Education: A Historical Sketch and Profile," ibid., pp. 85-109; Eduardo Rauch, "The Jewish Day School in America: A Critical History and Con-temporary Dilemmas," ibid., pp. 130-168; James C. Carver, "The Christian Day School," ibid., pp. 110-129.

(29) David Tyack and Thomas James, "Moral Majorities and the School Curriculum: Historical Perspectives on the Legalization of Virtue," *Teachers College Record*, 86, no. 4 (1985): 513-S37; on Oregon see Pierce v. Society of Sisters, 268 U.S. 510 (1925); Jorgenson, *Non-Public School*, chs. 9-10; David Tyack, "The Perils of Pluralism: The Background of the Pierce Case," *American Historical Review*, 74 (October 1968): 74-98.

(30) Fraser, *Between Church and State*, chs. 7-10; Carver, "Christian Day School," pp. 115- 117.

(31) Powell, Farrar, and Cohen, *Shopping Mall*.

(32) National Commission on Excellence in Education, *A Nation at Risk* (Washington, D.C,: Government Printing Office, 1983), pp. 2-4; Policy Information Center, *What Americans Study* (Princeton: Educational Testing Service, 1989), pp. 2-6.

(33) Edward A. Krug, *The Shaping of the American High School, 1920- 1941* (Madison: University of Wisconsin Press, 1972); Powell, Farrar, and Co-hen, *Shopping Mall*, ch. 5; Robert Hampel, *The Last Little Citadel American High Schools since 1940* (Boston: Houghton Mifflin, 1986); Edward L. Thorndike, "A Neglected Aspect of the American High School," *Educational Review* 33 (1907): 254; the larger size of high schools permitted differentiation by sex and class-see Millicent Rutherford, "Feminism and the Secondary School Curriculum, 1890-1920" (Ph.D. diss., Stanford University, 1977).

(34) Logan C. Osterndorf and Paul J. Horn, *Course Offerings, Enrollments, and Curriculum Practices in Public Secondary Schools, 1972-73* (Washington, D.C.: Government Printing Office, 1976), pp. S, 6, 13, I 1, 4-21; Grace S. Wright, *Subject offerings and Enrollments in Public Secondary Schools* (Washington, D.C.: Government Printing Office, 1965), p. 19, I-18; Powell, Farrar, and Cohen, *Shopping Mall*, p. 11; David L. Angus and Jeffrey E, Mirel, *The Failed Promise of the American High School* (New York: Teachers College Press, 1999); Diane Ravitch, *Left Back: A Century of Failed School Reforms* (New York: Simon Schuster, 2000).

(35) Osterndorf and Horn, *Offerings*, p. I 1.

(36) Center for Education Statistics, *The Condition of Education, 1987* (Washing-ton, D.C.: Government Printing Office, 1987), pp. 84-87; for statistics on changes in course-taking patterns in the late 1980s, see Policy Information Center, *What Americans Study*.

(37) owell, Farrar, and Cohen, *Shopping Mall*, p.259.

(38) Ibid.; Richard F. Elmore, "Choice in Public Education," Center for Policy Research in Education, JNE-01, December 1986, p. 33; Theodore Sizer, *Horace's Compromise: The Dilemma of the American High School* (Boston: Houghton Mifflin, 1984); Ernest Boyer, *High School: A Report on Secondary Education in America* (New York: Harper, 1985).

(39) Theodore Sizer, "Foreword," in Hampel, *Citadel*, p. xi.

(40) Powell, Farrar, and Cohen, *Shopping Mall*, p. 259; David Tyack and Elisabeth Hansot, *Leaming Together: A History of Coeducation in American Public Schools* (Cambridge: Harvard University Press, 1990), chs. 7-8; Hampel, *Citadel*, pp. 10- I I; Jeannie Oakes, *Keeping Track* (New Haven: Yale University Press, 1985).

(41) Elmore, "Choice in Public Education," pp. 33-34; Powell, Farrar, and Cohen, *Shopping Mall*, p. 2 S 9; Sizer, *Horace's Compromise*; Boyer, *High School*.

(42) Jeffrey Henig, *Rethinking School Choice: Limits of the Market Metaphor* (Princeton: Princeton University Press, 1994); Bruce Fuller and Richard F. Elmore, with Gary Orfield, *Who Chooses? Who Loses? Culture, Institutions, and the Unequal Effects of School Choice* (New York: Teachers College Press, 1996.

(43) Gary A. Orfield, "Do We Know Anything Worth Knowing about Educational

Effects of Magnet Schools?" in Clune and Witte, eds., *Choice and Control*, vol, 2, pp. 119-123; Donald R. Moore and Suzanne Davenport, "School Choice: The New Improved Sorting Machine," in William Lowe Boyd and Herbert J, Walber& eds., *Choice in Education: Potential and Problems* (Berkeley: McCutchan Publishing Corp., 1990), ch. 9; Orfield, "Magnet Schools," pp. 119-124.

(44) Bruce Fuller, ed., *Inside Charter Schools: The Paradox of Radical Decentralization* (Cambridge: Harvard University Press, 2000), ch. 2; Peter S. Lewis, "Private Education and the Subcultures of Dissent: Alternative/Free Schools (1965-1975) and Christian Fundamentalist Schools (1965-1990)" (Ph.D. diss., Stanford University, 1991). Dan A. Lewis compares the deregulation and privatization of mental health care and of education-did these help those most in need? See Dan A. Lewis, "Deinstitutionalization and School Decentralization: Making the Same Mistake Twice," in Jane Hannaway and Martin Carnoy, eds., *Decentralization and School Improvement: Can We Fulfill the Promise?* (San Francisco: Jossey-Bass, 1993), pp. 84-101.

(45) Seymour Fliegel, "Creative Non-Compliance," in Clune and Wnte, eds., *Choice and Control*, vol. 2, p. 201.

(46) Fliegel, "Non-Compliance," pp. 199-222.

(47) Fliegel, "Non-Compliance," 207, 199-222; Deborah W, Meier, "Choice Can Save Public Education," *The Nation* 252 (March 4, 1991): 270, 253, 266-71; Meier, *The Power of Their Ideas: Lessons for America from a Small School in Harlem* (Boston: Beacon Press, 1995).

(48) Richard F. Elmore, "Would Choice + Competition Yield Quality Education?" and Gary Orfield, "Choice, Testing, and the Reelection of a President," in V*oices from the Field*, pp. 3-4, 7-8; John Chubb and Terry Moe, "America's Public Schools: Choice IS a Panacea," *The Brookings Review* (Summer 1990): 233-267.